四川省土壤污染防治条例

解 读

四川省生态环境厅
四川省环境政策研究与规划院 编

西南交通大学出版社
·成 都·

图书在版编目（CIP）数据

四川省土壤污染防治条例解读 / 四川省生态环境厅，四川省环境政策研究与规划院编. -- 成都 : 西南交通大学出版社，2024. 7. -- ISBN 978-7-5643-9864-4

Ⅰ. D927.710.268.35

中国国家版本馆 CIP 数据核字第 2024Y6H425 号

Sichuan Sheng Turang Wuran Fangzhi Tiaoli Jiedu
四川省土壤污染防治条例解读

| 四川省生态环境厅 | 编 | 责任编辑／王　旻 |
| 四川省环境政策研究与规划院 | | 封面设计／原谋书装 |

西南交通大学出版社出版发行

（四川省成都市金牛区二环路北一段 111 号西南交通大学创新大厦 21 楼　610031）

营销部电话：028-87600564　　028-87600533

网址：http://www.xnjdcbs.com

印刷：成都蜀通印务有限责任公司

成品尺寸　185 mm×260 mm

印张　11　　字数　270 千

版次　2024 年 7 月第 1 版　　印次　2024 年 7 月第 1 次

书号　ISBN 978-7-5643-9864-4

定价　68.00 元

四川省土壤污染防治条例解读
编 委 会

前　言
PREFACE

　　2023 年 3 月 30 日，四川省第十四届人民代表大会常务委员会第二次会议表决通过了《四川省土壤污染防治条例》（以下简称《条例》），自 2023 年 7 月 1 日起施行。这是四川省首部土壤污染防治地方性法规，为加强四川省土壤生态环境保护、守住土壤环境安全底线提供了法制保障。

　　《条例》贯彻落实了国家以及四川省有关土壤污染防治的决策部署，填补了我省土壤污染防治领域的立法空白，有利于解决四川省土壤污染防治实践问题，完善土壤污染治理体系，回应人民群众对美好生活的向往和追求。

　　为配合《条例》的学习宣贯，帮助大家更好地理解相关规定，保障《条例》贯彻落实，我们编写了这本《四川省土壤污染防治条例解读》。本书结合四川土壤污染防治实际，力求全面、准确解释条款内容以及立法背景。因时间和水平有限，书中如有不妥和疏漏之处，敬请批评指正。

编　者

2024 年 2 月

目 录
PREFACE

四川省土壤污染防治条例

四川省第十四届人民代表大会常务委员会公告（第 2 号）

《四川省土壤污染防治条例》已由四川省第十四届人民代表大会常务委员会第二次会议于 2023 年 3 月 30 日通过，现予公布，自 2023 年 7 月 1 日起施行。

四川省人民代表大会常务委员会
2023 年 3 月 30 日

四川省土壤污染防治条例

（2023 年 3 月 30 日四川省第十四届人民代表大会
常务委员会第二次会议通过）

目　录

第一章　总　　则

第一条　为了保护和改善生态环境，防治土壤污染，保障公众健康，推动土壤资源永续利用，推进生态文明建设，促进经济社会可持续发展，根据《中华人民共和国土壤污染防治法》等法律、行政法规，结合四川省实际，制定本条例。

第二条　在四川省行政区域内从事土壤污染防治及相关活动，适用本条例。

第三条　土壤污染防治应当坚持预防为主、保护优先、分类管理、风险管控、污染担责、公众参与的原则。

第四条　地方各级人民政府应当对本行政区域内的土壤污染防治和安全利用负责。

地方各级人民政府应当加强对土壤污染防治工作的领导，统筹解决本行政区域内土壤污染防治的重大问题和事项，组织、协调、督促有关部门依法履行土壤污染防治监督管理职责。

街道办事处根据法律、法规的规定，在上级人民政府及有关部门的指导下开展土壤污染防治相关工作。

第五条　省、市（州）人民政府生态环境主管部门对本行政区域土壤污染防治工作实施统一监督管理。

县级以上地方人民政府发展改革、经济和信息化、科技、财政、自然资源、住房城乡建设、交通运输、水利、农业农村、卫生健康、应急、市场监督管理、林业草原等主管部门，在各自职责范围内对土壤污染防治工作实施监督管理。

第六条　省人民政府生态环境主管部门应当会同农业农村、经济和信息化、自然资源、住房城乡建设、水利、卫生健康、林业草原等主管部门建立全省土壤环境基础数据库，将相关信息纳入全省土壤环境信息管理平台统一管理，实行数据整合、动态更新和信息共享。

全省土壤环境信息管理平台纳入的信息包括土壤污染重点监管单位、土壤环境监测数据、地块污染状况、农用地分类管理、农业投入品使用及回收、农业绿色防控、风险管控和修复、建设用地用途变更和使用权变更、关停退出企业、建设工程规划许可、建筑工程施工许可等信息和情况。

省人民政府生态环境主管部门应当统一发布本省土壤环境信息。省、市（州）人民政府生态环境主管部门应当将涉及食用农产品生产及周边区域的重大土壤环境信息，及时通报同级农业农村、卫生健康和食品安全主管部门。

第七条　省、市（州）人民政府生态环境主管部门应当会同其他有关部门共同推进土壤、大气、水、固体废物污染治理的监督管理工作，做到污水、污泥、废渣、废气等多污染物协同治理，最大限度避免对土壤的二次污染。

第八条　省人民政府根据国家有关规定，与重庆市及其他相邻区域协同建立土壤污染防治联动工作机制，组织生态环境等主管部门开展土壤污染预防、风险管控和修复、执法、应急处置等领域的合作。

第九条　任何组织和个人都有保护土壤、防止土壤污染的义务。

村（居）民委员会协助做好土壤污染防治相关工作，鼓励结合当地实际，在村规民约或者居民公约中规定土壤保护相关内容。

从事土地开发利用活动或者生产经营活动的组织和个人，应当采取有效措施，防止、减少土壤污染，对所造成的土壤污染依法承担责任。

第十条　地方各级人民政府及其有关部门、基层群众性自治组织和新闻媒体应当加强土壤污染防治的宣传教育和科学普及，传播生态文明理念，增强公众土壤污染防治意识，提高全民生态文明素养，引导公众依法参与土壤污染防治工作，推动形成绿色低碳发展方式和生活方式。

第二章　预防和保护

第十一条　县级以上地方人民政府应当将土壤污染防治工作纳入国民经济和社会发展规划、国土空间规划、生态环境保护规划。

省、市（州）人民政府生态环境主管部门应当会同发展改革、财政、农业农村、自然资源、住房城乡建设、林业草原等主管部门，根据生态环境保护规划要求、土地用途、土壤污染状况普查和监测结果等，编制土壤污染防治规划，报本级人民政府批准后公布实施。

县级以上地方人民政府编制国土空间规划时，应当落实土壤污染防治工作要求，结合土壤污染状况，统筹划定耕地和永久基本农田、生态保护红线、城镇开发边界，合理确定土地用途。

第十二条　各类涉及土地利用的规划和可能造成土壤污染的建设项目，应当依法进行环境影响评价。环境影响评价文件应当包括对土壤和地下水可能造成的不良影响以及应当采取的防治措施等内容。

县级以上地方人民政府及其有关部门应当按照国土空间规划，严格执行相关行业企业布局选址要求，禁止在居民区和学校、医院、疗养院、养老院、文物保护单位等单位周边新建、改建、扩建可能造成土壤和地下水污染的建设项目。

第十三条　省人民政府组织生态环境、标准化行政主管部门，根据本省经济社会发展水平、科学技术水平和保障土壤环境质量安全需要，对国家土壤污染风险管控标准中未作规定的项目可以制定地方土壤污染风险管控标准，对国家土壤污染风险管控标准中已作规定的项目可以制定严于国家标准的地方标准。地方土壤污染风险管控标准应当报国务院生态环境主管部门备案。

制定土壤污染风险管控地方标准，应当组织专家进行审查和论证，并征求有关部门、行业协会、企业事业单位和公众等方面的意见。土壤污染风险管控标准的执行情况应当定期评估，并根据评估结果适时修订。

省人民政府生态环境主管部门应当在其网站上公布土壤污染风险管控标准，供公众免费查阅、下载。

第十四条　省人民政府可以根据土壤环境质量改善目标的需要和经济、技术条件，对土壤污染严重或者需要特别保护的区域，采取执行重点污染物特别排放限值的措施。

第十五条　省人民政府应当按照国家统一安排组织开展土壤污染状况普查。

省、市（州）人民政府可以根据本行政区域实际和土壤污染状况普查情况，以农用地、建设用地、土壤污染重点监管单位用地等为重点组织开展土壤污染状况详查。

县（市、区）人民政府可以在市（州）人民政府统一组织下开展土壤污染状况详查。

第十六条　省人民政府生态环境主管部门应当会同农业农村、自然资源、住房城乡建设、水利、卫生健康、林业草原等主管部门，在国家监测网络基础上统一规划设置全省土壤环境监测站（点），完善省级土壤环境质量监测网络，定期开展监测并实行数据共享。

第十七条　省、市（州）人民政府应当根据国土空间规划、生态环境分区管控方案和生态环境准入清单，针对不同区域土壤环境质量状况、土壤污染风险源情况、土地开发利用情况等，划定区域风险等级，制定土壤污染防治分区管控方案并动态调整。

县（市、区）人民政府应当根据土壤污染防治分区管控方案落实相应管控措施。

第十八条　市（州）人民政府生态环境主管部门应当按照国务院和省人民政府生态环境主管部门的规定，根据有毒有害物质排放等情况，制定本行政区域土壤污染重点监管单位名录，向社会公开并适时更新。

第十九条　土壤污染重点监管单位应当按照国家、省有关规定开展相关工作并履行下列义务：

（一）严格控制有毒有害物质排放，并按年度向所在地生态环境主管部门报告排放情况；

（二）建立土壤污染隐患排查制度，保证持续有效防止有毒有害物质渗漏、流失、扬散；

（三）制定、实施自行监测方案，按照规定开展土壤和地下水监测，并将监测数据报所在地生态环境主管部门。

土壤污染重点监管单位应当对监测数据的真实性和准确性负责。鼓励其采取严于国家、行业和地方标准、规范和要求的措施，使用新技术、新材料，防止有毒有害物质渗漏、流失、扬散。

省、市（州）人民政府生态环境主管部门应当定期对土壤污染重点监管单位周边土壤和地下水进行监测，发现监测数据异常，应当及时进行调查。

第二十条　工业园区等产业集聚区应当建立大气、地表水、土壤和地下水污染协同预防预警机制。市（州）人民政府生态环境主管部门应当会同有关部门定期对产业集聚区周边土壤和地下水开展监督性监测，将数据及时上传到全省土壤环境信息管理平台。

第二十一条　县级以上地方人民政府及其有关部门应当结合区域功能定位和土壤污染防治需要，科学布局生活污水和生活垃圾处理、固体废物处置、废旧物资再利用等设施和场所；对相关设施和场所的周边土壤和地下水进行监测，发现异常的，及时采取相应处置措施。

第二十二条　涉及重金属排放的企业事业单位和其他生产经营者应当遵守排污许可管理规定，执行重金属污染物排放标准，强化清洁生产，落实重金属污染物排放总量控制制度。

在涉重金属矿产资源开发活动集中的区域，执行国家规定的重金属污染物特别排放限值。

鼓励涉及重金属排放的企业事业单位和其他生产经营者提升技术水平，降低重金属排放强度，减少排放总量。

第二十三条　输油管、加油站、排污管、地下储罐、填埋场和存放或者处理有毒有害物质的地下水池、半地下水池等设施设备的设计、建设、使用应当符合防腐蚀、防渗漏、防挥发等要求，设施设备的所有者和运营者应当对设施设备定期开展腐蚀、泄漏检测，防止污染土壤和地下水。

第二十四条　从事废旧电子产品、电池回收利用，车船保养、清洗、修理、拆解及化学品贮存、运输、经营等活动的企业事业单位和个人，应当采取措施防止油品、溶剂等化学品挥发、遗撒、泄漏对土壤和地下水造成污染。

第二十五条　企业事业单位拆除设施、设备或者建筑物、构筑物的，应当采取相应的土壤污染防治措施。

土壤污染重点监管单位拆除设施、设备或者建筑物、构筑物的，应当制定拆除活动土壤和地下水污染防治工作方案，并按照国家和省有关规定报所在地生态环境、经济和信息化等主管部门备案。

土壤污染重点监管单位拆除活动应当严格按照土壤和地下水污染防治工作方案实施，保存拆除活动相关记录并报所在地生态环境、经济和信息化等主管部门备案，为后续污染地块调查评估提供基础信息和依据。

第二十六条　县级以上地方人民政府应当加强对矿山的监督管理，组织开展历史遗留矿山生态修复工作，并对未纳入尾矿库管理的尾矿、煤矸石、废石等矿业固体废物贮存设施以及无责任主体或者责任主体灭失的废弃矿井（矿坑）开展调查评估、风险管控和治理修复。

县级以上地方人民政府安全生产监督管理部门应当监督煤炭开采、堆放、运输以及尾矿库运营、管理单位履行防治土壤污染的法定义务，防止发生可能污染土壤的事故；生态环境主管部门应当加强对尾矿库土壤污染防治情况的监督检查和定期评估，发现风险隐患的，及时督促尾矿库运营、管理单位采取相应措施；自然资源主管部门应当加强对采矿权人履行矿山地质环境保护与土地复垦义务的情况监督检查。

第二十七条　采矿权人应当切实履行矿山污染防治和生态环境修复责任，在开采、选矿、运输、仓储等活动中应当按照环境影响评价文件等要求，落实各项污染防治措施，防止污染土壤和地下水。

第二十八条　页岩气勘探开发单位应当采用先进清洁生产技术，减少勘探、开采、封井、回注等环节中污染物的产生和排放；开展页岩气开发区域土壤及地表水、地下水污染状况监测，对产生的废弃钻井液、废水、岩屑、污油等污染物进行无害化处置和资源化利用，防止有毒有害物质污染土壤及地表水、地下水。

所在地生态环境、自然资源等主管部门应当加强对页岩气开发区域土壤污染防治的监督管理，督促勘探开发单位落实污染防治主体责任。

第二十九条　县级以上地方人民政府农业农村、林业草原主管部门应当开展农用地土壤污染防治宣传和技术培训活动，扶持农业生产专业化服务，指导农业生产者合理使用农药、兽药、肥料、饲料、饲料添加剂、农用薄膜等农业投入品，控制使用量和使用范围。

鼓励和支持从事农业生产活动的单位和个人使用低毒低残留易降解的农药、符合标准的有机肥和高效肥、生物可降解农用薄膜，采用测土配方施肥技术和生态控制、生物防治、物理防治等病虫害绿色防控措施。

第三十条　从事农业生产活动的单位和个人应当规范使用农药、兽药、肥料、饲料、饲料添加剂、农用薄膜等农业投入品，控制使用量和使用范围，不得使用国家和本省明令禁止、淘汰或者未经许可的农业投入品。

农药使用者应当严格按照农药的标签标注的使用范围、使用方法和剂量、使用技术要求和注意事项使用农药，不得扩大使用范围、加大用药剂量或者改变使用方法。

第三十一条　农民专业合作社、家庭农场、农业企业、林地经营者等单位和个人，应当及时回收农药等农业投入品的废弃包装物以及废弃农膜，并移交当地乡（镇）、街道办事处、村、社区回收站（点）。

县级以上地方人民政府农业农村主管部门应当制定废弃农膜、废弃包装物回收网络建设方案和管理运行规范，利用供销社和农资销售点等场所，合理布设乡（镇）、街道办事处、村、社区回收站（点），建立完善回收网络，会同乡（镇）人民政府、街道办事处对回收站（点）的运行情况开展检查，督促其规范回收。

第三十二条　禁止在农用地排放、倾倒、堆存重金属或者其他有毒有害物质含量超标的污水、污泥，以及可能造成土壤污染的清淤底泥、尾矿、矿渣、生活垃圾、工业废弃物等。

第三十三条　农田灌溉用水应当符合相应的水质标准，防止土壤、地下水和农产品污染。地方人民政府生态环境主管部门应当会同农业农村、水利主管部门加强对农田灌溉用水水质的管理，对农田灌溉用水水质进行监测和监督检查。

第三十四条　县级以上地方人民政府农业农村、生态环境等有关部门应当依法加强对畜禽粪便、沼渣、沼液等收集、贮存、利用、处置的监督管理，防止土壤污染。

畜禽养殖场、养殖小区应当采取科学的饲养方式，减少养殖废弃物产生量；配套建设粪便、污水以及其他废弃物的贮存、处理、利用设施或者委托从事废弃物综合利用和无害化处理服务的单位代为处置。畜禽养殖废弃物未经处理达标，不得直接向环境排放。

散养密集区所在地县（市、区）、乡（镇）人民政府、街道办事处应当组织实行畜禽粪污分户收集、集中处理和综合利用。

第三十五条　地方各级人民政府应当重点保护未污染的耕地、林地、草地和饮用水水源地，加强对若尔盖国家公园、大熊猫国家公园等自然保护地的保护，维护其生态功能。

地方各级人民政府应当依法保护森林、高寒草甸、草原、河流、湖泊、湿地、雪山冰川、高原冻土等重要生态系统，重点加强对纳入耕地后备资源及矿产资源开采活动影响区域内未利用地的监管，防止土壤被污染、破坏。

任何组织和个人不得向滩涂、盐碱地、沼泽地等未利用地、自然保护地非法排污、倾倒有毒有害物质或者实施其他污染、破坏行为。

第三章　管控和修复

第三十六条　省人民政府应当组织开展全省农用地土壤环境质量类别划分工作，按照土壤污染程度和相关标准，将农用地划分为优先保护类、安全利用类和严格管控类。

第三十七条　县级以上地方人民政府应当依法将符合条件的优先保护类耕地划为永久基本农田，实施严格保护。

禁止在永久基本农田集中区域新建可能造成土壤污染的建设项目。已经建成的，由县级以上地方人民政府责令限期关闭拆除。

第三十八条　未利用地、复垦土地、林地等拟开垦为耕地的，县级以上地方人民政府农业农村、林业草原主管部门应当会同生态环境、自然资源主管部门开展土壤污染状况调查，依法进行分类管理。

第三十九条　对土壤污染状况普查、详查和监测、现场检查表明有土壤污染风险的农用地地块，县级以上地方人民政府农业农村、林业草原主管部门应当会同生态环境、自然资源主管部门进行土壤污染状况调查。

第四十条　对土壤污染状况调查表明污染物含量超过土壤污染风险管控标准的农用地地块，县级以上地方人民政府农业农村、林业草原主管部门应当会同生态环境、自然资源主管部门组织进行土壤污染风险评估，并按照农用地分类管理制度管理。

第四十一条　对安全利用类农用地地块，县级以上地方人民政府农业农村、林业草原主管部门应当结合主要作物品种和种植习惯等情况，按照国家规定制定并实施安全利用方案。

第四十二条　对严格管控类农用地地块，县级以上地方人民政府农业农村、林业草原主管部门应当采取下列风险管控措施：

（一）提出划定特定农产品禁止生产区域的建议，报本级人民政府批准后实施；

（二）按照规定开展土壤和农产品协同监测与评价；

（三）鼓励采取调整种植结构或者实行退耕还林还草、退耕还湿、轮作休耕、轮牧休牧等措施；

（四）对农民、农民专业合作社及其他农业生产经营主体进行技术指导和培训；

（五）其他风险管控措施。

地方各级人民政府及其有关部门应当对实施前款第三项规定的风险管控措施给予相应的政策支持。

第四十三条　安全利用类和严格管控类农用地地块的土壤污染影响或者可能影响地下水、饮用水水源安全的，所在地生态环境主管部门应当会同农业农村、林业草原等主管部门制定污染防治方案，报本级人民政府批准后组织实施。

土壤污染责任人应当按照国家和省有关规定以及土壤污染风险评估报告的要求，采取相应的风险管控措施，并定期向县（市、区）人民政府农业农村、林业草原主管部门报告。

第四十四条　对需要实施修复的农用地地块，土壤污染责任人应当编制修复方案，报县（市、区）人民政府农业农村、林业草原主管部门备案并实施。修复方案应当包括地下水污染防治的内容。

土壤污染责任人应当另行委托其他单位对风险管控效果、修复效果进行评估，编制效果评估报告，报县（市、区）人民政府农业农村、林业草原主管部门备案。

第四十五条　县级以上地方人民政府农业农村、林业草原主管部门应当会同生态环境、自然资源等主管部门健全农产品产地土壤环境监测制度，对食用农产品产地土壤环境进行重点监测、加密监测和动态监测。加强对自然形成的土壤重金属超标区域的土壤和农产品协同监测；食用农产品重金属超标的，应当采取种植结构调整、农艺调控等措施，确保农用地安全利用。

第四十六条　本省依法实行建设用地土壤污染风险管控和修复名录制度。

省人民政府生态环境主管部门应当会同自然资源等主管部门，按照国家规定制定建设用地土壤污染风险管控和修复名录，并根据风险管控、修复情况适时更新。

建设用地土壤污染风险管控和修复名录应当向社会公开。

列入建设用地土壤污染风险管控和修复名录的地块，不得作为住宅、公共管理与公共服务用地。

第四十七条　建设用地有下列情形之一的，土地使用权人应当按照国家、省有关规定开展土壤污染状况调查：

（一）有色和黑色金属矿采选、有色和黑色金属冶炼、石油和天然气开采、石油加工、化学原料和化学制品制造、汽车制造以及铅蓄电池、焦化、电镀、制革、电子废弃物拆解、垃圾焚烧等行业企业关停、搬迁的；

（二）垃圾填埋场、污泥处置场和从事过危险废物贮存、利用、处置活动的场所关闭或者封场的；

（三）土壤污染防治重点监管单位的生产经营用地用途拟变更或者土地使用权拟收回、转让的；

（四）用途变更为住宅、公共管理与公共服务用地的；

（五）对土壤污染状况普查、详查和监测、现场检查表明有土壤污染风险的；

（六）法律、法规规定的其他情形。

前款第三项的土壤污染状况调查报告应当作为不动产登记资料送交地方人民政府不动产登记机构，并报地方人民政府生态环境主管部门备案。

土壤污染状况调查报告应当报地方人民政府生态环境主管部门，由地方人民政府生态环境主管部门会同自然资源主管部门组织评审。

土地使用权已收回但尚未完成土壤污染状况调查的，由县级以上地方人民政府在供地前组织完成调查，土壤污染责任人为原土地使用权人的，所需费用由原土地使用权人承担。

第四十八条　土壤污染状况调查表明污染物含量超过土壤污染风险管控标准的建设用地地块，土壤污染责任人、土地使用权人应当按照国家、省有关规定进行土壤污染风险评估，并将土壤污染风险评估报告报省人民政府生态环境主管部门。

省人民政府生态环境主管部门应当会同自然资源等主管部门对土壤污染风险评估报告进行评审，及时将需要实施风险管控、修复的建设用地地块纳入建设用地土壤污染风险管控和修复名录。

第四十九条　列入建设用地土壤污染风险管控和修复名录的地块，土壤污染责任人应当按照规定采取相应的风险管控措施，并定期向所在地生态环境主管部门报告；需要实施修复的，土壤污染责任人应当按照国家有关环境标准和技术规范并结合国土空间规划编制修复方案，报所在地生态环境主管部门备案并实施。风险管控措施和修复方案应当包括地下水污染防治的内容。

土壤污染修复原则上应当在原址进行；确要转运污染土壤的，修复施工单位应当建立管理台账、制定转运计划，并按照规定向所在地和接收地市（州）人民政府生态环境主管部门报告。

转运的污染土壤属于危险废物的，修复施工单位应当依照法律、法规和相关标准进行转移、处置。

第五十条　建设用地风险管控、修复完成后，土壤污染责任人应当另行委托其他单位对风险管控效果、治理与修复效果进行评估，编制风险管控、治理与修复效果评估报告并报所在地生态环境主管部门备案。

第五十一条　对达到土壤污染风险评估报告确定的风险管控、修复目标的建设用地地块，土壤污染责任人、土地使用权人可以向省人民政府生态环境主管部门申请移出建设用地土壤污染风险管控和修复名录。

省人民政府生态环境主管部门应当会同自然资源等主管部门组织评审，及时将达到风险评估报告确定的风险管控目标、修复目标且可以安全利用的地块移出建设用地土壤污染风险管控和修复名录。

未达到土壤污染风险评估报告确定的风险管控、修复目标的建设用地地块，禁止开工建设任何与风险管控、修复无关的项目。

第五十二条　风险管控、修复活动完成后，需要实施后期管理的，土壤污染责任人、土地使用权人应当按照要求实施后期管理。

第五十三条　土壤污染责任人负有实施土壤污染风险管控和修复的义务。土壤污染责任人不明确或者存在争议的，应当综合考虑污染地块历史使用情况、污染行为、污染贡献等因素，农用地由所在地农业农村、林业草原主管部门会同生态环境、自然资源主管部门组织认定，建设用地由所在地生态环境主管部门会同自然资源主管部门组织认定。

土壤污染责任人无法认定的，土地使用权人应当实施土壤污染风险管控和修复。

土壤污染责任人或者使用权人无法确定的污染物含量超过土壤污染风险管控标准的地块，县级以上地方人民政府及其有关部门根据实际情况组织实施土壤污染风险管控和修复。

第五十四条　受委托从事土壤污染状况调查和土壤污染风险评估、风险管控、修复、风险管控效果评估、修复效果评估、后期管理等活动的单位，应当具备相应的专业能力，并对其出具的土壤污染状况调查报告、土壤污染风险评估报告、效果评估报告的真实性、准确性、完整性负责。地方人民政府生态环境主管部门和其他负有土壤污染防治监督管理职责的部门应当依法采取动态抽查等形式对上述单位相关活动进行监督管理。

受委托从事风险管控、治理与修复的专业机构，应当遵守国家有关环境标准和技术规范，按照委托合同的约定，对风险管控、治理与修复的效果以及后期管理等承担相应责任，并做好修复过程二次污染防范以及施工人员的安全防护工作。

受委托从事风险管控、治理与修复的专业机构，在风险管控、治理与修复等活动中弄虚作假或者造成环境污染、生态破坏的，应当承担相应的法律责任。

第五十五条　发生突发事件可能造成土壤污染和地下水污染的，地方各级人民政府及其有关部门和相关企业事业单位以及其他生产经营者应当立即采取应急措施防止土壤和地下水污染，依法做好土壤污染状况监测、调查和土壤污染风险评估、风险管控、修复等工作。

第四章　保障和监督

第五十六条　地方各级人民政府应当建立土壤污染防治资金投入机制，落实国家有关土壤污染防治的财政、税收、价格、金融等经济政策和措施，引导社会资本、金融机构、企业共同参与土壤污染防治。

鼓励土壤污染重点监管单位购买环境污染责任保险。

第五十七条　县级以上地方人民政府可以通过购买第三方服务的方式，开展土壤环境监测、调查评估、污染风险管控和修复等工作。

第五十八条　省人民政府根据国家规定，设立省级土壤污染防治基金，主要用于农用地土壤污染防治和土壤污染责任人或者土地使用权人无法认定的土壤污染风险管控和修复以及政府规定的其他事项。

对土壤污染责任人和土地使用权人暂时无法认定的土壤污染实施污染风险管控和修复后，后期能够认定土壤污染责任人的，县级以上地方人民政府应当向其追偿，并将追偿所得纳入土壤污染防治基金。

第五十九条 县级以上地方人民政府及其有关部门应当支持土壤污染防治科学技术研究，加强成果转化和推广应用，鼓励先进技术的引进与本土化发展。建立完善土壤污染防治专业技术人才培养机制，促进土壤污染防治科学技术进步。

第六十条 地方人民政府生态环境主管部门和其他负有土壤污染防治监督管理职责的部门可以采用天基卫星、空基遥感、航空无人机、移动监测车、地面观测等监管手段，建立定期检查机制，加强对污染地块开发利用活动的监督管理。

第六十一条 本省依法实行土壤污染防治目标责任制和考核评价制度，将土壤污染防治目标完成情况作为考核评价地方各级人民政府及其负责人、县级以上地方人民政府负有土壤污染防治监督管理职责的部门及其负责人的内容。

第六十二条 省人民政府生态环境主管部门应当会同有关部门对土壤环境质量下降的县（市、区）人民政府进行预警提醒。

对土壤污染问题突出、防治工作不力、群众反映强烈的地区，省人民政府生态环境主管部门应当会同有关部门约谈问题所在市（州）人民政府及其有关部门主要负责人，要求其采取措施及时整改。约谈整改情况应当向社会公开。

省人民政府生态环境主管部门和其他负有土壤污染防治监督管理职责的部门应当对重大土壤环境违法案件、公众反映强烈的突出土壤环境问题进行挂牌督办，责成所在地人民政府及其有关部门限期查处、整改。

第六十三条 省人民政府生态环境主管部门和其他负有土壤污染防治监督管理职责的部门应当将从事土壤污染状况调查和土壤污染风险评估、风险管控、修复、风险管控效果评估、修复效果评估以及后期管理的单位和个人的执业情况，纳入信用系统建立信用记录，依法将违法信息记入社会诚信档案，并纳入全国信用信息共享平台和国家企业信用信息公示系统向社会公布。

第六十四条 地方人民政府生态环境主管部门和其他负有土壤污染防治监督管理职责的部门应当向社会公布举报方式，接受对污染土壤行为的举报并及时依法处理。接受举报的部门应当对举报人的相关信息予以保密；对实名举报并查证属实的，按照国家和省有关规定给予奖励。

新闻媒体应当加强对污染土壤环境违法行为的舆论监督。

第五章 法律责任

第六十五条 违反本条例规定的行为，法律、行政法规已有法律责任规定的，从其规定。

第六十六条 地方各级人民政府、生态环境主管部门或者其他负有土壤污染防治监督管理职责的部门未依照本条例规定履行职责的，对直接负责的主管人员和其他直接责任人员依法给予处分。

第六十七条 违反本条例第二十三条规定，输油管、加油站、排污管、地下储罐、填埋场和存放或者处理有毒有害物质的地下水池、半地下水池等设施设备的设计、建设、使用，不符合防腐蚀、防渗漏、防挥发等要求的，或者设施设备的所有者和运营者未对设施设备定期开展腐蚀、泄漏检测的，由地方人民政府生态环境主管部门或者其他负有土壤污染防治监督管理职责的部门责令改正，处二万元以上二十万元以下的罚款；造成环境污染后果严重的，处二十万元以上二百万元以下的罚款；拒不改正的，责令停产整治。

第六十八条　违反国家规定污染土壤环境、破坏土壤生态，损害国家利益、社会公共利益的，国家规定的机关或者法律规定的组织可以依法向人民法院提起诉讼。

第六章　附　则

第六十九条　本条例下列用语的含义：

（一）土壤污染，是指因人为因素导致某种物质进入陆地表层土壤，引起土壤化学、物理、生物等方面特性的改变，影响土壤功能和有效利用，危害公众健康或者破坏生态环境的现象；

（二）农用地，是指直接用于农业生产的土地，包括耕地、林地、草地、农田水利用地、养殖水面等；

（三）建设用地，是指建造建筑物、构筑物的土地，包括城乡住宅和公共设施用地、工矿用地、交通水利设施用地、旅游用地、军事设施用地等；

（四）未利用地，是指农用地和建设用地以外的土地，包括滩涂、沼泽地、盐碱地、沙地、裸土地等。

第七十条　本条例自 2023 年 7 月 1 日起施行。

第一部分

导　读

一、制定背景和过程

（一）制定背景

土壤是构成生态系统的基本要素之一，是人类社会不可或缺的宝贵资源，保护好赖以生存的土壤，直接关系到人民群众身体健康和经济社会的可持续发展。近年来，我省切实加强土壤生态环境保护，以改善土壤环境质量为核心，以保障农产品质量和人居环境安全为出发点，聚焦农用地和建设用地土壤污染防治，严把土壤污染源头管控，土壤环境质量整体向好。但作为农业和矿产资源大省，由于工作起步晚、底数不清、基础薄弱和历史上无序开发遗留问题多等原因，加之土壤污染具有隐蔽性、累积性和复合性，土壤污染防治工作面临巨大挑战。为深入贯彻落实习近平生态文明思想，切实加强土壤生态环境保护、打好净土保卫战、加快美丽四川建设，制定一部既贯彻上位法要求，又符合地方实际，也符合群众需求的地方性法规势在必行。

（二）制定过程

一是做好立法准备，夯实工作基础。2020 年 5 月，四川省生态环境厅成立《条例》立法起草工作领导小组，厅领导任组长，领导小组办公室设在四川省生态环境厅土壤生态环境处，由四川省环境政策研究与规划院作为技术支撑单位。起草组完成了前期资料收集，形成了 70 万余字的法律法规和政策文件汇编等材料，并按月动态更新。

二是广泛开展调研，识别突出问题。2020 年 6 月至 2021 年 3 月，四川省生态环境厅组织相关人员组成调研组开展省内外土壤污染防治立法调研，识别我省土壤污染防治问题和学习省外先进经验。2021 年 9 月，四川省人民代表大会城乡建设环境资源保护委员会同四川省生态环境厅等部门（单位）相关人员赴德阳市、绵阳市开展土壤污染防治立法重点问题补充调研，形成了《土壤污染防治立法重点问题补充调研报告》。

三是深入调查研究，不断修改完善。在经过广泛、深入调研的基础上，起草组于 2020 年 8 月起草形成了草案初稿，经反复讨论形成征求意见稿，多次征求相关协会、重点行业企业、专家和省直相关部门等部门（单位）意见，先后召开专家论证会、立法论证会，按照修改意见对《条例》进行修改完善。2022 年 4 月，经过四川省生态环境厅厅务会审议通过后报送四川省司法厅进行审查。

四是配合审查审议，提高立法质量。按照省政府立法计划，《条例》分别被列为 2021 年调研论证项目和 2022 年制定项目。2022 年 5 月至 8 月，四川省司法厅对《条例》进行了审查论证，经修订完善形成了《条例（草案送审稿）》，并于 9 月 1 日经省政府第 109 次常务会议审议通过。2022 年 9 月至 2023 年 3 月，省人大对《条例》开展调研、征求意见和审议等工作；2022 年 9 月 29 日经四川省第十三届人民代表大会常务委员会第三十七次会议第一次审议；2022 年 11 月 30 日经四川省第十三届人民代表大会常务委员会第三十八次会议第二次审议；2023 年 3 月 30 日经四川省第十四届人民代表大会常务委员会第二次会议第三次审议通过，自 2023 年 7 月 1 日起施行。

二、主要内容

《条例》分为总则、预防和保护、管控和修复、保障和监督、法律责任和附则等6个章节，共70条，11052字，主要包括以下几方面内容。

（一）健全权责清晰、高效协同的防治机制

一是明确政府职责，规定地方各级人民政府对土壤污染防治和安全利用负责。二是明确部门职责分工，规定生态环境主管部门对土壤污染防治工作实施统一监督管理，农业农村、自然资源、住房城乡建设和林业草原等相关部门在各自职责范围内实施监督管理。三是建立土壤污染防治基础数据库，完善土壤环境信息共享、发布和通报机制。四是推进大气、水、土壤和固体废物污染协同防控，加强污染防治跨区域合作，构建完善的联防联控机制。上述内容主要体现在总则章节。

（二）完善预防为主、保护优先的规范标准

一是强化规划刚性约束，严格落实环境影响评价制度，完善地方标准规范。二是开展土壤污染状况普查和详查，完善监测网络，实行土壤污染防治分区管控。三是建立土壤污染重点监管单位名录，明确重点监管单位义务。四是结合省情，突出对重金属排放、电子废弃物拆解、矿产资源开发等高污染行业、企业的源头防治。五是强化农业投入品使用管控，推广绿色农业技术措施，建立废弃包装物回收和综合利用网络，强化农业用水的水质管理，明确养殖污染防治要求，构建农用地污染预防体系。六是加强未污染土壤、未利用地的保护和监管，防止土壤被污染和破坏。上述内容主要体现在预防和保护章节。

（三）明确分类管控、科学修复的治理措施

一是落实农用地分类管理制度，根据不同农用地土壤环境质量类别采取不同的风险管控措施。二是明确农用地土壤污染状况调查、风险评估和修复的实施主体、程序及相关要求。三是实施建设用地土壤污染风险管控和修复名录制度，将需要实施风险管控和修复的建设用地纳入名录，根据风险管控和修复情况适时更新并向社会公开。四是明确建设用地土壤污染状况调查、风险管控、修复和后期管理全流程治理要求。五是落实污染担责制度，明确污染责任人认定方式，规定政府应根据实际情况对无责任主体污染地块进行风险管控、修复。上述内容主要体现在管控和修复章节。

（四）强化从严监督、齐抓共管的保障监督

一是加强财政投入，落实相关税收金融政策，设立土壤污染防治基金，引导社会资本投入，破解土壤污染防治资金瓶颈。二是强化科学研究和人才培养，为土壤污染防治提供技术和人才支撑。三是狠抓考核问责，依法实行土壤污染防治目标责任和考核评价制度，建立预警、约谈、挂牌督办机制，推动落实地方政府对当地土壤环境质量负责的责任。四是运用信用监管和社会监督等方式，形成各方齐抓共管的良好局面。五是严格法律责任，法律、行政

法规已有法律责任规定的未进行重复规定，对新增输油管、加油站、排污管等地下设施设备污染防治内容设置了法律责任，做到合法、合理追究责任。上述内容主要体现在保障和监督、法律责任两个章节。

此外，附则部分解释了土壤污染、农用地、建设用地以及未利用地等用语的含义，明确了《条例》的施行日期。

三、特色亮点

（一）全面贯彻落实上位法，讲好"普通话"

《条例》始终坚持以习近平生态文明思想和习近平总书记来川视察重要指示精神为指导，坚持以《中华人民共和国环境保护法》《中华人民共和国土壤污染防治法》为遵循，坚持预防为主、保护优先、分类管理、风险管控、污染担责、公众参与的原则，坚决落实土壤污染防治和安全利用属地责任制度，积极组织、协调、督促有关部门依法履行土壤污染防治监督管理职责，认真贯彻执行国家环境保护特别是土壤污染防治工作各项要求和具体举措，有力推动上级要求部署在四川落地生根、开花结果。

（二）充分结合地方实际，讲好"四川话"

四川地质构造和地形地貌复杂，土壤污染防治具有很强的地域性。《条例》结合地方实际，作出了细化完善和延伸补充。例如：针对川西北土壤生成及植被更新速度慢，高寒草甸、草原以及高原冻土等重要生态系统一旦退化或者被污染修复成本和难度极大的情况，《条例》强化了高寒高海拔地区土壤保护；针对四川盆地周围山区、攀西地区和川西高原地区存在自然形成的土壤重金属超标现象，农用地安全利用、风险管控存在较大风险的现状，《条例》加强了重金属高背景值区域土壤风险防控和安全利用；针对四川页岩气勘探、开采等环节产生的废弃钻井液、岩屑、污油等污染物若未能有效处置容易污染土壤及地表水、地下水等实际情况，《条例》新增了页岩气开发土壤污染防治相关条款，明确页岩气勘探开发单位要采取有效措施防止有毒有害物质污染土壤及地表水、地下水。

（三）始终聚焦民情民生，讲好"百姓话"

土壤安全关系千家万户的"米袋子""菜篮子""果盘子"，受到社会广泛关注。《条例》围绕群众关切关注，从强化农用地分类管理和安全利用、强化新增耕地的准入管理、突出耕地的安全利用等方面入手，要求农业农村等部门定期开展耕地和农产品的协同监测，建立重要地区耕地土壤环境质量长期监测机制，以及对农业生产者合理使用农业投入品进行指导，推广使用绿色防控技术等，确保吃得放心。从合理规划、关注用地自身土壤环境状况、把好污染地块再开发利用准入关、合理安排成片污染土地开发时序、加强暂不开发利用污染地块风险管控等方面入手，要求依法实行建设用地土壤污染风险管控和修复名录制度，明确建设用地土壤污染状况调查、风险管控、修复和后期管理的全流程治理要求，确保住得安心。

第二部分
解　读

第一章 总 则

第一条 为了保护和改善生态环境，防治土壤污染，保障公众健康，推动土壤资源永续利用，推进生态文明建设，促进经济社会可持续发展，根据《中华人民共和国土壤污染防治法》等法律、行政法规，结合四川省实际，制定本条例。

【解读】本条是关于立法目的的规定。

根据本条的规定，土壤污染防治的立法目的主要包括以下几方面内容：一是保护和改善生态环境，防治土壤污染；二是保障公众健康；三是推动土壤资源永续利用；四是推进生态文明建设，促进经济社会可持续发展。土壤污染防治旨在实现环境效益、经济效益和社会效益的统一，其直接目的是要保护和改善生态环境，防治土壤污染；间接目的是保障公众健康，推动土壤资源永续利用，推进生态文明建设，实现经济社会可持续发展。

一、保护和改善生态环境，防治土壤污染

生态环境是指影响人类生存与发展的水资源、土地资源、生物资源以及气候资源数量与质量的总称，是关系到社会和经济持续发展的复合生态系统。党和国家十分重视生态环境保护工作，将其作为我国的一项基本国策，并通过制定相应的法律法规将其上升为立法。《中华人民共和国宪法》第二十六条第一款明确规定："国家保护和改善生活环境和生态环境，防治污染和其他公害。"《中华人民共和国民法典》第九条也明确规定："民事主体从事民事活动，应当有利于节约资源、保护生态环境。"国家层面，全国人大常委会通过制修订《中华人民共和国环境保护法》《中华人民共和国水污染防治法》《中华人民共和国大气污染防治法》《中华人民共和国土壤污染防治法》《中华人民共和国固体废物污染环境法》等法律，国务院及其部门通过制修订相关规章、规范性文件等；地方层面，地方人大和地方政府通过制定相关配套性、实施性地方性法规和规章，建立了从中央到地方较为完备的生态环境保护和污染防治法律制度体系，为保护和改善生态环境，提供了坚实的法治保障。

四川省委、省政府认真贯彻落实党中央、国务院决策部署，不断完善土壤污染防治各项制度，统筹推进土壤环境监管工作。印发了《关于推进绿色发展建设美丽四川的决定》《土壤污染防治行动计划四川省工作方案》《四川省土壤污染治理与修复规划》等政策文件。截至目前，包括我省在内共有19个省、自治区、直辖市结合地方实际，制定了土壤污染防治条例，在法治轨道上推进土壤污染防治工作。开展土壤污染防治地方立法，是以法治思维和法治方式将习近平总书记重要讲话重要指示批示精神和党中央决策部署转为具体行动，将各项目标要求制度化、规范化、程序化的重大举措。

二、保障公众健康

根据《中华人民共和国环境保护法》第二条"环境"的定义，将土地作为生态环境的基本要素之一，土壤生态环境事关农产品和人居环境安全，持续推动土壤污染防治工作已成为当前重大的民生工程，受到社会广泛关注。四川省作为农业和矿产资源大省，土壤污染防治是必须面对的重大课题。但由于土壤污染防治工作起步晚、底数不清、基础薄弱等原因，加之土壤污染具有隐蔽性、累积性和复合性，土壤污染防治工作面临巨大挑战，制定一部法规保障我省土壤污染防治工作具有十分重要的现实意义。

习近平总书记 2018 年 5 月在全国生态环境保护大会上发表重要讲话："要全面落实土壤污染防治行动计划，突出重点区域、行业和污染物，强化土壤污染管控和修复，有效防范风险，让老百姓吃得放心、住得安心。要持续开展农村人居环境整治行动，打造美丽乡村，为老百姓留住鸟语花香田园风光。"因此，制定《条例》，就是要结合四川省实际，推进农用地安全利用和建设用地风险管控和修复，通过制度设计、措施落实，切实保障公众健康，真正实现让老百姓吃得放心、住得安心。

三、推动土壤资源永续利用

根据《土壤环境　词汇》（HJ 1231—2022），土壤是指陆地表层能够生长植物的疏松多孔物质层及其相关自然地理要素的综合体。土壤作为山川之根、万物之本，是人类赖以生存的最基本的自然资源，它为人类提供了大部分生存所需的生活资料和生产资料。四川地域辽阔，自然条件复杂，垂直分布明显，土壤资源极为丰富。土壤不仅是地球上最宝贵的自然资源，也是农业最基本的生产资料，是农业可持续发展的基础，更是生态系统的重要组成部分。因此，保护土壤资源，就是保护人类自身的生产和生活环境，通过立法防治土壤污染，实现土壤资源的永续利用。

四、推进生态文明建设，促进经济社会可持续发展

党的十八大以来，以习近平同志为核心的党中央高度重视生态文明建设，把生态文明建设作为统筹推进"五位一体"总体布局的重要内容，形成了习近平生态文明思想，环境保护和生态文明建设进入了新的历史发展时期。党的二十大报告指出，"中国式现代化是人与自然和谐共生的现代化"，明确了我国新时代生态文明建设的战略任务，总基调是推动绿色发展，促进人与自然和谐共生。推进美丽中国建设，土壤污染防治是其中必不可少的重要一环，党的二十大报告明确提出"加强土壤污染源头防控"，这为持续打好"净土保卫战"指明了方向。生态文明建设是关系中华民族永续发展的根本大计，必须坚持系统观念，统筹考虑自然生态各要素、必须坚持统筹规划、系统治理和综合治理。同时，要实行最严格的制度、最严密的法治，坚持源头严防、过程严管、后果严惩，治标治本多管齐下，为生态文明建设提供可靠保障。

> 第二条　在四川省行政区域内从事土壤污染防治及相关活动，适用本条例。

【解读】本条是关于适用范围、调整对象的规定。

一、关于适用范围

根据《中华人民共和国立法法释义》，地方性法规是指法定的地方国家权力机关依照法定的权限，在不与宪法、法律和行政法规相抵触的前提下，制定和颁布的在本行政区域范围内实施的规范性文件。因此，在空间上，本《条例》适用于四川省行政区域内。

二、关于调整对象

本《条例》调整不同行为主体因为"从事土壤污染防治及相关活动"而产生的社会关系。就行政管理主体而言，本《条例》既调整地方各级政府、街道办事处、村（居）民委员会的职责，也调整县级以上地方人民政府生态环境等有关部门的职责；就行政管理相对人而言，既调整有关造成土壤污染的责任人、土地使用权人的权利义务关系，也调整有关从事土壤污染状况调查和土壤污染风险评估、风险管控、修复、风险管控效果评估、修复效果评估、后期管理等专业化服务机构的权利义务关系；就调整的行为对象而言，既包括直接的土壤污染防治活动，也包括调查、监测、评估、风险管控、污染修复、后期管理等相关活动。

> 第三条　土壤污染防治应当坚持预防为主、保护优先、分类管理、风险管控、污染担责、公众参与的原则。

【解读】本条是关于土壤污染防治基本原则的规定。

土壤污染防治原则，是土壤污染防治领域具有统领作用的基本准则，体现了制定本《条例》的指导思想和基本理念，明确了开展土壤污染防治工作的指导方针和基本遵循。四川省土壤污染防治工作秉持六项基本原则：

一是预防为主原则。这是《中华人民共和国环境保护法》规定的基本原则之一，指对开发和利用环境行为所产生的环境质量下降或者环境破坏等风险，应当事前采取预测、分析和防范措施，以避免、降低、消除由此可能带来的环境损害。本《条例》第二章"预防和保护"，该章从规划编制、环境影响评价到土壤污染状况普查、污染状况详查、土壤环境质量监测，再到要求大气污染防治、水污染防治、固体废物污染防治与土壤污染防治协同预防预警等进行了统筹部署，规定了一系列事前预防措施，体现了预防为主原则。

二是保护优先原则。这是《中华人民共和国环境保护法》规定的基本原则之一。党的二十大报告强调，我们坚持可持续发展，坚持节约优先、保护优先、自然恢复为主的方针，像保护眼睛一样保护自然和生态环境，坚定不移走生产发展、生活富裕、生态良好的文明发展道路，实现中华民族永续发展。因此，要从源头上加强土壤保护，优先保护未污染土壤。本《条例》第三十五条规定重点保护未污染的耕地、林地、草地和饮用水水源地；第三十六条规定将农用地划分为优先保护类、安全利用类和严格管控类；第三十七条规定县级以上地方人民政府应当依法将符合条件的优先保护类耕地划为永久基本农田，禁止在永久基本农田集中区域新建可能造成土壤污染的建设项目等，均体现了保护优先原则。

三是分类管理原则。根据《中华人民共和国土地管理法》第四条，我国实行土地用途管制制度，国家统一编制土地利用总体规划，将土地分为农用地、建设用地和未利用地。分类管理原则主要用于农用地污染防治工作，本《条例》第三章"管控和修复"规定，按照土壤污染程度和相关标准，将农用地划为优先保护类、安全利用类、严格管控类三个类别，并对各类别农用地提出了针对性的保护、利用和风险管控措施；对于建设用地，实行土壤污染风险管控和修复名录制度，按照不同的土地规划用途、不同的环境功能，落实不同的环境管理措施；对于未利用地拟开垦为耕地的，依法进行分类管理。以上措施均体现了分类管理原则。

四是风险管控原则。这是指针对已经造成的土壤污染可能产生的损失进行评估和判断，采取各种措施和方法，减少风险事件发生的可能性，或者减少风险事件发生时造成的损失。土壤污染要形成风险需要具备三要素：污染物、暴露途径和受体（比如人群）。针对任何一个要素采取措施，均可以实现控制风险的目的。消除污染源可以控制风险；采取隔离措施，即切断暴露途径，可以消除或大大降低土壤污染对人的健康风险；在彻底消除污染不具有经济技术可行性的情形下，通常采取切断暴露途径的措施。例如本《条例》第三十二条规定，禁止在农用地排放、倾倒、堆存重金属或者其他有毒有害物质含量超标的污水、污泥，以及可能造成土壤污染的清淤底泥、尾矿、矿渣、生活垃圾、工业废弃物等；第四十二条第一项规定，划定特定农产品禁止生产区域；第四十五条规定，对食用农产品重金属超标的采取种植结构调整、农艺调控等措施；第四十九条规定，列入建设用地土壤污染风险管控和修复名录的地块，土壤污染责任人应当按照规定采取相应的风险管控措施等。以上措施均体现了风险管控原则。

五是污染担责原则。即土壤污染者应当承担应有的责任，这是确定造成土壤环境污染和破坏危害后果与不利影响的责任归属的基本原则，也是《中华人民共和国环境保护法》规定的基本原则之一。本《条例》第九条第三款规定：从事土地开发利用活动或者生产经营活动的组织和个人，应当采取有效措施，防止、减少土壤污染，对所造成的土壤污染依法承担责任。第三章"管控和修复"明确了土壤污染责任人负有实施土壤污染风险管控和修复的义务。因实施或者组织实施土壤污染状况调查和土壤污染风险评估、风险管控、修复、风险管控效果评估、修复效果评估、后期管理等活动所支出的费用，由土壤污染责任人承担；土壤污染责任人不明确或者存在争议的，应当由相关部门综合考虑污染地块历史使用情况、污染行为、污染贡献等因素组织认定；土壤污染责任人无法认定的，土地使用权人应当实施土壤污染风险管控和修复。此外，还规定了土壤污染的民事侵权责任和行政处罚措施。以上规定均体现了污染担责原则。

六是公众参与原则。这是《中华人民共和国环境保护法》规定的基本原则之一，它主要包括三层含义：公众有权参与环境保护活动，也有义务保护环境；公众有权依法参与环境决策、环境管理和监督活动；国家依法保障公众参与环境保护、环境决策、环境管理和监督，发挥公众在环境监督方面的积极作用。公众参与可以促进土壤污染防治过程的科学性和有效性，例如本《条例》第九条规定，任何组织和个人都有保护土壤、防止土壤污染的义务；第十条规定，地方各级人民政府及其有关部门、基层群众性自治组织应当加强土壤污染防治的宣传教育和科学普及，传播生态文明理念，增强公众土壤污染防治意识，提高全民生态文明素养，引导公众依法参与土壤污染防治工作，推动形成绿色低碳发展方式和生活方式；第六十三条规定，将从事土壤污染状况调查和土壤污染风险评估、风险管控、修复、风险管控效果评估、修复效果评估以及后期管理的单位和个人的执业情况，纳入信用系统建立信用记录，依法将违法信息记入社会诚信档案，并纳入全国信用信息共享平台和国家企业信用信息公示系统向社会公布；第六十四条规定，向社会公布举报方式，接受对污染土壤行为的举报并及时依法处理等。以上规定均体现了公众参与原则。

> 第四条 地方各级人民政府应当对本行政区域内的土壤污染防治和安全利用负责。
>
> 地方各级人民政府应当加强对土壤污染防治工作的领导，统筹解决本行政区域内土壤污染防治的重大问题和事项，组织、协调、督促有关部门依法履行土壤污染防治监督管理职责。
>
> 街道办事处根据法律、法规的规定，在上级人民政府及有关部门的指导下开展土壤污染防治相关工作。

【解读】本条是关于地方各级政府、街道办事处基本职责的规定。

《中华人民共和国土壤污染防治法》第六条规定，各级人民政府应当加强对土壤污染防治工作的领导，组织、协调、督促有关部门依法履行土壤污染防治监督管理职责。本条既与之相衔接，又作了细化规定，进一步明确规定了地方各级政府及街道办事处在土壤污染防治方面的基本职责。

一、关于地方各级人民政府统一领导的职责

《中华人民共和国环境保护法》第六条第二款规定，地方各级人民政府应当对本行政区域的环境质量负责，其中也包括对土壤污染防治和安全利用工作的领导。影响土壤环境质量的因素有很多，如建设项目的类型、污染物的性质、污染源的特征与排放强度、污染途径以及

土壤类型、特征和区域地理环境特征等。防治土壤污染涉及的部门也很多，有生态环境、发展改革、经济和信息化、科技、财政、自然资源、住房城乡建设、交通运输、水利、农业农村、卫生健康、应急、市场监督管理、林业草原等，政府通过协调各部门，统筹各种资源，精准施策、综合治理，提高效率、形成合力，承担起土壤污染防治和安全利用的责任。

二、关于地方各级人民政府的职责

近年来，四川省土壤污染防治工作取得了一定成效，全面完成了"十三五"国家下达的目标任务，土壤环境风险得到基本管控，土壤环境质量总体保持稳定。本《条例》在此基础上，进一步明确规定了地方各级人民政府的基本职责。包括三方面：

一是加强对土壤污染防治工作的领导。根据本《条例》规定，明确了县级以上地方人民政府在土壤污染防治方面的领导职责。例如，《条例》第十一条规定，将土壤污染防治工作纳入国民经济和社会发展规划、国土空间规划、生态环境保护规划，统筹划定耕地和永久基本农田、生态保护红线、城镇开发边界；第二十一条规定，科学布局生活污水和生活垃圾处理、固体废物处置、废旧物资再利用等设施和场所；第二十六条规定，加强对无责任主体或者责任主体灭失的废弃矿井（矿坑）的调查评估、风险管控和治理修复；第三十七条规定，依法将符合条件的优先保护类耕地划为永久基本农田，责令限期关闭拆除永久基本农田集中区域内可能造成土壤污染的建设项目；第四十七条规定，建设用地供地前组织完成土壤污染状况调查；第五十三条规定，对土壤污染责任人或者使用权人无法确定的污染物含量超标地块组织实施土壤污染风险管控和修复等。

二是统筹解决本行政区域内土壤污染防治的重大问题和事项。实际工作中，应根据具体情况进行研判，如统筹解决相关行业企业布局选址、土壤污染状况详查、土壤污染防治资金投入以及突发事件的应急处置等工作中的重大问题和事项。

三是明确各级政府具体职能职责。如省人民政府组织制定地方土壤污染风险管控标准、开展土壤污染状况普查、开展全省农用地土壤环境质量类别划分工作；省、市（州）人民政府组织开展土壤污染状况详查，制定土壤污染防治分区管控方案，对生态环境主管部门编制的土壤污染防治规划批准后公布实施；县级以上地方人民政府依法将符合条件的优先保护类耕地划为永久基本农田，对农业农村、林业草原主管部门提出的划定特定农产品禁止生产区域的建议批准后实施，将土壤污染防治目标完成情况作为负有土壤污染防治监督管理职责的部门及其负责人的考核评价内容之一等。

三、关于街道办事处的职责

《四川省环境保护条例》规定，街道办事处应当在县级人民政府相关行政主管部门的指导下做好本辖区的环境保护工作，加强环境保护法治宣传和隐患排查，发现存在环境问题的，应当及时向环境保护等有关部门报告。第四条第三款与之相衔接，同时本《条例》对街道办事处落实土壤污染防治责任还规定了具体事项。例如，第三十一条规定对废弃农膜、废弃包装物回收站（点）的运行情况开展检查；第三十四条规定组织实行畜禽粪污分户收集、集中处理和综合利用等。

　　第五条　省、市（州）人民政府生态环境主管部门对本行政区域土壤污染防治工作实施统一监督管理。
　　县级以上地方人民政府发展改革、经济和信息化、科技、财政、自然资源、住房城乡建设、交通运输、水利、农业农村、卫生健康、应急、市场监督管理、林业草原等主管部门，在各自职责范围内对土壤污染防治工作实施监督管理。

【解读】本条是关于土壤污染防治部门职责的规定。

本条明确了主管部门和相关部门的基本职责。

一、生态环境主管部门职责

　　主管部门，即生态环境主管部门，负责对本行政区域土壤污染防治工作实施统一监管的职责。《中华人民共和国环境保护法》规定，县级以上地方人民政府环境保护主管部门，对本行政区域环境保护工作实施统一监督管理。土壤污染防治是生态环境保护工作的重要内容，各级生态环境主管部门负有统一监督管理的职责。而根据中央办公厅、国务院办公厅印发的《关于省以下环保机构监测监察执法垂直管理制度改革试点工作的指导意见》精神，四川省完成了生态环境机构监测监察执法垂直管理制度改革，对市（州）、县（市、区）生态环境机构管理体制进行了调整，县（市、区）生态环境局调整为市（州）生态环境局的派出机构。因此，本《条例》根据实际情况，由省、市（州）人民政府生态环境主管部门对本行政区域土壤污染防治工作实施统一监管职责。

（一）省级人民政府生态环境主管部门的职责

1. 独立实施的职责

（1）发布本省土壤环境信息；
（2）及时向同级农业农村、卫生健康和食品安全主管部门通报涉及主要食用农产品生产区域的重大土壤环境信息；
（3）在网站上公布土壤污染风险管控标准，供公众免费查阅、下载；
（4）定期组织对土壤污染重点监管单位周边土壤和地下水进行监测，发现监测数据异常，应当及时进行调查；
（5）组织对尾矿库土壤污染防治情况进行监督检查和定期评估，发现风险隐患的，及时督促尾矿库运营、管理单位采取相应措施；
（6）依法采取动态抽查等形式对受委托从事土壤污染状况调查和土壤污染风险评估、风险管控、修复、风险管控效果评估、修复效果评估、后期管理等活动的单位相关活动进行监督管理；

（7）对污染地块开发利用活动进行监督管理；

（8）对重大土壤环境违法案件、公众反映强烈的突出土壤环境问题进行挂牌督办；

（9）将从事土壤污染状况调查和土壤污染风险评估、风险管控、修复、风险管控效果评估、修复效果评估以及后期管理的单位和个人的执业情况，纳入信用系统建立信用记录，依法将违法信息记入社会诚信档案，并纳入全国信用信息共享平台和国家企业信用信息公示系统向社会公布；

（10）向社会公布污染土壤行为举报方式，接受对污染土壤行为的举报并及时依法处理；

（11）对违反本条例第二十三条规定，输油管、加油站、排污管、地下储罐、填埋场和存放或者处理有毒有害物质的地下水池、半地下水池等设施设备的设计、建设、使用，不符合防腐蚀、防渗漏、防挥发等要求的，或者设施设备的所有者和运营者未对设施设备定期开展腐蚀、泄漏检测的进行行政处罚。

2. 会同实施的职责

（1）会同农业农村、自然资源、住房城乡建设、水利、卫生健康、林业草原等主管部门建立全省土壤环境基础数据库；

（2）会同其他有关部门共同推进土壤、大气、水、固体废物污染治理的监督管理工作；

（3）会同有关部门开展土壤污染预防、风险管控和修复、执法、应急处置等领域的合作；

（4）会同有关部门编制土壤污染防治规划，报本级人民政府批准后公布实施；

（5）会同标准化行政主管部门，组织制定土壤污染风险管控地方标准，对土壤污染风险管控标准的执行情况进行定期评估和适时修订；

（6）会同有关部门在国家监测网络基础上统一规划设置全省土壤环境监测站（点），完善省级土壤环境质量监测网络，定期开展监测并实行数据共享；

（7）会同农业农村、水利主管部门对农田灌溉用水水质进行监测和监督检查；

（8）会同自然资源主管部门制定建设用地土壤污染风险管控和修复名录，并根据风险管控、修复情况适时更新；

（9）对土地使用权人报送的土壤污染状况调查报告组织开展评审；

（10）会同自然资源等主管部门对土壤污染责任人、土地使用权人报送的土壤污染风险评估报告进行评审；

（11）会同自然资源等主管部门组织评审，及时将达到风险评估报告确定的风险管控目标、修复目标且可以安全利用的地块移出建设用地土壤污染风险管控和修复名录；

（12）会同有关部门对土壤环境质量下降的县（市、区）人民政府进行预警提醒；

（13）会同有关部门约谈土壤污染问题所在市（州）人民政府及其有关部门主要负责人。

3. 配合实施的职责

（1）配合农业农村、林业草原主管部门对污染物含量超过土壤污染风险管控标准的农用地地块进行土壤污染风险评估；

（2）配合农业农村、林业草原主管部门对食用农产品产地土壤环境进行重点监测、加密监测和动态监测。

（二）市（州）人民政府生态环境主管部门的职责

1. 独立实施的职责

（1）及时向同级农业农村、卫生健康和食品安全主管部门通报涉及主要食用农产品生产区域的重大土壤环境信息；

（2）制定本行政区域土壤污染重点监管单位名录，向社会公开并适时更新；

（3）定期对土壤污染重点监管单位周边土壤和地下水进行监测，发现监测数据异常，应当及时进行调查；

（4）对土壤污染重点监管单位拆除设施、设备或者建筑物、构筑物活动的土壤和地下水污染防治方案及拆除活动的相关记录，进行备案管理；

（5）对尾矿库土壤污染防治情况进行监督检查和定期评估，发现风险隐患的，及时督促尾矿库运营、管理单位采取相应措施；

（6）对土壤污染防治重点监管单位的生产经营用地用途拟变更或者土地使用权拟收回、转让的土壤污染状况调查报告，进行备案管理；

（7）对需要实施修复的列入建设用地土壤污染风险管控和修复名录的地块的修复方案，进行备案管理；

（8）对土壤污染责任人在建设用地风险管控、修复完成后，另行委托其他单位对风险管控效果、治理与修复效果进行评估，编制的风险管控、治理与修复效果评估报告，进行备案管理；

（9）依法采取动态抽查等形式对受委托从事土壤污染状况调查和土壤污染风险评估、风险管控、修复、风险管控效果评估、修复效果评估、后期管理等活动的单位进行监督管理；

（10）对污染地块开发利用活动进行监督管理；

（11）对违反本条例第二十三条规定，输油管、加油站、排污管、地下储罐、填埋场和存放或者处理有毒有害物质的地下水池、半地下水池等设施设备的设计、建设、使用，不符合防腐蚀、防渗漏、防挥发等要求的，或者设施设备的所有者和运营者未对设施设备定期开展腐蚀、泄漏检测的进行行政处罚。

2. 会同实施的职责

（1）会同其他有关部门共同推进土壤、大气、水、固体废物污染治理的监督管理工作；

（2）会同有关部门编制土壤污染防治规划，报本级人民政府批准后公布实施；

（3）会同有关部门定期对产业集聚区周边土壤和地下水开展监督性监测，将数据及时上传到全省土壤环境信息管理平台；

（4）与自然资源等主管部门加强对页岩气开发区域土壤污染防治的监督管理，督促勘探开发单位落实污染防治主体责任；

（5）会同农业农村、水利主管部门对农田灌溉用水水质进行监测和监督检查；

（6）与农业农村等有关部门应当依法加强对畜禽粪便、沼渣、沼液等收集、贮存、利用、处置的监督管理；

（7）会同农业农村、林业草原等主管部门，对安全利用类和严格管控类农用地地块的土壤污染影响或者可能影响地下水、饮用水水源安全的，制定污染防治方案，报本级人民政府批准后组织实施；

（8）会同自然资源主管部门对土地使用权人报送的土壤污染状况调查报告组织评审；

（9）会同自然资源主管部门对建设用地土壤污染责任人组织认定；

（10）向社会公布污染土壤行为举报方式，接受对污染土壤行为的举报并及时依法处理。

3. 配合实施的职责

（1）配合农业农村、林业草原主管部门对未利用地、复垦土地、林地等拟开垦为耕地的，开展土壤污染状况调查，依法进行分类管理；

（2）配合农业农村、林业草原主管部门对土壤污染状况普查、详查和监测、现场检查表明有土壤污染风险的农用地地块，开展土壤污染状况调查；

（3）配合农业农村、林业草原主管部门对土壤污染状况调查表明污染物含量超过土壤污染风险管控标准的农用地地块，开展土壤污染风险评估；

（4）配合农业农村、林业草原主管部门健全农产品产地土壤环境监测制度，对食用农产品产地土壤环境进行重点监测、加密监测和动态监测；

（5）配合农业农村、林业草原主管部门对农用地土壤污染责任人组织认定。

二、生态环境其他相关部门职责

生态环境保护是一个系统工程，除了生态环境主管部门发挥统一监督管理作用外，还需要各部门齐抓共管，推进落实"党政同责""一岗双责"。本条明确规定的13个相关主管部门，主要包括：发展改革、经济和信息化、科技、财政、自然资源、住房城乡建设、交通运输、水利、农业农村、卫生健康、应急、林业草原、市场监督管理等主管部门。

（一）发展改革主管部门的主要职责

配合生态环境主管部门编制土壤污染防治规划，报本级人民政府批准后公布实施。

（二）经济和信息化主管部门的主要职责

（1）对土壤污染重点监管单位拆除设施、设备或者建筑物、构筑物活动的土壤和地下水污染防治方案及拆除活动的相关记录，进行备案管理；

（2）配合省人民政府生态环境主管部门建立全省土壤环境基础数据库，将相关信息纳入全省土壤环境信息管理平台统一管理，实行数据整合、动态更新和信息共享。

（三）科技主管部门的主要职责

支持土壤污染防治科学技术研究，加强成果转化和推广应用，鼓励先进技术的引进与本土化发展。

（四）财政主管部门的主要职责

配合生态环境主管部门编制土壤污染防治规划，报本级人民政府批准后公布实施。

（五）自然资源主管部门的主要职责

（1）加强对采矿权人履行矿山地质环境保护与土地复垦义务的情况监督检查；

（2）与生态环境等主管部门加强对页岩气开发区域土壤污染防治的监督管理，督促勘探开发单位落实污染防治主体责任；

（3）配合省人民政府生态环境主管部门建立全省土壤环境基础数据库，将相关信息纳入全省土壤环境信息管理平台统一管理，实行数据整合、动态更新和信息共享；

（4）配合省人民政府生态环境主管部门规划设置全省土壤环境监测站（点），完善省级土壤环境质量监测网络，定期开展监测并实行数据共享；

（5）配合省人民政府生态环境主管部门制定建设用地土壤污染风险管控和修复名录；

（6）配合生态环境主管部门编制土壤污染防治规划，报本级人民政府批准后公布实施；

（7）配合农业农村、林业草原主管部门对未利用地、复垦土地、林地等拟开垦为耕地的，开展土壤污染状况调查，依法进行分类管理；

（8）对土地使用权人报送的土壤污染状况调查报告组织评审；

（9）配合农业农村、林业草原主管部门对土壤污染状况普查、详查和监测、现场检查表明有土壤污染风险的农用地地块，开展土壤污染状况调查；

（10）配合农业农村、林业草原主管部门对土壤污染状况调查表明污染物含量超过土壤污染风险管控标准的农用地地块，开展土壤污染风险评估；

（11）配合农业农村、林业草原主管部门健全农产品产地土壤环境监测制度，对食用农产品产地土壤环境进行重点监测、加密监测和动态监测；

（12）配合省人民政府生态环境主管部门，按照国家规定制定建设用地土壤污染风险管控和修复名录，并根据风险管控、修复情况适时更新；

（13）配合地方人民政府生态环境主管部门对土地使用权人报送的土壤污染状况调查报告进行评审；

（14）配合省人民政府生态环境主管部门对土壤污染责任人、土地使用权人报送的土壤污染风险评估报告进行评审；

（15）配合省人民政府生态环境主管部门组织评审，及时将达到风险评估报告确定的风险管控目标、修复目标且可以安全利用的地块移出建设用地土壤污染风险管控和修复名录；

（16）配合有关部门开展土壤污染责任人认定。

（六）住房城乡建设主管部门的主要职责

（1）配合省人民政府生态环境主管部门建立全省土壤环境基础数据库，将相关信息纳入全省土壤环境信息管理平台统一管理，实行数据整合、动态更新和信息共享；

（2）配合生态环境主管部门编制土壤污染防治规划，报本级人民政府批准后公布实施；

（3）配合省人民政府生态环境主管部门规划设置全省土壤环境监测站（点），完善省级土壤环境质量监测网络，定期开展监测并实行数据共享。

（七）水利主管部门的主要职责

（1）配合省人民政府生态环境主管部门建立全省土壤环境基础数据库，将相关信息纳入全省土壤环境信息管理平台统一管理，实行数据整合、动态更新和信息共享；

（2）配合省人民政府生态环境主管部门规划设置全省土壤环境监测站（点），完善省级土壤环境质量监测网络，定期开展监测并实行数据共享；

（3）配合生态环境主管部门对农田灌溉用水水质进行监测和监督检查。

（八）农业农村主管部门的主要职责

（1）制定废弃农膜、废弃包装物回收网络建设方案和管理运行规范，合理布设乡（镇）、街道办事处、村、社区回收站（点），建立完善回收网络，会同乡（镇）人民政府、街道办事处对回收站（点）的运行情况开展检查，督促其规范回收；

（2）对土壤污染责任人编制的需要实施修复的农用地地块修复方案，以及土壤污染责任人另行委托其他单位对风险管控效果、修复效果进行评估编制的效果评估报告，进行备案管理；

（3）与林业草原主管部门开展农用地土壤污染防治宣传和技术培训活动，扶持农业生产专业化服务，指导农业生产者合理使用农药、兽药、肥料、饲料、饲料添加剂、农用薄膜等农业投入品，控制使用量和使用范围；

（4）与生态环境等有关部门依法加强对畜禽粪便、沼渣、沼液等收集、贮存、利用、处置的监督管理；

（5）与林业草原主管部门对安全利用类农用地地块，结合主要作物品种和种植习惯等情况，按照国家规定制定并实施安全利用方案；

（6）与林业草原主管部门对严格管控类农用地地块，采取风险管控措施；

（7）与林业草原主管部门会同生态环境、自然资源主管部门对未利用地、复垦土地、林地等拟开垦为耕地的，开展土壤污染状况调查，依法进行分类管理；

（8）与林业草原主管部门会同生态环境、自然资源主管部门对土壤污染状况普查、详查和监测、现场检查表明有土壤污染风险的农用地地块，开展土壤污染状况调查；

（9）与林业草原主管部门会同生态环境、自然资源主管部门对土壤污染状况调查表明污染物含量超过土壤污染风险管控标准的农用地地块，开展土壤污染风险评估；

（10）与林业草原主管部门会同生态环境、自然资源等主管部门健全农产品产地土壤环境监测制度，对食用农产品产地土壤环境进行重点监测、加密监测和动态监测；

（11）与林业草原主管部门会同生态环境、自然资源主管部门对农用地土壤污染责任人组织认定；

（12）配合省人民政府生态环境主管部门建立全省土壤环境基础数据库，将相关信息纳入全省土壤环境信息管理平台统一管理，实行数据整合、动态更新和信息共享；

（13）配合生态环境主管部门编制土壤污染防治规划，报本级人民政府批准后公布实施；

（14）配合省人民政府生态环境主管部门规划设置全省土壤环境监测站（点），完善省级土壤环境质量监测网络，定期开展监测并实行数据共享；

（15）配合生态环境主管部门对农田灌溉用水水质进行监测和监督检查；

（16）配合生态环境主管部门对安全利用类和严格管控类农用地地块的土壤污染影响或者可能影响地下水、饮用水水源安全的，制定污染防治方案，报本级人民政府批准后组织实施。

（九）卫生健康主管部门的主要职责

（1）配合省人民政府生态环境主管部门建立全省土壤环境基础数据库，将相关信息纳入全省土壤环境信息管理平台统一管理，实行数据整合、动态更新和信息共享；

（2）配合省人民政府生态环境主管部门规划设置全省土壤环境监测站（点），完善省级土壤环境质量监测网络，定期开展监测并实行数据共享。

（十）应急主管部门的主要职责

监督煤炭开采、堆放、运输以及尾矿库运营，管理单位履行防治土壤污染的法定义务，防止发生可能污染土壤的事故。

（十一）市场监督管理主管部门的主要职责

会同省人民政府组织生态环境部门，组织制定土壤污染风险管控地方标准，对土壤污染风险管控标准的执行情况进行定期评估和适时修订。

（十二）林业草原主管部门的主要职责

（1）与农业农村主管部门开展农用地土壤污染防治宣传和技术培训活动，扶持农业生产专业化服务，指导农业生产者合理使用农药、兽药、肥料、饲料、饲料添加剂、农用薄膜等农业投入品，控制使用量和使用范围；

（2）对土壤污染责任人编制的需要实施修复的农用地地块修复方案，以及土壤污染责任人另行委托其他单位对风险管控效果、修复效果进行评估编制的效果评估报告，进行备案管理；

（3）与农业农村主管部门对安全利用类农用地地块，结合主要作物品种和种植习惯等情况，按照国家规定制定并实施安全利用方案；

（4）与农业农村主管部门对严格管控类农用地地块，采取风险管控措施；

（5）与农业农村主管部门会同生态环境、自然资源主管部门对未利用地、复垦土地、林地等拟开垦为耕地的，开展土壤污染状况调查，依法进行分类管理；

（6）与农业农村主管部门会同生态环境、自然资源主管部门对土壤污染状况普查、详查和监测、现场检查表明有土壤污染风险的农用地地块，开展土壤污染状况调查；

（7）与农业农村主管部门会同生态环境、自然资源主管部门对土壤污染状况调查表明污染物含量超过土壤污染风险管控标准的农用地地块，开展土壤污染风险评估；

（8）与农业农村主管部门会同生态环境、自然资源等主管部门健全农产品产地土壤环境监测制度，对食用农产品产地土壤环境进行重点监测、加密监测和动态监测；

（9）与农业农村主管部门会同生态环境、自然资源主管部门对农用地土壤污染责任人组织认定；

（10）配合省人民政府生态环境主管部门建立全省土壤环境基础数据库，将相关信息纳入全省土壤环境信息管理平台统一管理，实行数据整合、动态更新和信息共享；

（11）配合生态环境主管部门编制土壤污染防治规划，报本级人民政府批准后公布实施；

（12）配合省人民政府生态环境主管部门规划设置全省土壤环境监测站（点），完善省级土壤环境质量监测网络，定期开展监测并实行数据共享；

（13）配合生态环境主管部门对安全利用类和严格管控类农用地地块的土壤污染影响或者可能影响地下水、饮用水水源安全的，制定污染防治方案，报本级人民政府批准后组织实施。

相关部门在落实《条例》规定职责的同时，落实相关法律法规规章等规定职责。

第六条 省人民政府生态环境主管部门应当会同农业农村、经济和信息化、自然资源、住房城乡建设、水利、卫生健康、林业草原等主管部门建立全省土壤环境基础数据库，将相关信息纳入全省土壤环境信息管理平台统一管理，实行数据整合、动态更新和信息共享。

全省土壤环境信息管理平台纳入的信息包括土壤污染重点监管单位、土壤环境监测数据、地块污染状况、农用地分类管理、农业投入品使用及回收、农业绿色防控、风险管控和修复、建设用地用途变更和使用权变更、关停退出企业、建设工程规划许可、建筑工程施工许可等信息和情况。

省人民政府生态环境主管部门应当统一发布本省土壤环境信息。省、市（州）人民政府生态环境主管部门应当将涉及食用农产品生产及周边区域的重大土壤环境信息，及时通报同级农业农村、卫生健康和食品安全主管部门。

【解读】本条是关于土壤环境数据、信息共享、信息发布的规定。

一、关于土壤环境基础数据整合与信息共享

环境信息是国家基础性、战略性、公益性的资源，在加强环境管理和公共服务、促进环境保护和优化经济发展、提升环境风险防范能力、加强环境污染防治和推进生态文明建设方面具有重要的支撑作用。2017 年，四川省政府办公厅印发《四川省生态环境监测网络建设工作方案》（川办函〔2017〕14 号）提出，以"部门合作、资源共享、测管协同、分工负责"为工作原则，以"完善网络、信息共享、风险防范、精准服务、强化保障"为主要任务，到 2020 年，全省生态环境监测网络基本实现环境质量、污染源、生态状况监测全覆盖，各级各类生态环境监测数据互联共享，监测预报预警、信息化能力和保障水平明显提升，监测与监管有效联动，初步建成环境要素统筹、标准规范统一、责任边界清晰、天地一体、各方协同、信息共享的四川省生态环境监测网络，使生态环境监测能力与生态文明建设要求相适应。

本条规定，省人民政府生态环境主管部门应当会同农业农村、经济和信息化、自然资源、住房城乡建设、水利、卫生健康、林业草原等主管部门建立全省土壤环境基础数据库，将相关信息纳入全省土壤环境信息管理平台统一管理，实行数据整合、动态更新和信息共享，把实践经验以法律法规的形式进行固化，为进一步强化数据信息共享提供法律支撑及保障。

二、关于土壤环境基础数据类型

在土壤污染防治法有关土壤环境信息平台建设要求的基础上，《条例》第六条第二款进一步明确了纳入信息平台数据整合、动态更新和信息共享的信息种类，包括土壤污染重点监管

单位、土壤环境监测数据、地块污染状况、农用地分类管理、农业投入品使用及回收、农业绿色防控、风险管控和修复、建设用地用途变更和使用权变更、关停退出企业、建设工程规划许可、建筑工程施工许可等方面的信息。

三、关于土壤环境信息统一发布的规定

知情权是公众的一项基本权利，环境知情权是作为基础权利在环境保护领域的具象，环境信息公开是保障公众环境知情权的前提。《中华人民共和国环境保护法》第五章规定了信息公开和公众参与制度，依法明确了公民享有环境知情权、参与权和监督权，要求各级政府、生态环境主管部门要公开环境信息。生态环境、自然资源、农业农村等主管部门同为政府所属部门，若对外公布的环境信息不一致，容易造成政府公信力受损。《中华人民共和国环境保护法》第五十四条规定："国务院环境保护主管部门统一发布国家环境质量、重点污染源监测信息及其他重大环境信息。省级以上人民政府环境保护主管部门定期发布环境状况公报。"因此，本条规定由省人民政府生态环境主管部门统一发布本省土壤环境信息。同时规定，省、市（州）人民政府生态环境主管部门应当将涉及主要食用农产品生产区域的重大土壤环境信息，及时通报同级农业农村、卫生健康和食品安全主管部门，以便在相关区域土壤环境受到污染时采取相应防治措施。

第七条　省、市（州）人民政府生态环境主管部门应当会同其他有关部门共同推进土壤、大气、水、固体废物污染治理的监督管理工作，做到污水、污泥、废渣、废气等多污染物协同治理，最大限度避免对土壤的二次污染。

【解读】本条是关于土壤污染防治多污染物协同治理的规定。

土壤是一切污染的最终受体，大气、水、固废等污染排放都会造成土壤污染，土壤污染治理的"治本"核心在于将防治工作前置，即在源头做好大气、水、固废等领域的污染防治工作。因此，要有效切断土壤污染传输链条，就必须坚持将土壤污染防治与大气、水、固体废物等污染治理工作统筹部署、整体推进。2016年，国务院出台《土壤污染防治行动计划》（国发〔2016〕31号）提出，自2017年起，在京津冀、长三角、珠三角等地区的部分城市开展污水与污泥、废气与废渣协同治理试点。同年，四川省人民政府印发《土壤污染防治行动计划四川省工作方案》（川府发〔2016〕63号）提出，开展重点工业园区污染综合预警试点，2020年建成大气、地表水、土壤和地下水污染协同预防预警体系。为贯彻落实相关要求，2018年四川省生态环境厅印发《四川省工业园区水气土协同预警体系建设实施方案》（川环发〔2018〕98号），正式启动工业园区水气土协同预警体系建设，"十三五"期间，共推进100个工业园区水气土协同预警体系建设。

2021年，生态环境部等7个部门联合印发《"十四五"土壤、地下水和农村生态环境保护规划》（环土壤〔2021〕120号）进一步要求，打通地上和地下、城市和农村，协同推进水、气、土、固体废物、农业农村污染治理。因此，本《条例》要求大气污染防治、水

污染防治、固体废物污染防治应当与土壤污染防治统筹部署，一体推进。具体作了三个方面的规定：一是强化对企业事业单位和其他生产经营者管理。例如，本《条例》第二十条要求工业园区等产业集聚区建立大气、地表水、土壤和地下水污染协同预防预警机制，实现全面增强园区污染预防预警能力，防范园区环境风险，提升区域环境质量；第二十一条规定，政府及其有关部门科学布局生活污水和生活垃圾处理、固体废物处置、废旧物资再利用等设施和场所。此外，生态环境主管部门定期对土壤污染重点监管单位、产业集聚区、相关设施和场所周边土壤和地下水进行监测，发现异常及时进行调查、处置，并对涉及重金属排放企业，输油管、加油站、废旧电子产品回收利用企业，矿山企业，页岩气勘探开发单位等规定了相关污染防治要求。二是强化农业投入品管理。第二十九条规定，指导农业生产者合理使用农药、兽药、肥料、饲料、饲料添加剂、农用薄膜等农业投入品，控制使用量和使用范围；采用测土配方施肥技术和生态控制、生物防治、物理防治等病虫害绿色防控措施。第三十一条规定，农民专业合作社、家庭农场、农业企业、林地经营者等单位和个人及时回收农药等农业投入品的废弃包装物以及废弃农膜。此外，还对农田灌溉用水的水质、畜禽粪便、沼渣、沼液等的收集、贮存、利用、处置提出了相关要求。三是实施风险管控与修复，防范二次污染风险。第三十六条规定将农用地进行分类管控；第四十四条规定，对需要实施修复的农用地地块应当编制修复方案，其修复方案应当包括地下水污染防治的内容；第四十六条规定，对建设用地实行土壤污染风险管控和修复名录制度；第四十九条规定，列入名录的地块应当按照规定采取相应的风险管控措施，需要实施修复的应当编制修复方案，风险管控措施和修复方案应当包括地下水污染防治的内容，土壤污染修复原则上应当在原址进行。

> 第八条　省人民政府根据国家有关规定，与重庆市及其他相邻区域协同建立土壤污染防治联动工作机制，组织生态环境等主管部门开展土壤污染预防、风险管控和修复、执法、应急处置等领域的合作。

【解读】本条是关于土壤污染防治跨区域协作的规定。

一、关于跨区域联合工作机制

地方政府跨区域联动协作的目的是为解决传统以行政区划为界限碎片化治理问题，推进区域生态环境协同治理与保护。在生态环境保护上，四川省历来重视跨行政区域的联合协作，在立法中规定跨区域联合工作机制已非首次。在赤水河流域保护上，四川省联合云南省、贵州省以"条例+共同决定"的创新形式，为赤水河流域保护治理提供有力法治保障；在嘉陵江流域保护上，川渝采取"四川条例+重庆决定"的形式进行协同立法。2016 年，国务院出台《土壤污染防治行动计划》（国发〔2016〕31 号），为我国土壤污染防治提供系统性的指导方案，确立了土壤环境治理的政府主导地位，明确探索建立跨行政区域的土壤污染防治联动协作机制。

二、关于跨区域合作事项

推动成渝地区双城经济圈建设，是习近平总书记亲自谋划、亲自部署、亲自推动的重大决策部署，是新形势下促进区域协调发展，形成优势互补、高质量发展区域经济布局的重大战略支撑。党的二十大报告提出，深入实施区域协调发展战略、区域重大战略、主体功能区战略，推动成渝地区双城经济圈建设。省委十二届二次全会提出，以成渝地区双城经济圈建设为总牵引，推动四川现代化建设。加强生态环境保护是习近平总书记在研究推动成渝地区双城经济圈建设问题时亲自部署的重大举措之一。习近平总书记指出，要牢固树立一体化发展理念，强化长江上游生态保护，推进川渝两地生态共建环境共保，加强环保政策协同对接，做到统一谋划、一体部署、相互协作、共同实施。

2022 年，生态环境部、国家发展和改革委员会、重庆市人民政府、四川省人民政府联合印发《成渝地区双城经济圈生态环境保护规划》提出，加强土壤污染协同治理，强化土壤污染源协同监管，共同制定土壤及地下水污染重点监管单位清单，严格落实新（改、扩）建建设项目土壤与地下水环境影响评价、有毒有害物质排放监管、土壤和地下水污染隐患排查、自行监测等要求。规范重点行业企业土壤污染防治管理；实施建设用地风险管控和修复，全面开展工业退役地块土壤污染调查评估，动态更新建设用地土壤污染风险管控和修复名录，严格建设用地土壤环境准入，从严管控农药、化工等行业的重度污染地块规划用途，开展典型污染地块土壤和地下水风险管控和修复治理；开展农用地土壤污染分类管控，落实农用地分类管理制度，持续推进受污染耕地修复与治理，加强耕地土壤和农产品协同监测与评价，划定特定农产品严格管控区域。建立跨区域、跨流域突发环境污染事件应急监测联合响应机制，每年组织跨界污染问题联合执法行动。

跨区域地方政府土壤污染防治联动工作机制，是通过路径、制度的选择和安排，解决区域土壤环境问题联合治理现实需要与属地土壤管理碎片化的困境，推动、实现区域土壤污染防治的有效协调。因此，本条规定，与重庆市及其他相邻区域应当加强在土壤污染预防、风险管控和修复、执法、应急处置等领域的合作。

第九条　任何组织和个人都有保护土壤、防止土壤污染的义务。

村（居）民委员会协助做好土壤污染防治相关工作，鼓励结合当地实际，在村规民约或者居民公约中规定土壤保护相关内容。

从事土地开发利用活动或者生产经营活动的组织和个人，应当采取有效措施，防止、减少土壤污染，对所造成的土壤污染依法承担责任。

【解读】本条是关于土壤污染防治基本义务的规定。

一、一般主体的基本义务

生态环境是人类生存和发展的根基，人与自然是生命共同体，保护自然就是保护人类，建设生态文明就是造福人类，人类对大自然的伤害最终会伤及人类自身，必须通过全社会的共同努力，才能保护好我们赖以生存的美丽家园。《中华人民共和国环境保护法》第六条规定，一切单位和个人都有保护环境的义务。土壤是自然环境的重要组成部分，也是人类珍贵的自然资源，因此，本《条例》规定任何组织和个人都有保护土壤、防止土壤污染的义务。

二、关于村（居）民委员会的基本义务

村（居）民委员会是村（居）民自我管理、自我教育、自我服务的基层群众性自治组织。根据《中华人民共和国城市居民委员会组织法》《中华人民共和国村民委员会组织法》相关规定，居民委员会负有宣传宪法、法律、法规和国家的政策，维护居民的合法权益，教育居民依法履行应尽义务，协助做好与居民利益有关的公共卫生、计划生育、优抚救济、青少年教育等工作的责任；村民委员会负有依照法律规定，引导村民合理利用自然资源，保护和改善生态环境的责任。因此，本《条例》规定，村（居）民委员会主要负责协助做好土壤污染防治相关工作，引导村（居）民保护土壤环境。

三、关于特定主体的基本义务

企业是市场经济的主体，也是环境保护的主体，从事土地开发利用活动或者生产经营活动的组织和个人是最主要的排污者，应当严格遵守本《条例》的规定，切实履行保护土壤、防止土壤污染的义务。本条规定，从事土地开发利用活动或者生产经营活动的组织和个人，应当采取有效措施，防止、减少土壤污染，对所造成的土壤污染依法承担责任。主要规定了两类特定主体的基本义务：

（一）土地开发利用活动主体的义务

主要是指土地使用权人，在从事可能对土壤造成污染的土地开发利用活动时，应当采取有效措施，防止、减少土壤污染，并对其在土地开发利用活动中所造成的土壤污染依法承担责任。

如本《条例》第十二条规定，各类涉及土地利用的规划和可能造成土壤污染的建设项目，应当依法进行环境影响评价，严格执行相关行业企业布局选址要求，禁止在居民区和学校、医院、疗养院、养老院、文物保护单位等单位周边新建、改建、扩建可能造成土壤和地下水污染的建设项目；第二十二条第二款规定，在涉及重金属矿产资源开发活动集中的区域，执行国家规定的重金属污染物特别排放限值；第四十六条第四款规定，列入建设用地土壤污染风险管控和修复名录的地块，不得作为住宅、公共管理与公共服务用地；第五十一条第三款规定，未达到土壤污染风险评估报告确定的风险管控、修复目标的建设用地地块，禁止开工建设任何与风险管控、修复无关的项目。

（二）生产经营活动主体的义务

是指企业事业单位和其他生产经营者，在其从事相关生产经营活动过程中，应当采取有效措施，防止、减少土壤污染，并对其在相关生产经营活动中所造成的土壤污染依法承担责任。它既适用于法人单位，也适用于从事生产经营的自然人。

如本《条例》第二十二条第一款规定，涉及重金属排放的企业事业单位和其他生产经营者应当遵守排污许可管理规定，执行重金属污染物排放标准，强化清洁生产，落实重金属污染物排放总量控制制度；第二十四条规定，从事废旧电子产品、电池回收利用，车船保养、清洗、修理、拆解及化学品贮存、运输、经营等活动的企业事业单位和个人，应当采取措施防止油品、溶剂等化学品挥发、遗撒、泄漏对土壤和地下水造成污染；第二十八条规定，页岩气勘探开发单位应当采用先进清洁生产技术，减少勘探、开采、封井、回注等环节中污染物的产生和排放；第三十条第一款规定，从事农业生产活动的单位和个人应当规范使用农药、兽药、肥料、饲料、饲料添加剂、农用薄膜等农业投入品，控制使用量和使用范围，不得使用国家和本省明令禁止、淘汰或者未经许可的农业投入品。

> 第十条 地方各级人民政府及其有关部门、基层群众性自治组织和新闻媒体应当加强土壤污染防治的宣传教育和科学普及，传播生态文明理念，增强公众土壤污染防治意识，提高全民生态文明素养，引导公众依法参与土壤污染防治工作，推动形成绿色低碳发展方式和生活方式。

【解读】本条是关于宣传教育和公众参与的规定。

一、加强土壤污染防治的宣传教育和科学普及

各级人民政府是加强生态环境保护宣传教育和科学普及的重要主体，应当通过媒体宣传、组织环保进机关、进社区、进学校、进企业、进单位、进乡村等各类宣传推广活动，广泛、深入地宣传普及土壤污染防治法律法规和土壤污染防治知识，努力提升全民土壤污染防治意识，营造全社会参与土壤污染防治、建设生态文明的良好风气，推动形成绿色低碳发展方式和生活方式。

二、基层群众性自治组织的宣传教育职责

各级人民政府除了做好自身的土壤污染防治宣传普及工作外，还要鼓励基层群众性自治组织开展土壤污染防治法律法规和土壤污染防治知识的宣传，营造土壤污染防治的良好社会风气。按照《中华人民共和国城市居民委员会组织法》《中华人民共和国村民委员会组织法》规定，本条中"基层群众性自治组织"指居民委员会和村民委员会。

三、新闻媒体的宣传教育职责

当前，新闻媒体对经济、社会、文化等各领域的辐射日益加强，对人们思想、工作、生活等各方面的影响日益深入，是文化传播的主渠道、主阵地，承担知识普及、社会教化、道德传承等职能。《中华人民共和国环境保护法》第九条明确规定，新闻媒体应当开展环境保护法律法规和环境保护知识的宣传。因此，新闻媒体有责任开展土壤污染防治法律法规和土壤污染防治知识的宣传。

第二章 预防和保护

第十一条 县级以上地方人民政府应当将土壤污染防治工作纳入国民经济和社会发展规划、国土空间规划、生态环境保护规划。

省、市（州）人民政府生态环境主管部门应当会同发展改革、财政、农业农村、自然资源、住房城乡建设、林业草原等主管部门，根据生态环境保护规划要求、土地用途、土壤污染状况普查和监测结果等，编制土壤污染防治规划，报本级人民政府批准后公布实施。

县级以上地方人民政府编制国土空间规划时，应当落实土壤污染防治工作要求，结合土壤污染状况，统筹划定耕地和永久基本农田、生态保护红线、城镇开发边界，合理确定土地用途。

【解读】本条是关于土壤污染防治规划的规定。

一、将土壤污染防治工作纳入国民经济和社会发展规划

2012 年，党的十八大站在历史和全局的战略高度，将生态文明建设纳入中国特色社会主义事业总体布局，正式形成"五位一体"总体布局，带动中国式现代化全面发展、全面进步。2017 年，党的十九大进一步明确和重申，"五位一体"总体布局是一个有机整体，经济建设是根本，政治建设是保障，文化建设是灵魂，社会建设是条件，生态文明建设是基础。2022 年，党的二十大明确继续统筹推进"五位一体"总体布局。地方国民经济和社会发展规划作为地区经济、社会发展的总体纲要，是具有战略意义的指导性文件，决定政治、经济、文化、科技等各方面的发展方向和目标，应当涵盖"五位一体"总体布局内容的各个方面。生态文明建设是"五位一体"总体布局的基础，生态环境保护是实现生态文明的重要举措，土壤污染防治工作是生态环境保护的重要方面。《中华人民共和国环境保护法》第十三条规定，县级以上人民政府应当将环境保护工作纳入国民经济和社会发展规划。因此，应当将土壤污染防治工作纳入国民经济和社会发展规划进行统筹安排。

二、将土壤污染防治工作纳入国土空间规划

国土空间规划是国家空间发展的指南、可持续发展的空间蓝图，是各类开发保护建设活动的基本依据，在国土空间治理和可持续发展中起着基础性、战略性的引领作用。国土空间规划是空间总体规划，以空间治理和空间结构优化为主要内容，对一定区域国土空间利用在空间和时间上做出的总体安排，是实施国土空间用途管制和生态保护修复的重要依据。土壤污染影响土壤功能和有效利用，编制国土空间规划时，应当落实土壤污染防治工作要求，充分考虑土壤污染风险，合理确定土地用途，优化土地开发和使用时序。《条例》第十一条第三

款进一步明确，县级以上地方人民政府在编制国土空间规划时，应当结合土壤污染状况，统筹划定耕地和永久基本农田、生态保护红线、城镇开发边界，合理确定土地用途。

三、将土壤污染防治工作纳入生态环境保护规划

将土壤污染防治工作纳入生态环境保护规划，有助于强化提升土壤污染防治工作。生态环境保护规划在生态环境保护工作中发挥着引领和导向作用，是政府履行宏观调控、经济调节、公共服务职责的一项重要工作，是指导生态环境保护工作的纲领性文件，是加强环境管理的重要基础，是考核生态环境保护工作的主要依据。其目的在于调控自身的开发活动，规范自身的行为，减少污染，防止生态破坏，保护资源，协调人与自然的关系，从而保护人类生存和社会、经济持续发展所依赖的基础，实现环境与社会、经济的协调发展。我国土壤污染防治工作起步较晚，在国务院发布《关于落实科学发展观加强环境保护的决定》（国发〔2005〕39号）之后，我国土壤污染防治工作逐渐开始步入正轨。党的十八大以来，党中央、国务院把生态文明建设摆在更加重要的战略位置，作出一系列重大决策部署，出台《生态文明体制改革总体方案》，实施大气、水、土壤污染防治行动计划。"十三五"时期，土壤环境质量作为约束性指标被纳入国家生态环境保护规划，全国土壤污染加速的趋势得到有效遏制。为深入贯彻党中央、国务院关于生态环境保护的决策部署，四川省将土壤污染防治工作作为重要方面纳入地方生态环境保护规划，扎实推进净土减废行动。

四、土壤污染防治规划的编制发布

本条第二款规定了土壤污染防治规划的编制主体、会同部门、技术要求和制定程序。土壤污染防治规划由省级、市（州）人民政府生态环境主管部门牵头编制，会同发展改革、财政、农业农村、自然资源、住房城乡建设、林业草原等主管部门进行，报本级人民政府批准后公布实施。土壤污染防治规划要综合考虑生态环境保护规划要求、土地用途、土壤污染状况普查和监测结果等因素。

第十二条 各类涉及土地利用的规划和可能造成土壤污染的建设项目，应当依法进行环境影响评价。环境影响评价文件应当包括对土壤和地下水可能造成的不良影响以及应当采取的防治措施等内容。

县级以上地方人民政府及其有关部门应当按照国土空间规划，严格执行相关行业企业布局选址要求，禁止在居民区和学校、医院、疗养院、养老院、文物保护单位等单位周边新建、改建、扩建可能造成土壤和地下水污染的建设项目。

【解读】本条是关于涉及土壤的规划和建设项目的环境影响评价文件及项目选址要求的规定。

一、关于涉及土壤的规划和建设项目的环境影响评价文件要求

环境影响评价是对规划和建设项目实施后可能造成的环境影响进行分析、预测和评估，提出预防或者减轻不良环境影响的对策和措施，进行跟踪监测的方法与制度。1998 年 11 月，国务院通过《建设项目环境保护管理条例》，全面规范了建设项目环境影响评价的内容、程序和法律责任。2002 年 10 月，全国人大常委会通过《中华人民共和国环境影响评价法》，进一步强化了环境影响评价制度的法律地位。2009 年 8 月，国务院通过《规划环境影响评价条例》，至此，环境影响评价制度形成了"一法两条例"为主体、较为完备的法律法规体系。

《规划环境影响评价条例》是根据《中华人民共和国环境影响评价法》制定的，主要目的是加强对规划的环境影响评价工作，提高规划的科学性，从源头预防环境污染和生态破坏，促进经济、社会和环境的全面协调可持续发展。根据《中华人民共和国环境影响评价法》《规划环境影响评价条例》的有关规定，国务院有关部门、设区的市级以上地方人民政府及其有关部门，对其组织编制的土地利用的有关规划，区域、流域、海域的建设、开发利用规划，应当在规划编制过程中组织进行环境影响评价，编写该规划有关环境影响的篇章或者说明；国务院有关部门、设区的市级以上地方人民政府及其有关部门，对其组织编制的工业、农业、畜牧业、林业、能源、水利、交通、城市建设、旅游、自然资源开发的有关专项规划，应当在该专项规划草案上报审批前，组织进行环境影响评价，并向审批该专项规划的机关提交环境影响报告书。

《建设项目环境保护管理条例》是为防止建设项目产生新的污染、破坏生态环境而制定。根据《中华人民共和国环境影响评价法》《建设项目环境保护管理条例》的有关规定，对可能造成重大环境影响的建设项目，应当编制环境影响报告书，对产生的环境影响进行全面评价；对可能造成轻度环境影响的建设项目，应当编制环境影响报告表，对产生的环境影响进行分析或者专项评价；对环境影响很小、不需要进行环境影响评价的建设项目，应当填报环境影响登记表。2020 年 11 月，生态环境部公布了《建设项目环境影响评价分类管理名录（2021年版）》，要求建设单位应当根据名录的规定，分别组织编制环境影响报告书、环境影响报告表或者填报环境影响登记表。

为规范和指导环境影响评价工作，生态环境部陆续颁布了《环境影响评价的技术导则　总纲》《环境影响评价技术导则　大气环境》《环境影响评价技术导则　地面水环境》《环境影响评价技术导则　地下水环境》《环境影响评价技术导则　土壤环境（试行）》等环境影响评价导则或者规范，对建设项目环境影响评价的一般性原则、方法、内容及要求作出了规定。同时，还颁布了《规划环境影响评价技术导则　总纲》《规划环境影响评价技术导则　产业园区》《规划环境影响评价技术导则　流域综合规划》等环境影响评价导则或者规范，对规划环境影响评价的一般性原则、工作程序、内容、方法和要求作出了规定。

本条是土壤污染防治有关预防为主原则的体现。要求对涉及土地开发利用规划（如区域、流域的建设、开发利用规划，自然资源开发专项规划等），对土壤可能造成影响的建设项目（如化工、冶金、矿山采掘、农林、水利等项目），都应当依法开展环境影响评价，其环境影响评价文件应当对可能造成的土壤环境影响进行分析、预测和评估，提出预防或者减轻土壤污染的对策和措施。

二、关于涉及土壤污染的建设项目选址要求

一些可能造成土壤污染的重污染建设项目选址布局违反国土空间规划，其生产运行中排放的污染物，对周围的环境敏感点，包括居民区、学校、医院、疗养院、养老院、文物保护单位等单位的土壤环境安全和相关人群身体健康造成严重威胁，引发社会矛盾纠纷的问题时有发生。针对该问题，并体现预防为主的土壤污染防治原则，《土壤污染防治行动计划四川省工作方案》提出，科学配置土地资源，严格执行相关行业企业布局选址要求，禁止在居民区、学校、医疗和养老机构等周边新建有色金属冶炼、焦化、化工、铅蓄电池制造等行业企业。本条对县级以上地方人民政府及其有关部门在土地利用审批、规划和建设许可管理工作方面提出明确要求，即应当按照国土空间规划，严格执行相关行业企业布局选址要求，禁止在居民区和学校、医院、疗养院、养老院、文物保护单位等单位周边新建、改建、扩建可能造成土壤和地下水污染的建设项目。

> **第十三条** 省人民政府组织生态环境、标准化行政主管部门，根据本省经济社会发展水平、科学技术水平和保障土壤环境质量安全需要，对国家土壤污染风险管控标准中未作规定的项目可以制定地方土壤污染风险管控标准，对国家土壤污染风险管控标准中已作规定的项目可以制定严于国家标准的地方标准。地方土壤污染风险管控标准应当报国务院生态环境主管部门备案。
>
> 制定土壤污染风险管控地方标准，应当组织专家进行审查和论证，并征求有关部门、行业协会、企业事业单位和公众等方面的意见。土壤污染风险管控标准的执行情况应当定期评估，并根据评估结果适时修订。
>
> 省人民政府生态环境主管部门应当在其网站上公布土壤污染风险管控标准，供公众免费查阅、下载。

【解读】本条是关于土壤污染风险管控标准制定、评估、公布的规定。

一、关于地方土壤污染风险管控标准

土壤污染风险管控标准是为保护生态环境，保障公众健康，推进生态环境风险筛查与分类管理，维护生态环境安全而制定的，是开展生态环境风险管理的技术依据。本条第一款规定了四川省地方土壤污染风险管控标准的制定主体、技术要求和备案要求。

《中华人民共和国土壤污染防治法》第十三条第一款规定："省级人民政府对国家土壤污染风险管控标准中未作规定的项目，可以制定地方土壤污染风险管控标准；对国家土壤污染风险管控标准中已作规定的项目，可以制定严于国家土壤污染风险管控标准的地方土壤污染风险管控标准。地方土壤污染风险管控标准应当报国务院生态环境主管部门备案。"明确了地方土壤污染风险管控标准的制定主体和备案要求，本条第一款在与其衔接的基础上，进一步明确了地方土壤污染风险管控标准制定的配合部门和技术要求。规定由生态环境、标准化行

政主管部门负责地方土壤污染风险管控标准的具体起草工作，地方土壤污染风险管控标准的制定，要区分不同的土地用途，综合考虑本省经济社会发展水平、科学技术水平和保障土壤环境质量安全需要，确保科学合理、符合实际。

二、关于地方土壤污染风险管控标准制定和执行评估工作要求

一是标准制定工作要求。地方土壤污染风险管控标准的制定过程需要科学、严谨的态度和方法，同时标准又是协商一致的产物，需要公正开放地接纳社会各方的意见。征求意见的方式可以采取分发、信函、电子邮箱、征求意见工作平台、网上公开征求意见等多种形式。从技术的角度，做好必要的调查分析、实验、论证；从程序公正的角度，最大限度地听取、分析、处理相关方的意见，保证标准具有广泛的可接受度。二是标准执行评估工作要求。制定标准的意义在于实施，标准实施效果也是检验标准科学性、合理性的重要内容，标准实施效果评估是检验标准的常用方法。标准实施后，对实施应用情况以及标准实施对经济、社会、生态环境产生的影响进行评估，可为地方生态环境标准制修订提供重要依据，也可为管理决策和相关部门制定生态环境保护政策提供重要参考。《中华人民共和国标准化法》《四川省地方标准管理办法》等法律法规明确提出要建立标准实施信息反馈和评估机制，加强对标准实施的监督，定期对实施情况进行调查评估。地方土壤污染风险管控标准作为生态环境风险管理的技术依据，应当定期对其执行情况进行评估，并根据评估结果适时修订，以满足不同阶段对土壤环境风险管理的需要。

三、关于地方土壤污染风险管控标准文本信息查阅、下载途径

地方土壤污染风险管控标准是以强制性标准的形式发布，相关单位和个人必须严格执行，其技术内容应当通过有效途径进行公布，便于社会公众查询、下载。《生态环境标准管理办法》第五十一条规定："生态环境标准由其制定机关委托的出版机构出版、发行，依法公开。省级以上人民政府生态环境主管部门应当在其网站上公布相关的生态环境标准，供公众免费查阅、下载。"因此，本条第三款规定由省人民政府生态环境主管部门通过其网站公布土壤污染风险管控标准，供公众免费查阅、下载。

> 第十四条　省人民政府可以根据土壤环境质量改善目标的需要和经济、技术条件，对土壤污染严重或者需要特别保护的区域，采取执行重点污染物特别排放限值的措施。

【解读】本条是关于采取重点污染物特别排放限值措施的规定。

重点污染物是指对环境的主要污染物，如水体的重点污染物有化工用水等，空气的重点污染物是悬浮颗粒物等，根据《国务院关于印发打赢蓝天保卫战三年行动计划的通知》（国发〔2018〕22号）所提目标的重点污染物指标有二氧化硫、氮氧化物和细颗粒物（PM2.5）。与

一般地区相比，污染严重或者需要特别保护的区域（尤其是重污染行业）必须坚持环境保护优先，采用目前最可行、最高效的污染控制技术，达到更加严格的污染物排放要求，即执行污染物特别排放限值。2007年太湖爆发水华事件后，国务院要求在重点流域实施水污染物特别排放限值。为此，2008年以来环境保护部制定的国家水污染物排放标准均设置了水污染物特别排放限值。2010年，针对我国日益严重的环境空气污染问题，国务院提出在重点地区实施重点行业大气污染物特别排放限值。为此，2011年以来原环境保护部在新发布的重点行业国家大气污染物排放标准增设了特别排放限值。

2016年5月，国务院印发的《土壤污染防治行动计划》提出，"自2017年起，内蒙古、江西、河南、湖北、湖南、广东、广西、四川、贵州、云南、陕西、甘肃、新疆等省（自治区）矿产资源开发活动集中的区域，执行重点污染物特别排放限值。"2021年9月，生态环境部办公厅、财政部办公厅、自然资源部办公厅、农业农村部办公厅、国家粮食和物资储备局办公室联合发布了《关于印发〈农用地土壤镉等重金属污染源头防治行动实施方案〉的通知》（环办土壤〔2021〕21号），明确提出，自2023年起，内蒙古、江西、河南、湖北、湖南、广东、广西、四川、贵州、云南、陕西、甘肃、新疆等省（自治区），在矿产资源开发活动集中区域、耕地安全利用和严格管控任务较重的地区，执行《铅、锌工业污染物排放标准》《铜、镍、钴工业污染物排放标准》《无机化学工业污染物排放标准》中颗粒物和镉等重点重金属污染物特别排放限值。根据相关规定，执行特别排放限值的地域范围由省级人民政府明确，并报生态环境部备案。

因此，本条规定省人民政府可以根据土壤环境质量改善目标的需要和经济、技术条件，对土壤污染严重或者需要特别保护的区域，如矿产资源开发活动集中区域、耕地安全利用和严格管控任务较重的地区，采取执行重点污染物特别排放限值的措施。

《土壤污染防治行动计划四川省工作方案》要求，在矿产资源开发活动集中区域，执行重点污染物特别排放限值。2017年，四川省环境保护厅印发了《四川省矿产资源开发活动集中区域执行重点污染物特别排放限值实施方案》（川环办发〔2017〕117号），明确了四川省矿产资源开发活动集中区域执行重点污染物特别排放限值的执行区域、执行项目、执行标准以及执行企业。2023年，四川省生态环境厅等五部门联合印发《关于加强全省重点区域耕地土壤污染源头防治工作的通知》，要求矿产资源开发活动集中区域、耕地安全利用和严格管控任务较重地区等重金属重点行业企业，自2023年10月20日起执行《铅、锌工业污染物排放标准》《铜、镍、钴工业污染物排放标准》《无机化学工业污染物排放标准》中颗粒物和镉等重点重金属污染物特别排放限值。矿产资源开发活动集中区域，是指根据原环境保护部与省政府签订的《四川省土壤污染防治目标责任书》，石棉县、汉源县、会理市、会东县、甘洛县、冕宁县为矿产资源开发活动集中区域。耕地安全利用和严格管控任务较重地区，是指根据四川省农业农村厅、四川省生态环境厅《关于下达各市（州）农用地安全利用等目标任务和四川省耕地安全利用工作实施方案的函》（川农函〔2020〕128号），彭州市、富顺县、古蔺县、叙永县、绵竹市、什邡市、绵阳市安州区、广元市朝天区、隆昌市、乐山市沙湾区、峨眉山市、峨边县、宜宾市叙州区、高县、珙县、长宁县、筠连县、兴文县、江安县、西昌市为耕地安全利用和严格管控任务较重地区。

第十五条　省人民政府应当按照国家统一安排组织开展土壤污染状况普查。

省、市（州）人民政府可以根据本行政区域实际和土壤污染状况普查情况，以农用地、建设用地、土壤污染重点监管单位用地等为重点组织开展土壤污染状况详查。

县（市、区）人民政府可以在市（州）人民政府统一组织下开展土壤污染状况详查。

【解读】本条是关于土壤污染状况普查和详查的规定。

根据《中华人民共和国土壤污染防治法》第十四条规定，全国土壤污染状况普查工作在国务院的统一领导下进行，具体由国务院生态环境主管部门会同国务院农业农村、自然资源、住房城乡建设、林业草原等主管部门组织实施，频率不低于每十年一次。土壤污染状况详查工作由国务院有关部门、设区的市级以上地方人民政府，根据本行业、本行政区域实际情况组织开展。

根据《土壤污染防治行动计划四川省工作方案》，四川省实施土壤环境质量状况定期调查制度，每十年开展一次全省土壤污染状况详查。根据土地利用变更和土壤环境质量变化情况，定期对相关信息进行更新。依据环境保护部《省级土壤污染状况详查实施方案编制指南》（环办土壤函〔2017〕1023号），各省（自治区、直辖市）人民政府是组织实施土壤污染状况详查的责任主体，对本行政区域详查结果的真实性、准确性和完整性负责；建立工作机制，将详查相关工作的责任分解落实到市级和县级人民政府，确保为详查工作提供必要的、准确的、可靠的基础支撑。

第十六条　省人民政府生态环境主管部门应当会同农业农村、自然资源、住房城乡建设、水利、卫生健康、林业草原等主管部门，在国家监测网络基础上统一规划设置全省土壤环境监测站（点），完善省级土壤环境质量监测网络，定期开展监测并实行数据共享。

【解读】本条是关于土壤环境监测的规定。

一、土壤监测体制改革要求

2016年9月，中共中央办公厅、国务院办公厅印发《关于省以下环保机构监测监察执法垂直管理制度改革试点工作的指导意见》，要求强化地方环保部门职责，在全省（自治区、直辖市）范围内统一规划建设环境监测网络，鼓励市级党委和政府在全市域范围内按照生态环境系统完整性实施统筹管理，统一规划、统一标准、统一环评、统一监测、统一执法，整合设置跨市辖区的环境执法和环境监测机构。

2017年9月，中共中央办公厅、国务院办公厅印发《关于深化环境监测改革提高环境监测数据质量的意见》，要求大力推进部门环境监测协作，依法统一监测标准规范与信息发布。环境保护部依法制定全国统一的环境监测规范，加快完善大气、水、土壤等要素的环境质量监测和排污单位自行监测标准规范，健全国家环境监测量值溯源体系；会同有关部门建设覆盖我国陆地、海洋、岛礁的国家环境质量监测网络。各级各类环境监测机构和排污单位要按照统一的环境监测标准规范开展监测活动，切实解决不同部门同类环境监测数据不一致、不可比的问题。

二、国家关于土壤监测的规定

《土壤污染防治行动计划》要求建设土壤环境质量监测网络，统一规划、整合优化土壤环境质量监测点位。2017年底前，完成土壤环境质量国控监测点位设置，建成国家土壤环境质量监测网络，充分发挥行业监测网作用，基本形成土壤环境监测能力。2020年年底前，实现土壤环境质量监测点位所有县（市、区）全覆盖。

《中华人民共和国土壤污染防治法》第十五条规定，国家实行土壤环境监测制度。土壤环境监测规范由国务院生态环境主管部门制定，实现监测规范的统一。土壤环境监测网络由国务院生态环境主管部门会同国务院农业农村、自然资源、住房城乡建设、水利、卫生健康、林业草原等主管部门组织实施，统一规划国家土壤环境监测站（点）的设置，实现规划布点的统一。

三、四川省关于土壤监测的实践

2014年11月，四川省环境保护厅和四川省国土资源厅联合发布了《四川省土壤污染状况调查公报》，公布了全省土壤污染状况调查结果。调查结果显示，全省土壤总的点位超标率为28.7%，虽然高于全国平均水平的16.1%，但主要是轻微污染点位超标部分较多。为加强全省土壤环境保护工作，四川省环境保护厅制定出台《四川省重点区域土壤环境质量监测风险点位布设工作方案》。提出按照国家《重点区域土壤环境质量监测风险点位布设方案》要求，在2015年全省土壤环境质量监测国控点位布设工作已确定的389个"特定点位"（现改称为"风险点位"）基础上，2016年再增加布设384个风险点位，到2016年年底共计布设773个土壤环境质量监测国控风险点位。本次风险点位布设涉及的重点区域是指已存在污染或可能存在污染的区域，包括"重金属污染防治"重点区域、污染行业企业周边、工业园区周边、油田采矿区周边地区、固废集中处置场周边地区、历史污染区域及周边、规模化畜禽养殖场及周边、集中式饮用水源地保护区、果蔬菜种植基地等需要重点关注的风险区域。

第十七条 省、市（州）人民政府应当根据国土空间规划、生态环境分区管控方案和生态环境准入清单，针对不同区域土壤环境质量状况、土壤污染风险源情况、土地开发利用情况等，划定区域风险等级，制定土壤污染防治分区管控方案并动态调整。

县（市、区）人民政府应当根据土壤污染防治分区管控方案落实相应管控措施。

【解读】本条是关于土壤污染防治分区管控的规定。

一、国家关于生态环境分区管控的规定

根据《生态环境部关于实施"三线一单"生态环境分区管控的指导意见（试行）》，生态环境部适时启动技术指南修订，不断完善技术体系，指导省级生态环境部门在实施过程中加强"三线一单"生态环境分区管控与主体功能区战略、国土空间规划分区和用途管制要求的衔接，做好与碳达峰碳中和、能源资源管理、生态环境要素管理、环境国际公约履约等工作的协调联动。加强对"三线一单"生态环境分区管控实施成效评估，建立国家对省、省对地市年度跟踪与五年评估相结合的跟踪评估机制。生态环境部组织确定跟踪评估指标体系，制定年度实施细则，指导各省（区、市）开展跟踪评估工作，跟踪评估结果作为污染防治攻坚战等考核的重要依据。省级生态环境部门结合本省（区、市）实际，确定市级及以下跟踪评估要求，细化跟踪评估指标体系，牵头组织开展年度自查评估和五年跟踪评估工作，编制跟踪评估报告并报生态环境部备案。

二、四川省关于土壤污染防治分区管控的实践

按照四川省政府《关于落实生态保护红线、环境质量底线、资源利用上线制定生态环境准入清单实施生态环境分区管控的通知》要求，到2020年，我省将初步建立生态环境分区管控体系和数据应用系统。为加强土壤污染风险管控，2021年8月，四川省生态环境厅会同省发展改革委等9部门联合印发《四川省长江黄河上游土壤风险管控区建设实施方案》（川环发〔2021〕10号）；2022年3月，四川省生态环境厅办公室印发《土壤污染分区管控方案编制大纲》（川环办函〔2022〕114号），要求各市（州）加快推进管控方案编制并出台管控方案，形成土壤风险"一张图"。

> 第十八条 市（州）人民政府生态环境主管部门应当按照国务院和省人民政府生态环境主管部门的规定，根据有毒有害物质排放等情况，制定本行政区域土壤污染重点监管单位名录，向社会公开并适时更新。

【解读】本条是关于土壤污染重点监管单位名录的规定。

一、国家关于土壤污染重点监管单位的规定

一是关于土壤污染重点监管单位的定义。2018年5月，生态环境部发布了《工矿用地土壤环境管理办法（试行）》，该办法第三条规定，土壤环境污染重点监管单位包括：有色金属冶炼、石油加工、化工、焦化、电镀、制革等行业中应当纳入排污许可重点管理的企业；有色金属矿采选、石油开采行业规模以上企业；其他根据有关规定纳入土壤环境污染重点监管

单位名录的企事业单位。2022年11月，生态环境部印发《环境监管重点单位名录管理办法》，该办法第十条规定，土壤污染重点监管单位应当根据本行政区域土壤污染防治需要、有毒有害物质排放情况等因素确定。具备下列条件之一的，应当列为土壤污染重点监管单位：（一）有色金属矿采选、有色金属冶炼、石油开采、石油加工、化工、焦化、电镀、制革行业规模以上企业；（二）位于土壤污染潜在风险高的地块，且生产、使用、贮存、处置或者排放有毒有害物质的企业；（三）位于耕地土壤重金属污染突出地区的涉镉排放企业。

二是关于土壤污染重点监管单位名录的制定主体规定。《中华人民共和国土壤污染防治法》第二十一条规定："设区的市级以上地方人民政府生态环境主管部门应当按照国务院生态环境主管部门的规定，根据有毒有害物质排放等情况，制定本行政区域土壤污染重点监管单位名录，向社会公开并适时更新"。《环境监管重点单位名录管理办法》第三条规定，省级生态环境主管部门负责协调和监督本行政区域环境监管重点单位名录的确定和发布。设区的市级生态环境主管部门负责本行政区域环境监管重点单位名录的确定、管理和发布。根据以上规定，省、市（州）生态环境主管部门均有权制定土壤污染重点监管单位名录，但在具体职责上存在差异，省级生态环境主管部门负责协调和监督名录的确定和发布，设区的市级生态环境主管部门负责名录的确定、管理和发布。

二、四川省关于土壤污染重点监管单位的实践

根据《四川省工矿用地土壤环境管理办法》第三条，土壤污染重点监管单位包括：（一）有色金属矿采选、有色金属冶炼、黑色金属矿采选、黑色金属冶炼、石油开采、石油加工、化工、焦化、电镀、制革、化学制药、铅蓄电池、汽车制造、废弃电器电子产品处理、报废机动车回收拆解等行业企业；（二）位于土壤污染潜在风险高的地块，且生产、使用、贮存、处置或者排放有毒有害物质的企业；（三）位于耕地土壤重金属污染突出地区的涉镉排放企业；（四）市级生态环境主管部门认定的其他企业。重点监管单位以外的企事业单位和其他生产经营者生产经营活动涉及有毒有害物质的，其用地土壤和地下水生态环境保护相关活动及相关生态环境监督管理，可以参照本办法执行。

根据《中华人民共和国土壤污染防治法》《环境监管重点单位名录管理办法》相关规定以及四川省具体实践，市（州）生态环境主管部门更了解当地的有毒有害物质排放、企业信息等情况，后续的名录更新也更及时。因此，《条例》对《土壤污染防治法》第二十一条进行细化，规定由市（州）生态环境主管部门制定并公布四川省土壤污染重点监管单位名录。

第十九条　土壤污染重点监管单位应当按照国家、省有关规定开展相关工作并履行下列义务：

（一）严格控制有毒有害物质排放，并按年度向所在地生态环境主管部门报告排放情况；

（二）建立土壤污染隐患排查制度，保证持续有效防止有毒有害物质渗漏、流失、扬散；

（三）制定、实施自行监测方案，按照规定开展土壤和地下水监测，并将监测数据报所在地生态环境主管部门。

土壤污染重点监管单位应当对监测数据的真实性和准确性负责。鼓励其采取严于国家、行业和地方标准、规范和要求的措施，使用新技术、新材料，防止有毒有害物质渗漏、流失、扬散。

省、市（州）人民政府生态环境主管部门应当定期对土壤污染重点监管单位周边土壤和地下水进行监测，发现监测数据异常，应当及时进行调查。

【解读】本条是关于土壤环境污染重点监管单位义务的规定。

一、土壤污染重点监管单位的义务

一是严格控制有毒有害物质排放，并按年度向生态环境主管部门报告排放情况。有毒有害物质较一般污染物，具有致癌性、持久性和生物蓄积性等特性，对人体健康和生态环境构成严重威胁。世界各国的有关法律法规对其生产、排放等均采取严格的风险管控措施。如欧盟《关于建立欧盟污染物释放和转移登记制度法规》[（EC）No166/2006]，要求企业申报有毒有害物质向水、大气、土地的释放量等，包括常规排放和事故排放等。我国有关生态环境保护法律也对有毒有害物质的排放做出严格的禁止或者限制性规定。《中华人民共和国水污染防治法》第三十三条规定，禁止向水体排放油类、酸液、碱液或者剧毒废液；禁止在水体清洗装贮过油类或者有毒污染物的车辆和容器。第三十七条规定，禁止向水体排放、倾倒工业废渣、城镇垃圾和其他废弃物；禁止将含有汞、镉、砷、铬、铅、氰化物、黄磷等可溶性剧毒废渣向水体排放、倾倒或者直接埋入地下；存放可溶性剧毒废渣的场所，应当采取防水、防渗漏、防流失的措施。第四十条规定，禁止利用无防渗漏措施的沟渠、坑塘等输送或者存贮含有毒污染物的废水、含病原体的污水和其他废弃物。第四十五条规定，排放工业废水的企业应当采取有效措施，收集和处理产生的全部废水，防止污染环境。含有毒有害水污染物的工业废水应当分类收集和处理，不得稀释排放。根据《中华人民共和国清洁生产促进法》第二十七条规定，使用有毒有害原料进行生产或者在生产中排放有毒有害物质的企业，应当实施强制性清洁生产审核。《清洁生产审核办法》第八条规定，使用有毒有害原料进行生产或者在生产中排放有毒有害物质的企业，应当实施强制性清洁生产审核。第十一条规定，实施强制性清洁生产审核的企业，应当采取便于公众知晓的方式公布企业相关信息，包括使用有毒有害原料的名称、数量、用途，排放有毒有害物质的名称、浓度和数量等。

二是建立土壤污染隐患排查制度，保证持续有效防止有毒有害物质渗漏、流失、扬散。土壤污染具有隐蔽性和滞后性，如企业管理不善，一些特殊生产经营设施中有毒有害物质长期的渗漏、流失，将造成土壤和地下水污染。因此，建立土壤污染隐患排查制度，防患于未然，至关重要。《中华人民共和国水污染防治法》第四十条规定，化学品生产企业以及工业集聚区、矿山开采区、尾矿库、危险废物处置场、垃圾填埋场等的运营、管理单位，应当采取防渗漏等措施，并建设地下水水质监测井进行监测，防止地下水污染。加油站等的地下油罐应当使用双层罐或者采取建造防渗池等其他有效措施，并进行防渗漏监测，防止地下水污染。《工矿用地土壤环境管理办法（试行）》对土壤污染重点监管单位建立重点隐患排查制度做出具体规定，主要包括：

（1）立土壤和地下水污染隐患排查治理制度，定期对重点区域、重点设施开展隐患排查。发现污染隐患的应当制定整改方案，及时采取技术、管理措施消除隐患。隐患排查、治理情况应当如实记录并建立档案。重点区域包括涉及有毒有害物质的生产区、原材料及固体废物堆存区、储放区和转运区等；重点设施包括涉及有毒有害物质的地下储罐、地下管线，以及污染治理设施等。

（2）重点单位应当按照相关技术规范要求，自行或者委托第三方定期开展土壤和地下水监测，重点监测存在污染隐患的区域和设施周边的土壤、地下水，并按照规定公开相关信息。

（3）重点单位在隐患排查、监测等活动中发现工矿用地土壤和地下水存在污染迹象的，应当排查污染源，查明污染原因，采取措施防止新增污染，并参照污染地块土壤环境管理有关规定及时开展土壤和地下水环境调查与风险评估，根据调查与风险评估结果，采取风险管控或者治理与修复等措施。

三是制定、实施自行监测方案，并将监测数据报生态环境主管部门。《中华人民共和国环境保护法》等生态环境保护法律均对重点排污单位的自行监测义务做出规定。如《中华人民共和国环境保护法》第四十二条规定，重点排污单位应当按照国家有关规定和监测规范安装使用监测设备，保证监测设备正常运行，保存原始监测记录。《中华人民共和国水污染防治法》第二十三条规定，实行排污许可管理的企业事业单位和其他生产经营者应当按照国家有关规定和监测规范，对所排放的水污染物自行监测，并保存原始监测记录。重点排污单位还应当安装水污染物排放自动监测设备，与环境保护主管部门的监控设备联网，并保证监测设备正常运行。国务院办公厅发布的《控制污染物排放许可制实施方案》（国办发〔2016〕81号）规定，企事业单位应依法开展自行监测，安装或使用监测设备应符合国家有关环境监测、计量认证规定和技术规范，保障数据合法有效，保证设备正常运行，妥善保存原始记录，建立准确完整的环境管理台账，安装在线监测设备的应与环境保护部门联网。排放情况与排污许可证要求不符的，应及时向环境保护部门报告。环境保护部办公厅印发《关于加强化工企业等重点排污单位特征污染物监测工作的通知》（环办监测函〔2016〕1686号）规定，强化对企业自行监测的监管，按照《中华人民共和国环境保护法》和《国家重点监控企业自行监测及信息公开办法（试行）》（环发〔2013〕81号）等规定，化工企业等排污单位，应认真落实环境影响评价文件及其批复的要求，按照相关标准及技术规范，制定自行监测方案，对污染物排放及周边环境的影响情况开展监测，公开监测信息。地方各级环保部门应强化对化工等重点排污单位企业自行监测情况的监管。《工矿用地土壤环境管理办法（试行）》第十二条规定，重点单位应当按照相关技术规范要求，自行或者委托第三方定期开展土壤和地下水监测，重点监测存在污染隐患的区域和设施周边的土壤、地下水，并按照规定公开相关信息。《排污许可管理办法（试行）》第十九条规定，排污单位在申请排污许可证时，应当按照自行监测技术指南，编制自行监测方案。自行监测方案应当包括以下内容：（1）监测点位及示意图、监测指标、监测频次；（2）使用的监测分析方法、采样方法；（3）监测质量保证与质量控制要求；

（4）监测数据记录、整理、存档要求等。2017年6月，环境保护部公布了《排污单位自行监测技术指南 总则》，2018年8月，生态环境部发布了《排污单位自行监测技术指南 制革及毛皮加工工业》《排污单位自行监测技术指南 石油化学工业》《排污单位自行监测技术指南 化肥工业-氮肥》三项环境保护标准，分别对制革及毛皮加工工业、石油化学工业、氮肥制造工业企业自行监测的一般要求、监测方案制定、信息记录和报告的基本内容和要求做出规定。指导排污单位在生产运行阶段对其排放的水、大气污染物，噪声以及对其周边环境质量影响开展监测。2021年11月，生态环境部发布了《工业企业土壤和地下水自行监测技术指南（试行）》，规定了土壤污染重点监管单位中在产工业企业内部的土壤和地下水自行监测相关的要求。2018年，四川省环境保护厅办公室印发《关于做好土壤污染重点监管单位土壤环境自行监测工作的通知》（川环办函〔2018〕446号），要求列入土壤污染重点监管单位名单的企业，按照国家相关规定每年开展一次监测，根据监测结果编制监测报告，向市（州）环境保护局报告并向社会公开。

四是土壤污染重点监管单位未履行相应义务应承担的法律责任。根据《中华人民共和国土壤污染防治法》第八十六条规定，土壤污染重点监管单位未制定、实施自行监测方案，或者未将监测数据报生态环境主管部门的，土壤污染重点监管单位未按年度报告有毒有害物质排放情况，或者未建立土壤污染隐患排查制度的，由地方人民政府生态环境主管部门或者其他负有土壤污染防治监督管理职责的部门责令改正，处以罚款；拒不改正的，责令停产整治，处二万元以上二十万元以下的罚款。

二、土壤污染重点监管单位的其他义务

一是对监测数据的真实性和准确性负责。这主要是针对土壤污染重点监管单位自行监测或者委托监测的情形。根据《控制污染物排放许可制实施方案》（国办发〔2016〕81号）规定，企事业单位应如实向环境保护部门报告排污许可证执行情况，依法向社会公开污染物排放数据并对数据真实性负责。根据《中华人民共和国土壤污染防治法》第八十六条规定，土壤污染重点监管单位篡改、伪造监测数据的，由地方人民政府生态环境主管部门或者其他负有土壤污染防治监督管理职责的部门责令改正，处以罚款；拒不改正的，责令停产整治，处二万元以上二十万元以下的罚款；造成严重后果的，处二十万元以上二百万元以下的罚款。

二是鼓励性措施。鼓励土壤污染重点监管单位采取严于国家、行业和地方标准、规范和要求的措施，使用新技术、新材料，防止有毒有害物质渗漏、流失、扬散。有毒有害物质一旦发生渗漏、流失、扬散，将对土壤环境造成严重的影响。因此，鼓励土壤污染重点监管单位结合自身行业特殊性，主动承担起企业责任，采用先进的技术、不断改进工艺、适用新材料等，制定或适用更严的标准，尽可能避免有毒有害物质渗漏、流失、扬散等情况发生。

三、监管部门的监督性监测

省、市（州）生态环境主管部门应定期对土壤污染重点监管单位周边土壤和地下水进行监测，发现监测数据异常，应当及时进行调查。根据《深入打好土壤污染整治攻坚战实施方案》（川环发〔2023〕12号），要求对重点行业企业用地调查、自行监测、监督性监测等发现土壤污染

物含量超过第二类用地筛选值或地下水特征因子超标的企业，组织开展土壤污染状况详细调查，进一步查明污染成因和来源，制定并实施针对性管控措施，并对风险管控效果进行评估。及时总结梳理评估结果，探索在产企业边生产、边管控的土壤与地下水污染风险防控模式。

> 第二十条 工业园区等产业集聚区应当建立大气、地表水、土壤和地下水污染协同预防预警机制。市（州）人民政府生态环境主管部门应当会同有关部门定期对产业集聚区周边土壤和地下水开展监督性监测，将数据及时上传到全省土壤环境信息管理平台。

【解读】本条是关于工业园区污染防治协同预防预警机制的规定。

一、国家关于工业园区污染防治协同治理的规定

2021年，国家发展改革委、工业和信息化部发布《关于做好"十四五"园区循环化改造工作有关事项的通知》（发改办环资〔2021〕1004号），指出到2025年底，具备条件的省级以上园区全部实施循环化改造，实现园区的能源、水、土地等资源利用效率大幅提升，二氧化碳、固体废物、废水、主要大气污染物排放量大幅降低。园区循环化改造的主要任务包括：

（一）优化产业空间布局。根据物质流和产业关联性，优化园区内的企业、产业和基础设施的空间布局，体现产业集聚和循环链接效应，积极推广集中供气供热供水，实现土地的节约集约高效利用。

（二）促进产业循环链接。按照"横向耦合、纵向延伸、循环链接"原则，建设和引进关键项目，合理延伸产业链，推动产业循环式组合、企业循环式生产，促进项目间、企业间、产业间物料闭路循环、物尽其用，切实提高资源产出率。

（三）推动节能降碳。开展节能降碳改造，推动企业产品结构、生产工艺、技术装备优化升级，推进能源梯级利用和余热余压回收利用。因地制宜发展利用可再生能源，开展清洁能源替代改造，提高清洁能源消费占比。提高能源利用管理水平。

（四）推进资源高效利用、综合利用。园区重点企业全面推行清洁生产，促进原材料和废弃物源头减量。加强资源深度加工、伴生产品加工利用、副产物综合利用，推动产业废弃物回收及资源化利用。加强水资源高效利用、循环利用，推进中水回用和废水资源化利用。因地制宜开展海水淡化等非常规水利用。

二、四川省关于工业园区污染防治协同预防预警机制的实践

根据《土壤污染防治行动计划四川省工作方案》，要求开展重点工业园区污染综合预警试点。2017年2月，省政府印发《四川省"十三五"环境保护规划》，要求加强风险评估与源头防控，建立多级环境应急管理体系及园区环境风险防控体系。2018年，四川省生态环境厅印发《四川省工业园区水气土协同预警体系建设实施方案》（川环发〔2018〕98号），要求首批

选择自贡晨光科技园区、四川泸州（长江）经济开发区、德阳经济技术开发区、四川汉源工业园区 4 个园区开展试点工作，取得试点经验，有序推进全省工业园区预警体系建设工作，到 2020 年，建成全省工业园区水气土协同预警体系。《四川省工矿用地土壤环境管理办法》第十九条规定，工业园区等产业集聚区应当建立大气、地表水、土壤和地下水污染协同预防预警机制，定期开展土壤污染隐患排查整改，有效管控园区土壤环境风险。市级生态环境主管部门应当会同有关部门定期对产业集聚区周边土壤和地下水开展监督性监测，数据及时上传建设用地信息管理系统，监测结果作为环境执法和风险预警的重要依据。

> 第二十一条 县级以上地方人民政府及其有关部门应当结合区域功能定位和土壤污染防治需要，科学布局生活污水和生活垃圾处理、固体废物处置、废旧物资再利用等设施和场所；对相关设施和场所的周边土壤和地下水进行监测，发现异常的，及时采取相应处置措施。

【解读】本条是关于特殊设施土壤污染防治要求的规定。

一、对污水集中处理设施、固体废物处置设施、废旧物资再利用等设施的建设提出要求

生活污水和生活垃圾处理、固体废物处置设施、废旧物资再利用等设施和场所若管理不善，易发生有毒有害污染物的渗漏、流失，对土壤和地下水环境造成污染。本条规定与《中华人民共和国水污染防治法》《中华人民共和国固体废物污染环境防治法》相衔接。《中华人民共和国水污染防治法》第四十九条规定，县级以上地方人民政府组织建设、经济综合宏观调控、环境保护、水行政等部门编制本行政区域的城镇污水处理设施建设规划。县级以上地方人民政府的生态环境主管部门作为规划编制方之一，需要综合考量区域环境污染防治工作的需要，科学布局生活污水处理设施和场所。此外，禁止在特定区域建设固体废物处置设施和场所。《中华人民共和国固体废物污染环境防治法》第二十一条规定，在生态保护红线区域、永久基本农田集中区域和其他需要特别保护的区域内，禁止建设工业固体废物、危险废物集中贮存、利用、处置的设施、场所和生活垃圾填埋场。

二、对相关设施和场所的监测与监管提出要求

垃圾填埋场渗滤液若处理不当，其中重金属等污染物将对土壤与地下水环境安全构成严重威胁。土壤与地下水污染具有隐蔽性、长期性和复杂性特点，一旦污染，修复难度大、周期长、费用高。因此，应当对易造成土壤和地下水污染的设施建立定期监测制度，及时发现隐患，及时整改。《中华人民共和国水污染防治法》第四十条第一款规定，化学品生产企业以及工业集聚区、矿山开采区、尾矿库、危险废物处置场、垃圾填埋场等的运营、管理单位，应当采取防渗漏等措施，并建设地下水水质监测井进行监测，防止地下水污染。为了与上位

法相衔接，本条对污水集中处理设施、固体废物处置设施、废旧物资再利用等设施的运行也提出要求，即对相关设施和场所的周边土壤和地下水进行监测，发现异常的，及时采取相应处置措施。《关于开展2019年度全省土壤污染重点监管单位、工业园区、污水集中处理设施和固体废物处置设施周边土壤环境监督性监测工作的通知》（川环办函〔2019〕434号），规定了对土壤污染监测的范围、项目、时间和频次、布点和采样、方法等内容。例如，明确污水集中处理设施包括县城及以上城市生活污水处理厂、园区工业污水处理厂，固体废物处置设施包括县城及以上生活垃圾填埋场、生活垃圾焚烧厂和医疗废物处置设施；重点监管单位、工业园区、污水集中处理设施和固体废物处置设施周边土壤环境监督性监测的监测频次为每年1次，若存在超标现象的，可增加监测频次。

> 第二十二条　涉及重金属排放的企业事业单位和其他生产经营者应当遵守排污许可管理规定，执行重金属污染物排放标准，强化清洁生产，落实重金属污染物排放总量控制制度。
>
> 在涉及重金属矿产资源开发活动集中的区域，执行国家规定的重金属污染物特别排放限值。
>
> 鼓励涉及重金属排放的企业事业单位和其他生产经营者提升技术水平，降低重金属排放强度，减少排放总量。

【解读】本条是关于重金属污染物排放管理的规定。

一、国家关于排污许可管理的规定

2016年，国务院办公厅发布的《控制污染物排放许可制实施方案》（国办发〔2016〕81号）规定，将排污许可制建设成为固定污染源环境管理的核心制度，作为企业守法、部门执法、社会监督的依据，为提高环境管理效能和改善环境质量奠定坚实基础。排污许可证中明确许可排放的污染物种类、浓度、排放量、排放去向等事项，载明污染治理设施、环境管理要求等相关内容。根据污染物排放标准、总量控制指标、环境影响评价文件及批复要求等，依法合理确定许可排放的污染物种类、浓度及排放量。2018年1月，环境保护部公布了部门规章《排污许可管理办法（试行）》，对排污许可证的核发范围、内容、核发程序及持证单位的义务均做出明确规定。2021年，国务院公布《排污许可管理条例》，进一步加强排污许可管理，规范企业事业单位和其他生产经营者排污行为，控制污染物排放，保护和改善生态环境。

二、国家关于重金属污染物排放管理的规定

生态环境部《关于进一步加强重金属污染防控的意见》（环固体〔2022〕17号）提出分类管理，完善重金属污染物排放管理制度的要求。

（一）完善全口径清单动态调整机制。各地生态环境部门全面排查以工业固体废物为原料的锌无机化合物工业企业信息，将其纳入全口径涉及重金属重点行业企业清单；梳理排查以重点行业企业为主的工业园区，建立涉及重金属工业园区清单；及时增补新、改、扩建企业信息和漏报企业信息，动态更新全口径涉及重金属重点行业企业清单，并在省（区、市）生态环境厅（局）网站上公布。依法将重点行业企业纳入重点排污单位名录。

（二）加强重金属污染物减排分类管理。根据各省（区、市）重金属污染物排放量基数和减排潜力，分档确定减排目标；按重点区域、重点行业以及重点重金属，实施差别化减排政策。各地生态环境部门应进一步摸排企业情况，挖掘减排潜力，以结构调整、升级改造和深度治理为主要手段，将减排目标任务落实到具体企业，推动实施一批重金属减排工程，持续减少重金属污染物排放。

（三）推行企业重金属污染物排放总量控制制度。依法将重点行业企业纳入排污许可管理。对于实施排污许可重点管理的企业，排污许可证应当明确重金属污染物排放种类、许可排放浓度、许可排放量等。各地生态环境部门探索将重点行业减排企业重金属污染物排放总量要求落实到排污许可证，减排企业在执行国家和地方污染物排放标准的同时，应当遵守分解落实到本单位的重金属排放总量控制要求。重点行业企业适用的污染物排放标准、重点污染物总量控制要求发生变化，需要对排污许可证进行变更的，审批部门可以依法对排污许可证相应事项进行变更，并载明削减措施、减排量，作为总量替代来源的还应载明出让量和出让去向。到 2025 年，企业排污许可证环境管理台账、自行监测和执行报告数据基本实现完整、可信，有效支撑重点行业企业排放量管理。

（四）探索重金属污染物排放总量替代管理豁免。在统筹区域环境质量改善目标和重金属环境风险防控水平、高标准落实重金属污染治理要求并严格审批前提下，对实施国家重大发展战略直接相关的重点项目，可在环评审批程序实行重金属污染物排放总量替代管理豁免。对利用涉及重金属固体废物的重点行业建设项目，特别是以历史遗留涉及重金属固体废物为原料的，在满足利用固体废物种类、原料来源、建设地点、工艺设备和污染治理水平等必要条件并严格审批前提下，可在环评审批程序实行重金属污染物排放总量替代管理豁免。

三、四川省关于重金属污染防治工作的要求

四川省污染防治攻坚战领导小组办公室印发《四川省"十四五"重金属污染防控工作方案》（川污防攻坚办〔2022〕61 号），提出防控的重点区域是雅安市汉源县、石棉县和凉山州甘洛县，要求推动重金属污染深度治理。开展矿产资源开发活动集中区重点污染物特别排放限值执行情况"回头看"。按国家规定，自 2023 年起，汉源县、石棉县、凉山州甘洛县铅锌冶炼和铜冶炼企业执行颗粒物特别排放限值。督促重有色金属冶炼企业加强生产车间低空逸散烟气收集处理，有效减少无组织排放。督促重有色金属矿采选企业按照规定完善废石堆场、排土场周边雨污分流设施，完善废水收集与处理设施，处理后回用或达标排放。采用洒水、旋风等简易除尘治理工艺的重有色金属矿采选企业，应加强废气收集，实施过滤除尘等颗粒物治理升级改造工程。相关市（州）开展电镀行业重金属污染调查，编制污染综合整治方案并组织实施。推进专业电镀园区、专业电镀企业重金属污染深度治理。排放汞及汞化合物的企业应当采用最佳可得技术和最佳环境实践，控制并减少汞及汞化合物的排放和释放。

> 第二十三条　输油管、加油站、排污管、地下储罐、填埋场和存放或者处理有毒有害物质的地下水池、半地下水池等设施设备的设计、建设、使用应当符合防腐蚀、防渗漏、防挥发等要求，设施设备的所有者和运营者应当对设施设备定期开展腐蚀、泄漏检测，防止污染土壤和地下水。

【解读】本条是关于地下设施设备土壤污染防治的规定。

一、国家关于地下设施设备土壤污染防治的规定

根据《中华人民共和国水污染防治法》第四十条规定，加油站等地下油罐应当使用双层罐或者采取建造防渗池等其他有效措施，并进行防渗漏监测，防止地下水污染。禁止利用无防渗漏措施的沟渠、坑塘等输送或者存贮含有毒污染物的废水、含病原体的污水和其他废弃物。2018年5月，生态环境部发布的《工矿用地土壤环境管理办法（试行）》规定，建设涉及有毒有害物质的生产装置、储罐和管道以及建设污水处理池、应急池等存在土壤污染风险的设施，应当按照国家有关标准和规范的要求，设计、建设和安装有关防腐蚀、防泄漏设施和泄漏监测装置，防止有毒有害物质污染土壤和地下水。

二、四川省关于地下设施设备建设、运营防止土壤污染的实践

《四川省工矿用地土壤环境管理办法》第十条规定，重点监管单位现有地下储罐储存有毒有害物质的，信息发生变化时应当将地下储罐的信息报送市级生态环境主管部门备案。重点监管单位新、改、扩建项目地下储罐储存有毒有害物质的，应当在项目投入生产或者使用之前，将地下储罐的信息报市级生态环境主管部门备案。地下储罐的信息包括地下储罐的使用年限、类型、规格、位置和使用情况等。

> 第二十四条　从事废旧电子产品、电池回收利用，车船保养、清洗、修理、拆解及化学品贮存、运输、经营等活动的企业事业单位和个人，应当采取措施防止油品、溶剂等化学品挥发、遗撒、泄漏对土壤和地下水造成污染。

【解读】本条是关于废弃电子产品回收利用、车船维修拆解，以及化学品贮存、运输、经营等活动的土壤和地下水污染防治的规定。

根据《中华人民共和国固体废物污染环境防治法》第六十七条规定，国家对废弃电器电子产品等实行多渠道回收和集中处理制度。禁止将废弃机动车船等交由不符合规定条件的企业或者个

人回收、拆解。拆解、利用、处置废弃电器电子产品、废弃机动车船等，应当遵守有关法律法规的规定，采取防止污染环境的措施。根据《废弃电器电子产品回收处理管理条例》第十五条第一款规定，处理废弃电器电子产品，应当符合国家有关资源综合利用、环境保护、劳动安全和保障人体健康的要求。该条例第三十条规定，处理废弃电器电子产品造成环境污染的，由县级以上人民政府生态环境主管部门按照固体废物污染环境防治的有关规定予以处罚。

根据《中华人民共和国环境保护法》第四十八条规定，生产、储存、运输、销售、使用、处置化学物品和含有放射性物质的物品，应当遵守国家有关规定，防止污染环境。《危险化学品储存通则》要求，危险化学品仓库地面应平整、坚实、防潮、防滑、防渗漏、易于清扫。应根据储存物品特性，配备通风、密封、调温、调湿、防静电等设施。《道路危险货物运输管理规定》第二十六条规定，道路危险货物运输企业或者单位应当到具有污染物处理能力的机构对常压罐体进行清洗（置换）作业，将废气、污水等污染物集中收集，消除污染，不得随意排放，污染环境。2023年5月，四川省生态环境厅、四川省商务厅印发《关于加强报废机动车回收拆解企业土壤环境管理工作的通知》（川环函〔2023〕429号），在规范拆解企业环境管理、加强在产企业日常监管以及严格关闭搬迁企业地块环境监管等方面提出具体要求，有利于进一步加强报废机动车回收拆解行业土壤环境管理，消除土壤污染风险隐患，有效保障土壤环境安全。

> 第二十五条　企业事业单位拆除设施、设备或者建筑物、构筑物的，应当采取相应的土壤污染防治措施。
>
> 土壤污染重点监管单位拆除设施、设备或者建筑物、构筑物的，应当制定拆除活动土壤和地下水污染防治工作方案，并按照国家和省有关规定报所在地生态环境、经济和信息化等主管部门备案。
>
> 土壤污染重点监管单位拆除活动应当严格按照土壤和地下水污染防治工作方案实施，保存拆除活动相关记录并报所在地生态环境、经济和信息化等主管部门备案，为后续污染地块调查评估提供基础信息和依据。

【解读】本条是关于拆除设施、设备或者建筑物、构筑物所涉及土壤污染防治的规定。

一、国家和四川省关于拆除活动污染防治的有关规定

《中华人民共和国土壤污染防治法》第二十二条规定，企业事业单位拆除设施、设备或者建筑物、构筑物的，应当采取相应的土壤污染防治措施。土壤污染重点监管单位拆除设施、设备或者建筑物、构筑物的，应当制定包括应急措施在内的土壤污染防治工作方案，报地方人民政府生态环境、工业和信息化主管部门备案并实施。根据国家《土壤污染防治行动计划》要求，

有色金属冶炼、石油加工、化工、焦化、电镀、制革等行业企业拆除生产设施设备、构筑物和污染治理设施，要事先制定残留污染物清理和安全处置方案，并报所在地县级环境保护、工业和信息化部门备案；要严格按照有关规定实施安全处理处置，防范拆除活动污染土壤。

根据《四川省工矿用地土壤环境管理办法》第十四条规定，重点监管单位拆除设施、设备或者建筑物、构筑物的，应当制定拆除活动土壤和地下水污染防治工作方案，并在拆除活动前15个工作日报市级生态环境、经济和信息化等主管部门备案，并上传建设用地信息管理系统。企业拆除活动土壤和地下水污染防治工作方案应当包括被拆除设施、设备或者建筑物、构筑物的基本情况，拆除活动全过程土壤污染防治的技术要求，残留物料、污染物、污染设施和设备的安全处置以及应急措施，对周边环境的污染防治要求等内容。重点监管单位拆除活动中应当严格按照有关规定实施残留物料和污染物、污染设备和设施的安全处理处置，并做好拆除活动相关记录，防范拆除活动污染土壤和地下水。拆除活动相关记录应当长期保存，并报市级生态环境、经济和信息化等主管部门备案，为后续土壤污染状况调查评估提供基础信息和依据。

二、关于土壤污染重点监管单位拆除活动的技术规定

2017年12月，环境保护部发布了《企业拆除活动污染防治技术规定（试行）》，对有色金属冶炼、石油加工、化工、焦化、电镀、制革、造纸、钢铁、制药、农药、印染等行业企业拆除生产设施设备、建（构）筑物和污染治理设施过程中的土壤污染防治提出明确要求。同时规定，其他行业企业拆除活动的土壤污染防治工作，可参照本技术规定执行。拆除活动的流程包括：

（1）前期准备，拆除活动业主单位应在拆除活动施工前，组织识别和分析拆除活动可能污染土壤、水和大气的风险点，以及周边环境敏感点；

（2）制定拆除活动污染防治方案，业主单位组织编制《企业拆除活动污染防治方案》《拆除活动环境应急预案》。其中《企业拆除活动污染防治方案》应明确：拆除活动全过程土壤污染防治的技术要求，重点防止拆除活动中的废水、固体废物以及遗留物料和残留污染物污染土壤；针对周边环境特别是环境敏感点的保护，关于防止水、大气污染的要求。如防止挥发性有机污染物、有毒有害气体污染大气的要求，扬尘管理要求（包括现场周边围挡、物料堆放覆盖、路面硬化、出入车辆清洗、渣土车辆密闭运输，建（构）筑物拆除施工实行提前浇水闷透的湿法拆除、湿法运输作业）等；

（3）统筹考虑落实《污染地块土壤环境管理办法（试行）》，做好与后续污染地块场地调查、风险评估等工作的衔接。《企业拆除活动污染防治方案》需报所在地县级环境保护主管部门及工业和信息化部门备案。《拆除活动环境应急预案》的编制及管理参照《企业事业单位突发环境事件应急预案备案管理办法（试行）》（环发〔2015〕4号）执行。

> 第二十六条　县级以上地方人民政府应当加强对矿山的监督管理，组织开展历史遗留矿山生态修复工作，并对未纳入尾矿库管理的尾矿、煤矸石、废石等矿业固体废物贮存设施以及无责任主体或者责任主体灭失的废弃矿井（矿坑）开展调查评估、风险管控和治理修复。

县级以上地方人民政府安全生产监督管理部门应当监督煤炭开采、堆放、运输以及尾矿库运营、管理单位履行防治土壤污染的法定义务，防止发生可能污染土壤的事故；生态环境主管部门应当加强对尾矿库土壤污染防治情况的监督检查和定期评估，发现风险隐患的，及时督促尾矿库运营、管理单位采取相应措施；自然资源主管部门应当加强对采矿权人履行矿山地质环境保护与土地复垦义务的情况监督检查。

【解读】本条是关于历史遗留矿山、尾矿库土壤污染防治的规定。

一、关于历史遗留矿山的生态修复

《中华人民共和国长江保护法》第六十二条规定，长江流域县级以上地方人民政府应当因地制宜采取消除地质灾害隐患、土地复垦、恢复植被、防治污染等措施，加快历史遗留矿山生态环境修复工作，并加强对在建和运行中矿山的监督管理，督促采矿权人切实履行矿山污染防治和生态环境修复责任。四川省自然资源厅印发的《四川省历史遗留废弃矿山生态修复项目管理办法》（川自然资发〔2020〕57号），进一步规范了我省历史遗留废弃矿山生态修复项目管理，确保项目建设质量和投资效益。该办法明确历史遗留废弃矿山，是指修复责任市场主体已灭失的或无法确定的，以及因政策性关闭由政府承担修复责任的矿山。历史遗留废弃矿山生态修复是指对矿业活动受损生态系统的修复，包括地形地貌景观恢复、土地占损恢复、地下含水层修复、矿山地质灾害治理、生态系统功能恢复等。主要按照"谁治理、谁受益"的原则，大力探索构建"政府主导、政策扶持、社会参与、开发式治理、市场化运作"的废弃矿山生态修复新模式。

二、关于矿产资源开发区域土壤污染防治监督管理的要求

依据《中华人民共和国环境保护法》和《中华人民共和国环境影响评价法》的有关规定，矿产资源开发项目，应当依法开展环境影响评价，并按照环境影响评价文件及其审批部门审批决定中提出的环境保护对策措施要求，采取防止生态破坏的措施，建设防治污染和生态破坏的设施；保证防治矿产资源开发环境污染和生态破坏的设施和与主体工程同时设计、同时施工、同时投产。投产后，应当依法申请排污许可证，并遵守排污许可证提出的重点污染物排放标准和排放总量要求，以及土壤污染防治义务。生态环境部门和自然资源主管部门应当按照《中华人民共和国矿产资源法》和《中华人民共和国环境保护法》等法律法规有关规定，加强对矿产资源开发区域内有关矿产资源开发活动的土壤污染防治的监督管理。安全生产监督管理部门应当监督煤炭开采、堆放、运输以及尾矿库运营、管理单位履行防治土壤污染的法定义务，防止污染土壤的事故发生。

第二十七条 采矿权人应当切实履行矿山污染防治和生态环境修复责任,在开采、选矿、运输、仓储等活动中应当按照环境影响评价文件等要求,落实各项污染防治措施,防止污染土壤和地下水。

【解读】本条是关于采矿权人生态修复义务的规定。

一、国家关于矿山开采治理恢复的规定

根据自然资源部《矿山地质环境保护规定》要求,采矿权申请人申请办理采矿许可证时,应当编制矿山地质环境保护与土地复垦方案,报有批准权的自然资源主管部门批准。矿山地质环境保护与土地复垦方案应当包括下列内容:

（一）矿山基本情况;

（二）矿区基础信息;

（三）矿山地质环境影响和土地损毁评估;

（四）矿山地质环境治理与土地复垦可行性分析;

（五）矿山地质环境治理与土地复垦工程;

（六）矿山地质环境治理与土地复垦工作部署;

（七）经费估算与进度安排;

（八）保障措施与效益分析。

二、四川省关于采矿权人生态修复义务的规定

四川省自然资源厅 2021 年印发《四川省在建与生产矿山生态修复管理办法》（川自然资发〔2021〕27 号）,规定采矿权人是矿山生态修复的责任主体。采矿权人应编制《矿山地质环境保护与土地复垦方案》,落实生态修复责任,开展矿山生态修复工作,履行生态修复义务。采矿权人应当依照国家有关规定,计提矿山地质环境治理恢复基金。采矿权转让的,矿山生态修复义务随之转移。

《四川省农用地土壤环境管理办法》第八条规定,农用地周边尾矿库、未纳入尾矿库管理的固体废物堆场、废弃矿井的运营或管理单位,应当按照规定开展土壤、地下水等污染状况调查评估、风险管控和修复。产生、贮存、运输、利用尾矿等固体废物的单位,应当采取措施,防止扬散、流失、渗漏对周边农用地土壤造成污染。

第二十八条 页岩气勘探开发单位应当采用先进清洁生产技术,减少勘探、开采、封井、回注等环节中污染物的产生和排放;开展页岩气开发区域土壤及地表水、地下水污染状况监测,对产生的废弃钻井液、废水、岩屑、污油等污染物进行无害化处置和资源化利用,防止有毒有害物质污染土壤及地表水、地下水。

所在地生态环境、自然资源等主管部门应当加强对页岩气开发区域土壤污染防治的监督管理,督促勘探开发单位落实污染防治主体责任。

【解读】本条是关于页岩气开采污染防治的规定。

一、页岩气勘探开发单位污染防治要求

页岩气是指富含有机质、成熟的暗色泥页岩或高碳泥页岩中由于有机质吸附作用或岩石中存在着裂缝和基质孔隙，使之储集和保存了一定具商业价值的生物成因、热解成因及二者混合成因的天然气。通俗地讲，页岩气就是页岩层中产生的天然气，它和我们平时燃气灶里燃烧的气体是一样的，主要成分都是甲烷。页岩气作为一种清洁高效能源，具有极大的利用价值，在调整能源消费结构、保障国家能源安全上具有重大的战略意义。页岩气是中国天然气增长最为现实的资源，中国60%的天然气增量靠页岩气，而四川地区80%的天然气增量靠页岩气。中国页岩气资源丰富，资源储量排名世界第一。根据《中国天然气发展报告（2022）》，2021年，全国天然气新增探明地质储量16284亿立方米，其中，页岩气新增探明地质储量达到7454亿立方米。截至2021年年底，四川盆地深层页岩气最短钻井周期已低于30天，最深完钻井深已达7000米以上，最长水平段达3601米。

四川页岩气资源量和可采资源量丰富，根据2022年4月13日四川省人民政府网站发布的信息显示，四川省页岩气资源量超40万亿立方米，技术可采资源量约9万亿立方米，经济可采资源量约5万亿立方米，位居中国首位。页岩气勘探、开采等环节产生的废弃钻井液、岩屑、污油等污染物容易污染土壤及地表水、地下水。因此，结合四川实际，对页岩气勘探开发单位提出污染防治要求：

一是应当采用先进清洁生产技术，减少勘探、开采、封井、回注等环节中污染物的产生和排放。页岩气的勘查、开采，应当采用有利于合理利用资源、保护环境和防止污染的勘查、开采方法和工艺技术，提高资源利用水平。页岩气勘探开发单位需要不断采取改进设计、使用清洁的能源和原料、采用先进的工艺技术与设备、改善管理、综合利用等措施，从源头削减污染，提高资源利用效率，减少或者避免生产、服务和产品使用过程中污染物的产生和排放，以减轻或者消除对人类健康和环境的危害。

二是开展页岩气开发区域土壤及地表水、地下水污染状况监测。根据《四川省页岩气开采业污染防治技术政策》，明确规定了开展页岩气开采区域地下水、地表水及土壤环境质量跟踪监测要求，密切监控地下水、地表水及土壤环境质量变化，确保监测数据的真实有效，并按排污许可管理等规定将相关监测结果定期上报所在地生态环境主管部门。加强对回注井、回注地层条件的监控，以单井为单位，委托有资质的环境监测机构跟踪监测回注井及周边区域地下水水质，并将监测结果上报所在地生态环境主管部门。

三是对产生的废弃钻井液、废水、岩屑、污油等污染物进行无害化处置和资源化利用，防止有毒有害物质污染土壤及地表水、地下水。根据《国家危险废物名录（2021年版）》，页岩气开采过程中产生的钻井岩屑和废弃钻井泥浆等属于危险废物，应当按照国家和省有关危险废物要求进行处理处置。固体废物污染环境防治坚持减量化、资源化和无害化的原则。"资源化"并不是无条件的，首先必须满足"无害化"要求，即"减量化""资源化"应服从和服务于"无害化"，实现环境效益、社会效益、经济效益之间的平衡。

二、生态环境、自然资源等主管部门对页岩气开发区域土壤污染防治的监督管理要求

我国有关法律法规规范已对页岩气开采污染防治进行规定,但专门性的规定并不多。如《中华人民共和国黄河保护法》第七十八条第二款规定,黄河流域县级以上地方人民政府应当加强油气开采区等地下水污染防治监督管理。在黄河流域开发煤层气、致密气等非常规天然气的,应当对其产生的压裂液、采出水进行处理处置,不得污染土壤和地下水。2021 年 12 月 1 日实施的四川省地方标准《四川省页岩气生产安全规程》(DB51/T 2834—2021),规定了四川省页岩气勘探、开发和储运的生产全过程安全要求。2018 年,四川省环境保护厅第 3 号公告发布《四川省页岩气开采业污染防治技术政策》,对选址要求、水污染防治、固体废物处置及综合利用、大气污染防治、噪声污染防治、鼓励研发环境友好型新技术、环境管理与环境风险防范等分别进行了明确,涵盖了页岩气开采的管理、设计、建设、生产、科研等领域,有利于提高页岩气开采行业整体的生产、管理水平和污染防治技术水平。此外,由中国石油和化学工业联合会提出,重庆地质矿产研究院牵头组织制定的《页岩气开采生态环境保护与污染防治技术规范》团体标准已在公开征求意见,规定了页岩气开采过程及封井后生态环境保护与恢复治理和污染防治,以及页岩气开采规划或建设项目的生态保护修复、大气、水和噪声污染防治、固体废物处理处置与综合利用、环境风险防范和环境管理。实践中,生态环境、自然资源等主管部门应当按照《中华人民共和国黄河保护法》以及相关标准规范进行监督管理。

> **第二十九条** 县级以上地方人民政府农业农村、林业草原主管部门应当开展农用地土壤污染防治宣传和技术培训活动,扶持农业生产专业化服务,指导农业生产者合理使用农药、兽药、肥料、饲料、饲料添加剂、农用薄膜等农业投入品,控制使用量和使用范围。
>
> 鼓励和支持从事农业生产活动的单位和个人使用低毒低残留易降解的农药、符合标准的有机肥和高效肥、生物可降解农用薄膜,采用测土配方施肥技术和生态控制、生物防治、物理防治等病虫害绿色防控措施。

【解读】本条是关于农业绿色发展的规定。

一、对农业生产者的宣传和培训

农业农村、林业草原主管部门具有通过开展宣传和培训等方式引导农民合理使用农业投入品防止土壤污染的职责。《中华人民共和国农业法》第五十六条规定,国家采取措施鼓励农民采用先进的农业技术,支持农民举办各种科技组织,开展农业实用技术培训、农民绿色证书培训和其他就业培训,提高农民的文化技术素质。第三十七条规定,国家建立和完善农业支持保护体系,采取财政投入、税收优惠、金融支持等措施,从资金投入、科研与技术推广、教育培训等方面扶持农民和农业生产经营组织发展农业生产。《农药管理条例》第三条明确县

级以上地方人民政府农业主管部门负责本行政区域的农药监督管理工作。《农用薄膜管理办法》第五条规定，县级以上人民政府农业农村主管部门负责农用薄膜使用、回收监督管理工作，指导农用薄膜回收利用体系建设。农业生产经营者对于农药、化肥使用等方面的国家法律法规和政策规定了解不一定全面、准确，农业农村和林业草原作为主管部门通过采取喜闻乐见的宣传方式和面对面授课、手把手教学等技术培训，规范农业生产者种植养殖过程污染防治，提高生态环境保护意识。

二、对农业生产者的鼓励性规定

鼓励农业生产者采取相关措施发展生态循环农业，例如使用低毒低残留易降解的农药、符合标准的有机肥和高效肥、生物可降解农用薄膜，采用测土配方施肥技术和生态控制、生物防治、物理防治等病虫害绿色防控措施。

低毒低残留易降解的农药，要求农药对人畜毒性低，使用安全；农药在植物体、农产品内和土壤中易于降解，消失所需要的时间短；农药要更环保、更安全。农业部于2016年制定了《种植业生产使用低毒低残留农药主要品种名录（2016）》，明确了推荐使用的杀草剂、杀菌剂、除草剂等农药名称和使用范围。此外，天津市农业农村委员会在2021年也制定发布了《天津市种植业生产推荐使用低毒低残留农药品种名录》，对提高种植业质量效益和竞争力，保障农业生产安全、农产品质量安全和农业生态安全提供了有益指导。

符合标准的有机肥和高效肥，根据《有机肥料》（NY/T 525—2021），有机肥料指主要来源于植物和/或动物，经过发酵腐熟的含碳有机物料，其功能是改善土壤肥力、提供植物营养、提高作物品质。广义的有机肥俗称农家肥，包括以各种动物、植物残体或代谢物组成，如人畜粪便、秸秆、动物残体、屠宰场废弃物等。高效肥包含生物肥料、矿渣肥料与温室气体肥料三种类别，与普通肥料相比具有独特的功能。

生物可降解农用薄膜，根据《全生物降解农用地面覆盖薄膜》（GB/T 35795—2017）中的定义，是指以生物降解材料为主要原料制备的，用于农作物种植时土壤表面覆盖的、具有生物降解性能的薄膜。该标准主要规定了农业中使用的全生物降解地面覆盖薄膜的要求、试验方法、检验规则、标志、包装、运输和贮存等。

测土配方施肥技术，是以土壤测试和肥料田间试验为基础，根据作物需肥规律、土壤供肥性能和肥料效应，在合理施用有机肥料的基础上，提出氮、磷、钾及中、微量元素等肥料的施用数量、施肥时期和施用方法。测土配方施肥技术的核心是调节和解决作物需肥与土壤供肥之间的矛盾，包含测土、配方、配肥、供应、技术指导5个核心环节。

病虫害绿色防控是促进农作物安全生产，减少化学农药使用量为目标，采取生态控制、生物防治、物理防治、科学用药等环境友好型措施来控制有害生物的有效行为，实施绿色防控是贯彻"公共植保、绿色植保"的重大举措，是发展现代农业，建设"资源节约，环境友好"两型农业，促进农业生产安全、农产品质量安全、农业生态安全和农业贸易安全的有效途径。

《中华人民共和国农业法》第五十八条规定，农民和农业生产经营组织应当保养耕地，合理使用化肥、农药、农用薄膜，增加使用有机肥料，采用先进技术，保护和提高地力，防止农用地的污染、破坏和地力衰退。《"十四五"土壤、地下水和农村生态环境保护规划》（环土壤〔2021〕120号）也明确持续推进化肥农药减量增效。全面推广精准施肥，在粮食主产区、果菜茶优势产区等重点区域，推进测土配方施肥、有机肥替代化肥，合理调整施肥结构。明确化肥减量重点县科学施肥目标、技术路径和主要措施等。推进新肥料新技术应用，推广机械深施、种肥同播、水肥一体化等技术。推进化学农药减量控害，推广应用低毒低残留农药，集成推广绿色防控技术，推广高效植保机械。

《四川省农用地土壤环境管理办法》第十条规定，各级农业农村主管部门应当引导农业生产者合理使用农药、肥料、兽药、饲料、农膜等农业投入品，加强农药、化肥使用指导和使用总量控制，督促指导农膜使用者及时回收田间废旧农膜，不得随意弃置、掩埋或焚烧。鼓励和支持农业生产者采取下列措施：（一）使用低毒、低残留农药及先进喷施技术；（二）使用绿色、高效肥料及先进施肥方式；（三）采用测土配方施肥、有机肥替代部分化肥等科学施肥技术，生物防治等病虫害绿色防控技术；（四）使用全生物降解农膜；（五）移除安全利用类耕地产出的秸秆；（六）按照规定对酸性土壤等进行改良。

第三十条　从事农业生产活动的单位和个人应当规范使用农药、兽药、肥料、饲料、饲料添加剂、农用薄膜等农业投入品，控制使用量和使用范围，不得使用国家和本省明令禁止、淘汰或者未经许可的农业投入品。

农药使用者应当严格按照农药的标签标注的使用范围、使用方法和剂量、使用技术要求和注意事项使用农药，不得扩大使用范围、加大用药剂量或者改变使用方法。

【解读】本条是关于农业投入品污染防治的规定。

一、规范农业投入品使用

农药、兽药、肥料、饲料、饲料添加剂、农用薄膜等农业投入品的规范使用，需要控制使用量和使用范围，国家和本省明令禁止、淘汰或者未经许可的严禁使用。《农药管理条例》第十三条规定，农药登记证应当载明农药使用范围、使用方法和剂量等事项；第二十二条规定，农药标签应当按照国务院农业主管部门规定以中文标注农药的剂型使用范围、使用方法和剂量、使用技术要求和注意事项等内容；第二十七条规定，农药经营者应当向购买人询问病虫害发生情况并科学推荐农药，必要时应当实地查看病虫害发生情况，并正确说明农药的使用范围、使用方法和剂量、使用技术要求和注意事项，不得误导购买人。2021年修订的《四川省农药管理条例》第二十九条规定，农药使用者按照农药标签标注的用途、方法、剂量、技术要求和注意事项、安全间隔期使用农药，不得扩大使用范围、加大用药剂量或者改变使用方法，不得使用禁用的农药，不得将剧毒、高毒农药用于防治卫生害虫，不得用于蔬菜、瓜果、茶叶、菌类、中草药材的生产，水生植物的病虫害防治等。

国家实行农药生产许可制度，农药生产企业应当具备相应条件，并按照国务院农业主管部门的规定向省、自治区、直辖市人民政府农业主管部门申请农药生产许可证。根据《饲料和饲料添加剂管理条例》规定，对从事饲料、饲料添加剂生产的企业实行饲料、饲料添加剂生产许可制度，并明确禁止生产、经营、使用的饲料、饲料添加剂。2017 年，农业部制定了《限制使用农药名录（2017 版）》，要求列入名录的农药，标签应当标注"限制使用"字样，并注明使用的特别限制和特殊要求；用于食用农产品的标签，还应当标注安全间隔期。2022 年 3 月，根据农业农村部公告第 536 号，对甲拌磷、甲基异柳磷、水胺硫磷、灭线磷等 4 种高毒农药采取淘汰措施：自 2022 年 9 月 1 日起，撤销甲拌磷、甲基异柳磷、水胺硫磷、灭线磷原药及制剂产品的农药登记，并禁止生产；已合法生产的产品在质量保证期内可以销售和使用，自 2024 年 9 月 1 日起禁止销售和使用。

二、农药使用要求

《农药管理条例》《四川省农药管理条例》均以专章的形式对农药使用进行了规定。例如，要求地方人民政府及其有关部门负责组织推广科学用药技术、提供技术指导以及提供资金扶持等；专业化病虫害防治服务组织应当遵守国家和省有关农药安全、合理使用制度；农药使用者应当遵守国家有关农药安全、合理使用制度，妥善保管农药，在配药、用药过程中采取必要的防护措施，避免发生农药使用事故；农产品生产企业、食品和食用农产品仓储企业、专业化病虫害防治服务组织和从事农产品生产的农民专业合作社等，应当按照规定如实建立用药记录并保存两年以上，不得伪造农药使用记录。

第三十一条　农民专业合作社、家庭农场、农业企业、林地经营者等单位和个人，应当及时回收农药等农业投入品的废弃包装物以及废弃农膜，并移交当地乡（镇）、街道办事处、村、社区回收站（点）。

县级以上地方人民政府农业农村主管部门应当制定废弃农膜、废弃包装物回收网络建设方案和管理运行规范，利用供销社和农资销售点等场所，合理布设乡（镇）、街道办事处、村、社区回收站（点），建立完善回收网络，会同乡（镇）人民政府、街道办事处对回收站（点）的运行情况开展检查，督促其规范回收。

【解读】本条是关于农业投入品废弃物回收体系建设的规定。

一、农业生产经营者农业投入品废弃物回收义务

我国有关法律法规对农业投入品等包装废弃物的回收处理提出了要求。如《中华人民共和国固体废物污染环境防治法》第六十五条规定，产生废弃农用薄膜、农药包装废弃物等农业固体废物的单位和其他生产经营者，应当采取回收利用和其他防止污染环境的措施。国家鼓励研究开发、生产、销售、使用在环境中可降解且无害的农用薄膜。《农药管理条例》第三十七条规定，国家鼓励农药使用者妥善收集农药包装物等废弃物；农药生产企业、农药经营者应当回收农药废弃物，防止农药污染环境和农药中毒事故的发生。《农用薄膜管理办

法》第十五条规定，农用薄膜使用者应在使用期限到期前捡拾田间的非全生物降解农用薄膜废弃物，交至回收网点或回收工作者，不得随意弃置、掩埋或者焚烧。第十七条规定，农用薄膜回收网点和回收再利用企业应当依法建立回收台账，如实记录废旧农用薄膜的重量、体积、杂质、缴膜人名称及其联系方式、回收时间等内容。回收台账应当至少保存两年。第二十条规定，农用薄膜回收再利用企业应当依法做好回收再利用厂区和周边环境的环境保护工作，避免二次污染。《四川省固体废物污染环境防治条例》第三十三条规定，产生农业固体废物的单位和其他生产经营者，应当对秸秆、废弃农用薄膜和灌溉器材、化肥和农药包装废弃物等农业固体废物进行分类收集、综合利用，或者交由具备处置能力的单位进行无害化处置。

农民专业合作社、家庭农场、农业企业、林地经营者等单位和个人，除了要及时回收农药等农业投入品的废弃包装物以及废弃农膜，还需要移交当地乡（镇）、街道办事处、村、社区回收站（点）进行处置。若农业投入品生产者、销售者、使用者未按照规定及时回收肥料等农业投入品的包装废弃物或者农用薄膜，或者未按照规定及时回收农药包装废弃物交由专门的机构或者组织进行无害化处理的，根据《中华人民共和国土壤污染防治法》第八十八条规定需要承担相应的法律责任，即由地方人民政府农业农村主管部门责令改正，处一万元以上十万元以下的罚款；农业投入品使用者为个人的，可以处二百元以上二千元以下的罚款。

二、农业农村主管部门建立完善回收网络要求

《中华人民共和国固体废物污染环境防治法》《四川省固体废物污染环境防治条例》规定，农业农村主管部门指导农业固体废物回收利用体系建设，鼓励和引导有关单位和其他生产经营者依法收集、贮存、运输、利用、处置农业固体废物，推动农业固体废物的资源化利用、无害化处置，加强监督管理，防止污染环境。根据《四川省"十四五"土壤污染防治规划》，要求深入实施农膜回收行动，严格落实农膜管理制度，健全农膜生产、销售、使用、回收、再利用全链条管理体系；推广使用标准地膜，发展废旧地膜机械化捡拾，探索推广环境友好全生物可降解地膜，推广地膜科学使用回收，到2025年，农膜回收率达到85%。农业农村主管部门既需要结合实际制定废弃农膜、废弃包装物回收网络建设方案和管理运行规范，合理布设乡（镇）、街道办事处、村、社区回收站（点），建立完善回收网络；也要会同乡（镇）人民政府、街道办事处对回收站（点）的运行情况开展检查，督促其规范回收。

> 第三十二条 禁止在农用地排放、倾倒、堆存重金属或者其他有毒有害物质含量超标的污水、污泥，以及可能造成土壤污染的清淤底泥、尾矿、矿渣、生活垃圾、工业废弃物等。

【解读】本条是关于污水、污泥向农用地排放、倾倒等的禁止性规定。

我国现行有关法律法规以及规范性文件中已有相关要求，《中华人民共和国土壤污染防治

法》第二十八条规定，禁止向农用地排放重金属或者其他有毒有害物质含量超标的污水、污泥，以及可能造成土壤污染的清淤底泥、尾矿、矿渣等。《中华人民共和国固体废物污染环境防治法》第七十二条规定，禁止重金属或者其他有毒有害物质含量超标的污泥进入农用地。《中华人民共和国乡村振兴促进法》第四十条规定，禁止向农用地排放重金属或者其他有毒有害物质含量超标的污水、污泥，以及可能造成土壤污染的清淤底泥、尾矿、矿渣等；禁止将有毒有害废物用作肥料或者用于造田和土地复垦。《国务院办公厅关于切实加强高标准农田建设提升国家粮食安全保障能力的意见》（国办发〔2019〕50号）明确，严禁将不达标污水排入农田，严禁将生活垃圾、工业废弃物等倾倒、排放、堆存到农田。

严禁重金属或者其他有毒有害物质含量超标的污水、污泥等排放施用到农用地，出发点在于保障群众"吃得放心"。当污泥中重金属、病原体或毒性有机物等含量超过有关标准时，将可能对土壤产生污染甚至长期危害，并通过食物链影响动物和人类的健康，对生态系统产生不利影响。另外，重金属在土壤中的迁移与转化等过程非常复杂，有时会对植物产生毒害作用。含有大量病原体的污泥直接施用于土壤中，可对土壤造成长期污染并可能传播一些疾病。由于土壤具有过滤和吸附作用，病毒很容易被土壤截留。另外，具有致癌、致畸、致突变性的有机物不仅能在土壤中残留，还能被农作物吸收进入植株，随之进入食物链。

向农用地排放重金属或者其他有毒有害物质含量超标的污水、污泥，以及可能造成土壤污染的清淤底泥、尾矿、矿渣等的，将承担相应的法律责任。根据《中华人民共和国土壤污染防治法》第八十七条规定，即由地方人民政府生态环境主管部门责令改正，处十万元以上五十万元以下的罚款；情节严重的，处五十万元以上二百万元以下的罚款，并可以将案件移送公安机关，对直接负责的主管人员和其他直接责任人员处五日以上十五日以下的拘留；有违法所得的，没收违法所得。

第三十三条 农田灌溉用水应当符合相应的水质标准，防止土壤、地下水和农产品污染。地方人民政府生态环境主管部门应当会同农业农村、水利主管部门加强对农田灌溉用水水质的管理，对农田灌溉用水水质进行监测和监督检查。

【解读】本条是关于农田灌溉用水污染防治的规定。

四川面临着从农业大省向农业强省跨越的任务，打造更高水平的"天府粮仓"，需要建设好天府良田。农田灌溉用水，是指为满足农作物生长需要，经人为输送，直接或通过渠道、管道供给农田的水。《中华人民共和国水污染防治法》第五十八条规定，禁止向农田灌溉渠道排放工业废水或者医疗污水。向农田灌溉渠道排放城镇污水以及未综合利用的畜禽养殖废水、农产品加工废水的，应当保证其下游最近的灌溉取水点的水质符合农田灌溉水质标准。本条进一步明确农田灌溉用水水质监测监管职责，即地方人民政府生态环境主管部门应当会同农业农村、水利主管部门，加强对农田灌溉用水水质的管理。

为进一步加强农田灌溉水质监管，保障耕地、地下水和农产品安全，2021年，生态环境部与国家市场监督管理总局联合发布了《农田灌溉水质标准》（GB 5084—2021）。该标准规定了农田灌溉水质要求、监测与分析方法和监督管理要求；并明确了标准适用于以地表水、地下水作为农田灌溉水源的水质监督管理。城镇污水（工业废水和医疗污水除外）以及未综合利用的畜禽养殖废水、农产品加工废水和农村生活污水进入农田灌溉渠道，其下游最近的灌溉取水点的水质按该标准进行监督管理。

> 　　第三十四条　　县级以上地方人民政府农业农村、生态环境等有关部门应当依法加强对畜禽粪便、沼渣、沼液等收集、贮存、利用、处置的监督管理，防止土壤污染。
> 　　畜禽养殖场、养殖小区应当采取科学的饲养方式，减少养殖废弃物产生量；配套建设粪便、污水以及其他废弃物的贮存、处理、利用设施或者委托从事废弃物综合利用和无害化处理服务的单位代为处置。畜禽养殖废弃物未经处理达标，不得直接向环境排放。
> 　　散养密集区所在地县（市、区）、乡（镇）人民政府、街道办事处应当组织实行畜禽粪污分户收集、集中处理和综合利用。

【解读】本条是关于畜禽养殖污染防治的规定。

一、有关部门对畜禽养殖污染防治的监督职责

畜禽养殖污染主要是指在养殖过程中动物的排泄物、病死动物以及养殖投入品等未得到有效的处理和利用，对周边环境产生的影响。畜禽排泄物是畜禽养殖污染的主要来源，畜禽排泄物中含硫化氢、粪臭素、胺、吲哚等有害物质，对大气、水体、土壤都会产生影响，对人类和禽类健康产生威胁。一是污染大气。畜禽粪污长期堆放养殖场，会向空气散发大量含有氨、甲烷等恶臭气体，严重污染周围空气，造成空气质量下降。二是污染水体。畜禽粪污对于水体的污染主要为有机物污染、微生物污染、有毒有害物污染，任意排放极易造成水质污染，削弱水资源的利用价值。三是传播疾病。在畜禽养殖过程中，畜禽粪便中存在着许多的病原和虫卵，这些都是人畜共患病的传播源头，无论是对畜禽的成长健康或是对人体健康都造成不利的影响。四是造成农业面源污染。大量动物粪便进入环境后会对地表水和地下水造成污染。

根据国务院颁布的《畜禽规模养殖污染防治条例》第五条规定，环境保护主管部门负责畜禽养殖污染防治的统一监督管理，农牧主管部门负责畜禽养殖废弃物综合利用的指导和服务，循环经济发展综合管理部门负责畜禽养殖循环经济工作的组织协调，乡镇人民政府应当协助有关部门做好本行政区域的畜禽养殖污染防治工作。《中华人民共和国水污染防治法》第五十六条规定，畜禽散养密集区所在地县、乡级人民政府应当组织对畜禽粪便污水进行分户收集、集中处理利用。因此，本条明确农业农村、生态环境等有关部门应当依法加强对畜禽粪便、沼渣、沼液等收集、贮存、利用、处置的监督管理，防止土壤污染。这里主要是针对规模养殖的监管，即养殖场和养殖小区。规模以下的畜禽养殖污染防治，则由县（市、区）、乡（镇）人民政府、街道办事处组织实行畜禽粪污分户收集、集中处理和综合利用。

二、畜禽养殖场（户）畜禽养殖污染防治义务

四川省作为畜禽养殖业大省，生猪、牛、羊、鸡、兔等畜禽产品产量长期位于全国前列，畜禽养殖污染已成为农业面源污染的主要来源。第二次全国污染源普查数据显示，畜禽养殖业水污染物排放中化学需氧量、氨氮、总氮、总磷分别为 40.76 万吨、0.39 万吨、2.70 万吨、0.50 万吨，约占农业面源污染物排放量的 95%、46%、41%、54%，其中规模养殖场排放化学需氧量、氨氮、总氮、总磷分别为 14.86 万吨、0.15 万吨、1.19 万吨、0.19 万吨。部分规模养殖场（小区）和养殖户粪污存储处理设施建设不规范、运行不正常、粪污偷排漏排等现象时有发生。

按照源头减量、过程控制、末端利用的治理路径，畜禽养殖场（户）一是要着力减少污染物的产生和排放，如严格执行《饲料添加剂安全使用规范》，科学、规范、精准地使用饲料添加剂，依法加强对饲料中超剂量使用铜、锌等问题的监控。二是要强化畜禽养殖污染治理设施配套，支持出栏 500 头以上规模猪场更新设施设备和标准化改造栏舍。畜禽规模养殖以下的畜禽养殖密集区，要强化粪污收集管网、集中式大型沼气池、有机肥厂等公共基础设施建设，对粪污进行统一收集、集中处理。三是要提高畜禽养殖废弃物资源化利用水平，如推广使用粪污干稀分离技术，对固体粪污采用自然堆肥、条垛式供氧堆肥等好氧或厌氧技术，对液体粪污采用厌氧发酵等技术进行无害化处理。畜禽养殖废弃物未经处理达标，不得直接向环境排放。若排放畜禽养殖废弃物不符合国家或者地方规定的污染物排放标准或者总量控制指标，或者未经无害化处理直接向环境排放畜禽养殖废弃物的，根据《畜禽规模养殖污染防治条例》第四十一条规定，由县级以上地方人民政府环境保护主管部门责令限期治理，可以处 5 万元以下的罚款。县级以上地方人民政府环境保护主管部门作出限期治理决定后，应当会同同级人民政府农牧等有关部门对整改措施的落实情况及时进行核查，并向社会公布核查结果。

畜禽养殖污染防治有较多的法律法规规定，如《中华人民共和国水污染防治法》第五十六条规定，国家支持畜禽养殖场、养殖小区建设畜禽粪便、废水的综合利用或者无害化处理设施。畜禽养殖场、养殖小区应当保证其畜禽粪便、废水的综合利用或者无害化处理设施正常运转，保证污水达标排放，防止污染水环境。《中华人民共和国固体废物污染环境防治法》第六十五条规定，从事畜禽规模养殖应当及时收集、贮存、利用或者处置养殖过程中产生的畜禽粪污等固体废物，避免造成环境污染。《四川省固体废物污染环境防治条例》第三十四条规定，从事畜禽养殖的单位和其他生产经营者应当按照相关法律法规和国家有关规定及时收集、贮存、利用或者处置病死畜禽、畜禽粪便、垫草垫料等固体废物。从事畜禽规模养殖的单位和其他生产经营者应当建立死亡畜禽处置、畜禽粪污资源化利用台账。2022 年 6 月，农业农村部办公厅和生态环境部办公厅联合印发《畜禽养殖场（户）粪污处理设施建设技术指南》（农办牧〔2022〕19 号），明确以推动畜牧业绿色发展为目标，按照畜禽粪污减量化、资源化、无害化处理原则，通过清洁生产和设施装备的改进，减少用水量和粪污流失量、恶臭气体和温室气体产生量，提高设施装备配套率和粪污综合利用率。《国务院办公厅关于加快推进畜禽养殖废弃物资源化利用的意见》（国办发〔2017〕48 号），从落实畜禽规模养殖环评制度、完善畜禽养殖污染监管制度、建立属地管理责任制度、落实规模养殖场主体责任制度、健全绩效评价考核制度，以及构建种养循环发展机制等方面，推进畜禽养殖废弃物资源化利用。

第三十五条　地方各级人民政府应当重点保护未污染的耕地、林地、草地和饮用水水源地，加强对若尔盖国家公园、大熊猫国家公园等自然保护地的保护，维护其生态功能。

地方各级人民政府应当依法保护森林、高寒草甸、草原、河流、湖泊、湿地、雪山冰川、高原冻土等重要生态系统，重点加强对纳入耕地后备资源及矿产资源开采活动影响区域内未利用地的监管，防止土壤被污染、破坏。

任何组织和个人不得向滩涂、盐碱地、沼泽地等未利用地、自然保护地非法排污、倾倒有毒有害物质或者实施其他污染、破坏行为。

【解读】本条是关于未污染土壤和未利用地保护的规定。

一、重点保护未污染土壤

本条是对土壤污染防治预防为主、保护优先原则的生动体现。坚持防"未病"思路，即地方各级人民政府重点保护未污染的耕地、林地、草地和饮用水水源地，加强对若尔盖国家公园、大熊猫国家公园等自然保护地的保护，维护其生态功能。

建立以国家公园为主体的自然保护地体系，是贯彻习近平生态文明思想的重大举措，是党的十九大提出的重大改革任务。自然保护地是生态建设的核心载体、中华民族的宝贵财富、美丽中国的重要象征，在维护国家生态安全中居于首要地位。我国经过多年的努力，已建立数量众多、类型丰富、功能多样的各级各类自然保护地，在保护生物多样性、保存自然遗产、改善生态环境质量和维护国家生态安全方面发挥了重要作用。四川地处西南腹地，横跨五大地貌单元，包括6个气候梯度。在独特的地理位置、多样的地貌条件、复杂的气候等因素的共同作用下，多类型的自然生态系统在四川得以充分发育，是中国特有物种最多的省份。四川先后建立了以珍稀野生动物、植物、生态系统为主要保护对象的自然保护区共计165个，占全省面积的16.23%，组成了类型多样、门类齐全、布局较全面、保护价值极高的自然保护网络，系统、完整地保护了四川典型自然生态系统和大熊猫、白唇鹿、四川山鹧鸪、黑颈鹤、攀枝花苏铁、桫椤、距瓣尾囊草等一大批珍稀物种。2021年，国务院同意成立跨四川省、陕西省、甘肃省三省的大熊猫国家公园。大熊猫既是全世界人民最喜欢的野生动物之一，也是四川物种保护的特色亮点。加强对自然保护地的保护，为我省生物多样性保护提供良好的保障。

二、重点保护高寒草甸、高原冻土等重要生态系统

四川地貌复杂，以山地为主，土壤类型丰富，垂直分布明显。川西北由于海拔、地势、温度以及地质环境等因素的影响，高寒草甸、草原、河流、湖泊、湿地、雪山冰川、高原冻土等重要生态系统十分脆弱，一旦被污染，修复成本极高、修复难度极大。

《中华人民共和国黄河保护法》第三十条规定，国家加强对黄河水源涵养区的保护，加

大对黄河干流和支流源头、水源涵养区的雪山冰川、高原冻土、高寒草甸、草原、湿地、荒漠、泉域等的保护力度。《中华人民共和国青藏高原生态保护法》第十五条规定，国家加强对青藏高原森林、高寒草甸、草原、河流、湖泊、湿地、雪山冰川、高原冻土、荒漠、泉域等重要生态系统的保护，巩固提升三江源（长江、黄河、澜沧江发源地）草原草甸湿地生态功能区、若尔盖草原湿地生态功能区等国家重点生态功能区的水源涵养、生物多样性维护、水土保持、防风固沙等生态功能。《土壤污染防治行动计划》（国发〔2016〕31号）要求，加强未利用地环境管理。各地要加强纳入耕地后备资源的未利用地保护，定期开展巡查。依法严查向沙漠、滩涂、盐碱地、沼泽地等非法排污、倾倒有毒有害物质的环境违法行为。加强对矿山、油田等矿产资源开采活动影响区域内未利用地的环境监管，发现土壤污染问题的，要及时督促有关企业采取防治措施。《土壤污染防治行动计划四川省工作方案》（川府发〔2016〕63号）要求，加强未利用地环境管理。按照科学有序原则开发利用未利用地，防止造成土壤污染。拟开发为农用地的，有关县（市、区）人民政府要组织开展土壤环境质量状况评估，并报市（州）环保部门备案；不符合相应标准的，不得种植食用农产品。各地要加强纳入耕地后备资源的未利用地保护，定期开展巡查，耕地后备资源未利用地信息纳入土壤环境信息化管理平台。加强对矿产资源开采活动影响区域内未利用地的环境监管，发现土壤污染问题的，要及时督促有关企业采取防治措施。依法严查向滩涂、沼泽地、坑塘、废弃坑井、渗坑渗井等非法排污、倾注有毒有害物质的环境违法行为。因此，本条规定加强高寒草甸、草原、河流、湖泊、湿地、雪山冰川、高原冻土等重要生态系统的保护，重点加强对纳入耕地后备资源及矿产资源开采活动影响区域内未利用地的监管，防止土壤被污染、破坏。

三、加强对未利用地保护

根据《中华人民共和国土地管理法》第四条，土地分为农用地、建设用地和未利用地，未利用地是指农用地和建设用地以外的土地。根据《土地利用现状分类》（GB/T 21010—2017），未利用地包括其他草地、河流水面、湖泊水面、沿海滩涂、内陆滩涂、沼泽地、冰川及永久积雪、盐碱地、沙土地、裸土地、裸岩石砾地。按照《土壤污染防治行动计划四川省工作方案》（川府发〔2016〕63号）规定，依法严查向滩涂、沼泽地、坑塘、废弃坑井、渗坑渗井等非法排污、倾注有毒有害物质的环境违法行为，明确由环境保护厅牵头，省发展改革委、公安厅、国土资源厅、水利厅、农业厅、林业厅参与。因此，地方人民政府生态环境主管部门以及发展改革、公安、水利、农业农村、林业草原等主管部门应当加强对向滩涂、盐碱地、沼泽地等未利用地、自然保护地非法排污、倾倒有毒有害物质或者实施其他污染、破坏行为的监督检查。

第三章　管控和修复

第三十六条　省人民政府应当组织开展全省农用地土壤环境质量类别划分工作，按照土壤污染程度和相关标准，将农用地划分为优先保护类、安全利用类和严格管控类。

【解读】本条是关于农用地分类管理的规定。

《土壤污染防治行动计划》规定，实施农用地分类管理，保障农业生产环境安全。按污染程度将农用地划为三个类别，未污染和轻微污染的划为优先保护类，轻度和中度污染的划为安全利用类，重度污染的划为严格管控类，以耕地为重点，分别采取相应管理措施，保障农产品质量安全。根据《农用地土壤环境管理办法（试行）》规定，省级农业主管部门会同环境保护主管部门，按照国家有关技术规范，根据土壤污染程度、农产品质量情况，组织开展耕地土壤环境质量类别划分工作，将耕地划分为优先保护类、安全利用类和严格管控类，划分结果报省级人民政府审定，并根据土地利用变更和土壤环境质量变化情况，定期对各类别农用地面积、分布等信息进行更新，数据上传至农用地环境信息系统。《四川省农用地土壤环境管理办法》第十七条规定，省级农业农村主管部门应当会同生态环境、自然资源等主管部门根据农用地土壤污染状况普查、详查等成果，按照相关标准、技术规范，组织开展全省耕地土壤环境质量类别划分工作并动态更新。

2017年，环境保护部与原农业部联合印发了《农用地土壤环境质量类别划分技术指南（试行）》（环办土壤〔2017〕97号），为耕地土壤环境质量类别划分提供了参考。2019年，生态环境部和农业农村部印发《农用地土壤环境质量类别划分技术指南》（环办土壤〔2019〕53号），替代了环办土壤〔2017〕97号文件。耕地土壤环境质量类别划分主要技术环节包括：基础资料和数据收集、基于详查结果开展耕地土壤环境质量类别初步划分、优化调整、边界核实、划分成果汇总与报送、动态调整等。2020年12月，四川省市场监督管理局发布《四川省农产品产地土壤环境质量评价技术规程》（DB51/T 2724—2020），该标准规定了四川省农产品产地土壤环境质量评价的样品采集与分析、标准和方法等技术规范，适用于四川省农产品产地土壤环境质量的安全评估和等级划分。

> 第三十七条　县级以上地方人民政府应当依法将符合条件的优先保护类耕地划为永久基本农田，实施严格保护。
>
> 禁止在永久基本农田集中区域新建可能造成土壤污染的建设项目。已经建成的，由县级以上地方人民政府责令限期关闭拆除。

【解读】本条是关于优先保护类耕地保护措施的规定。

《中华人民共和国土壤污染防治法》第五十条规定"县级以上地方人民政府应当依法将符合条件的优先保护类耕地划为永久基本农田，实行严格保护。在永久基本农田集中区域，不得新建可能造成土壤污染的建设项目；已经建成的，应当限期关闭拆除。"本条是对《中华人民共和国土壤污染防治法》的细化规定，明确了由县级以上地方人民政府责令限期关闭拆除在永久基本农田集中区域新建可能造成土壤污染的建设项目。

一、划定永久基本农田

根据《基本农田保护条例》规定，我国实行基本农田保护制度。基本农田，是指按照一定时期人口和社会经济发展对农产品的需求，依据土地利用总体规划确定的不得占用的耕地。基本农田保护区，是指为对基本农田实行特殊保护而依据土地利用总体规划和依照法定程序确定的特定保护区域。全面实行永久基本农田特殊保护，是确保国家粮食安全，加快推进农业农村现代化的有力保障，是深化农业供给侧结构性改革，促进经济高质量发展的重要前提，是实施乡村振兴，促进生态文明建设的必然要求，是贯彻落实新发展理念的应有之义、应有之举、应尽之责。

《土壤污染防治行动计划四川省工作方案》规定，严格保护优先保护类耕地，将符合条件的划为永久基本农田，并落地到户上图入库，实行严格保护，确保面积不减少、土壤环境质量不下降，除法律规定的重点建设项目选址确实无法避让外，其他任何建设不得占用。各粮（油）、蔬菜主产县（市、区）要制定土壤环境保护方案，高标准农田建设项目要向优先保护类耕地集中的地区倾斜。深入开展地力培肥及退化耕地治理，推行秸秆还田、化肥农药减量、增施有机肥、少耕免耕、粮豆轮作、农膜减量与回收利用等措施，切实保护耕地土壤环境质量。农村土地流转的受让方要履行土壤保护的责任，避免因过度施肥、滥用农药等掠夺式农业生产方式造成土壤环境质量下降。对优先保护类耕地面积减少或土壤环境质量下降的县（市、区）要进行预警提醒，并依法采取环评限批等限制性措施。推进"三品一标"农产品认证。以构建食品安全体系和土壤永续利用为重点，大力发展绿色、有机食品产业，鼓励绿色、有机食品生产基地建设，发挥示范作用。

二、永久基本农田集中区域的禁止性规定

《中华人民共和国固体废物污染环境防治法》第二十一条规定，在生态保护红线区域、永久基本农田集中区域和其他需要特别保护的区域内，禁止建设工业固体废物、危险废物集中贮存、利用、处置的设施、场所和生活垃圾填埋场。我国专门制定了《基本农田保护条例》，对基本农田的划定、保护、监督管理进行规定。例如，第十五条规定基本农田保护区经依法划定后，任何单位和个人不得改变或者占用。国家能源、交通、水利、军事设施等重点建设项目选址确实无法避开基本农田保护区，需要占用基本农田，涉及农用地转用或者征收土地的，必须经国务院批准。第十八条规定，禁止任何单位和个人闲置、荒芜基本农田。经国务院批准的重点建设项目占用基本农田的，满 1 年不使用而又可以耕种并收获的，应当由原耕种该幅基本农田的集体或者个人恢复耕种，也可以由用地单位组织耕种；1 年以上未动工建设的，应当按照省、自治区、直辖市的规定缴纳闲置费；连续 2 年未使用的，经国务院批准，由县级以上人民政府无偿收回用地单位的土地使用权；该幅土地原为农民集体所有的，应当交由原农村集体经济组织恢复耕种，重新划入基本农田保护区。承包经营基本农田的单位或者个人连续 2 年弃耕抛荒的，原发包单位应当终止承包合同，收回发包的基本农田。第二十四条规定，经国务院批准占用基本农田兴建国家重点建设项目的，必须遵守国家有关建设项目环境保护管理的规定。在建设项目环境影响报告书中，应当有基本农田环境保护方案。

根据《中华人民共和国固体废物污染环境防治法》第一百零二条规定，若在生态保护红线区域、永久基本农田集中区域和其他需要特别保护的区域内，建设工业固体废物、危险废物集中贮存、利用、处置的设施、场所和生活垃圾填埋场的，由生态环境主管部门责令改正，处十万元以上一百万元以下的罚款，没收违法所得；情节严重的，报经有批准权的人民政府批准，可以责令停业或者关闭。根据第一百二十条规定，尚不构成犯罪的，由公安机关对法定代表人、主要负责人、直接负责的主管人员和其他责任人员处十日以上十五日以下的拘留；情节较轻的，处五日以上十日以下的拘留。

> 第三十八条　未利用地、复垦土地、林地等拟开垦为耕地的，县级以上地方人民政府农业农村、林业草原主管部门应当会同生态环境、自然资源主管部门开展土壤污染状况调查，依法进行分类管理。

【解读】本条是关于拟开垦为耕地的调查和分类规定。

《中华人民共和国土壤污染防治法》第五十一条规定"未利用地、复垦土地等拟开垦为耕地的，地方人民政府农业农村主管部门应当会同生态环境、自然资源主管部门进行土壤污染状况调查，依法进行分类管理。"《条例》对《中华人民共和国土壤污染防治法》第五十一条进行了细化规定，增加了林地拟开垦的调查和分类管理要求。未利用地、复垦土地、林地等拟开垦为耕地的，需要符合一定的条件和程序，即农业农村、林业草原主管部门会同生态环境、自然资源主管部门开展土壤污染状况调查的基础上，依法进行分类管理。

一是未利用地拟开垦为耕地。根据《中华人民共和国土地管理法》，国家鼓励单位和个人按照土地利用总体规划，在保护和改善生态环境、防止水土流失和土地荒漠化的前提下，开发未利用的土地；适宜开发为农用地的，应当优先开发成农用地。开垦未利用的土地，必须经过科学论证和评估，在土地利用总体规划划定的可开垦的区域内，经依法批准后进行。禁止毁坏森林、草原开垦耕地，禁止围湖造田和侵占江河滩地。《四川省〈中华人民共和国土地管理法〉实施办法》规定，涉及未利用地转为建设用地的，由省人民政府批准。省人民政府可以将未利用地转用审批事项授权市（州）、县（市、区）人民政府批准。

二是复垦土地拟开垦为耕地。土地复垦，是指对生产建设活动和自然灾害损毁的土地，采取整治措施，使其达到可供利用状态的活动。根据《土地复垦条例实施办法》规定，生产建设活动造成耕地损毁的，能够复垦为耕地的，应当优先复垦为耕地。国家对土地复垦通过补贴和税收优惠等措施进行激励。《土地复垦条例》第三十四条规定，历史遗留损毁和自然灾害损毁的国有土地的使用权人，以及历史遗留损毁和自然灾害损毁的农民集体所有土地的所有权人、使用权人，自行将损毁土地复垦为耕地的，由县级以上地方人民政府给予补贴。第三十五条规定，县级以上地方人民政府将历史遗留损毁和自然灾害损毁的建设用地复垦为耕地的，按照国家有关规定可以作为本省、自治区、直辖市内进行非农建设占用耕地时的补充耕地指标。

三是林地拟开垦为耕地。近年来，我国农业结构不断优化，区域布局趋于合理，粮食生产连年丰收，有力保障了国家粮食安全，为稳定经济社会发展大局提供坚实支撑。与此同时，部分地区也出现耕地"非粮化"倾向,如一些地方把农业结构调整简单理解为压减粮食生产,一些经营主体违规在永久基本农田上种树挖塘,一些工商资本大规模流转耕地改种非粮作物。为将有限的耕地资源优先用于粮食生产,采取有力措施防止耕地"非粮化",着力稳政策、稳面积、稳产量,牢牢守住国家粮食安全的生命线,国务院办公厅印发了《关于防止耕地"非粮化"稳定粮食生产的意见》(国办发〔2020〕44号),提出对耕地实行特殊保护和用途管制,严格控制耕地转为林地、园地等其他类型农用地。

2021年,自然资源部、农业农村部、国家林业和草原局制定《关于严格耕地用途管制有关问题的通知》(自然资发〔2021〕166号),明确为守住18亿亩耕地红线,确保可以长期稳定利用的耕地不再减少,有必要根据本级政府承担的耕地保有量目标,对耕地转为其他农用地及农业设施建设用地实行年度"进出平衡",即除国家安排的生态退耕、自然灾害损毁难以复耕、河湖水面自然扩大造成耕地永久淹没外,耕地转为林地、草地、园地等其他农用地及农业设施建设用地的,应当通过统筹林地、草地、园地等其他农用地及农业设施建设用地整治为耕地等方式,补足同等数量、质量的可以长期稳定利用的耕地。"进出平衡"首先在县域范围内落实,县域范围内无法落实的,在市域范围内落实;市域范围内仍无法落实的,在省域范围内统筹落实。

根据自然资源部、国家林业和草原局《关于以第三次全国国土调查成果为基础明确林地管理边界　规范林地管理的通知》(自然资发〔2023〕53号),以第三次全国国土调查及年度国土变更调查(以下简称"三调")成果为基础,统筹耕地和林地保护管理,落实国土空间统一用途管制。严格依据法律法规政策规定,区分耕地上造林情形,实行差别化管理:一是"三调"为林地,实际属于在第二次全国土地调查及后续年度土地变更调查成果中的耕地上,实施国家退耕还林或按照国家政策和标准建设的防护林和绿色通道等的,经地方各级自然资源主管部门与林草主管部门共同确认到图斑后,按照林地管理。二是"三调"为林地,不属于上述情形而属于在农民依法承包经营的耕地上种树的,经地方各级自然资源主管部门与林草主管部门共同确认到图斑后,依据《中华人民共和国土地管理法》《土地管理法实施条例》《国务院办公厅关于坚决制止耕地"非农化"行为的通知》(国办发明电〔2020〕24号)、《国务院办公厅关于防止耕地"非粮化"稳定粮食生产的意见》(国办发〔2020〕44号)和《自然资源部、农业农村部、国家林业和草原局关于严格耕地用途管制有关问题的通知》(自然资发〔2021〕166号)的相关要求,在尊重农民意愿的前提下,逐步恢复为耕地,林草主管部门无须办理林地审核审批、采伐等手续,不纳入林业监督执法。

第三十九条　对土壤污染状况普查、详查和监测、现场检查表明有土壤污染风险的农用地地块,县级以上地方人民政府农业农村、林业草原主管部门应当会同生态环境、自然资源主管部门进行土壤污染状况调查。

【解读】本条是关于农用地土壤污染状况调查的规定。

根据《土壤环境　词汇》(HJ 1231—2022),农用地土壤污染风险,指因土壤污染导致食用农产品质量安全、农作物生长或土壤生态环境受到不利影响。土壤污染状况调查，指采用系统的调查方法，确定地块是否被污染及污染程度和范围的过程。启动土壤污染状况调查的前提条件是，土壤污染状况普查、详查和监测、现场检查表明有土壤污染风险，以上四种情形是"或者"的关系，而不需要同时具备，即土壤污染状况普查结果表明有土壤污染风险时就可以开展土壤污染状况调查。调查的主体是农业农村、林业草原主管部门会同生态环境、自然资源主管部门。根据部门职能职责划分，农用地中的耕地和园地由农业农村主管部门会同生态环境、自然资源主管部门开展农用地土壤污染状况调查，林地和草地由林业草原主管部门会同生态环境、自然资源主管部门开展农用地土壤污染状况调查。

目前，土壤污染农用地调查评价标准可以参考《农田灌溉水质标准》（GB 5084—2021）《食用农产品产地环境质量评价标准》（HJ 332—2006）《温室蔬菜产地环境质量评价标准》（HJ 333—2006）《农用地土壤环境质量类别划分技术指南（试行）》（环办土壤〔2017〕97 号）《农用污泥污染物控制标准》（GB 4284—2018）《种植根茎类蔬菜的旱地土壤镉、铅、铬、汞、砷安全阈值》（GB/T 36783—2018）《水稻生产的土壤镉、铅、铬、汞、砷安全阈值》（GB/T 36869—2018）等。

地方标准上，河南省在 2020 年制定了《农用地土壤污染状况调查技术规范》（DB41/T 1948—2020），适用于土壤或农产品点位超标区域的农用地土壤污染状况调查和污染事故造成的农用地土壤污染状况调查，规定了农用地土壤污染状况调查的基本原则和工作程序、资料收集、现场踏勘、人员访谈、调查范围、监测单元、监测点位、监测项目、样品采集、流转、制备和保存、监测时段、分析方法、评价方法、报告编制等内容。如在调查范围上，明确了三种情形，即农用地安全利用、严格管控等任务区域土壤污染状况调查范围为任务范围，并可根据调查需要进行适当调整；土壤或农产品超标点位区域土壤污染状况调查范围应根据污染的可能成因和来源，综合考虑污染源影响范围、污染途径、污染物特点、农用地分布等情况确定调查范围；污染事故农用地土壤污染状况调查，应考虑事故类型、影响范围、污染物种类、污染途径、地势、风向等因素，结合现场检测结果，综合确定调查范围。四川省可以通过加快制定符合四川实际的农用地土壤污染状况调查技术规范，为开展土壤污染状况调查提供技术规范。2016 年，四川省发布《农产品产地重金属污染土壤采样技术规范》（DB51/T 2221—2016），该标准规定了农产品产地重金属污染土壤样品的布点、采集、处理和贮存等技术内容，适用于四川省农产品产地（含耕地、园地、林地、草地）重金属污染土壤的采集。

> 第四十条　对土壤污染状况调查表明污染物含量超过土壤污染风险管控标准的农用地地块，县级以上地方人民政府农业农村、林业草原主管部门应当会同生态环境、自然资源主管部门组织进行土壤污染风险评估，并按照农用地分类管理制度管理。

【解读】本条是关于农用地土壤污染风险评估的规定。

2018 年生态环境部印发制定《土壤环境质量　农用地土壤污染风险管控标准（试行）》（GB

15618—2018），以保护食用农产品质量安全为主要目标，兼顾保护农作物生长和土壤生态的需要，分别制定农用地土壤污染风险筛选值和管制值，以及监测、实施和监督要求，适用于耕地土壤污染风险筛查和分类，园地和牧草地可参照执行。农用地土壤污染风险筛选值，指农用地土壤中污染物含量等于或者低于该值的，对农产品质量安全、农作物生长或土壤生态环境的风险低，一般情况下可以忽略；超过该值的，对农产品质量安全、农作物生长或土壤生态环境可能存在风险，应当加强土壤环境监测和农产品质量协同监测，原则上应当采用安全利用措施。农用地土壤污染风险管控值，指农用地土壤中污染物含量超过该值的，食用农产品不符合质量安全标准等农用地土壤污染风险高，且难以通过安全利用措施降低食用农产品不符合质量安全标准等农用地土壤污染风险。该标准对优先保护类、安全利用类和严格管控类进行划分，即农用地小于筛选值，应切实加大保护力度；农用地大于筛选值且小于管制值，原则上应当采取农艺调控、替代种植等安全利用措施，降低农产品超标风险；农用地大于管制值，原则上应当采取禁止种植食用农产品、退耕还林等严格管控措施。

地方标准上，2021年浙江省制定《农用地土壤污染风险评估技术指南》（T/EERT 006—2021）团体标准，用于指导耕地土壤污染风险评估和耕地土壤污染风险控制值的确定，园地和牧草地可参照执行。该标准适用于镉、汞、砷、铅、铬、铜、镍、锌等基本污染项目及六六六总量、滴滴涕总量、苯并[a]芘等其他污染项目的风险评估，不适用于放射性物质污染、致病性生物污染以及建设用地土壤污染的风险评估。该标准规定了开展农用地土壤污染风险评估的术语和定义、工作程序和内容、危害识别、有效浓度数据获取、污染风险评判等技术指南要求。四川省可以通过加快制定符合四川实际的农用地土壤污染状况调查技术规范，为开展土壤污染风险评估提供技术规范。目前，实践中主要参考《土壤环境质量 农用地土壤污染风险管控标准（试行）》（GB 15618—2018）开展风险评估。

第四十一条　对安全利用类农用地地块，县级以上地方人民政府农业农村、林业草原主管部门应当结合主要作物品种和种植习惯等情况，按照国家规定制定并实施安全利用方案。

【解读】本条是关于安全利用类农用地地块的安全利用规定。

根据《土壤环境质量 农用地土壤污染风险管控标准（试行）》（GB 15618—2018），当土壤中污染物含量高于表1和表2规定的风险筛选值时，可能存在农用地土壤污染风险，应加强土壤环境监测和农产品协同监测。当土壤中镉、汞、砷、铅、铬的含量高于表1规定的风险筛选值、等于或者低于表3规定的风险管制值时，可能存在食用农产品不符合质量安全标准等土壤污染风险，原则上应当采取农艺调控、替代种植等安全利用措施。

根据《中华人民共和国土壤污染防治法》第五十三条规定，安全利用方案的内容包括：一是农艺调控、替代种植；二是定期开展土壤和农产品协同监测与评价；三是对农民、农民专业合作社及其他农业生产经营主体进行技术指导和培训；四是其他风险管控措施。《土壤污染防治行动计划四川省工作方案》规定，安全利用类耕地集中的县（市、区）要按照国家的技术指南，根据土壤污染状况和农产品超标情况，结合当地主要作物品种、种植习惯，制定实施受污染耕地安全利用方案，采取农艺调控、替代种植等措施，降低农产品超标风险。强化农产品质量检测。加强对农民、农民合作社的技术指导和培训。

《四川省"十四五"土壤污染防治规划》提出，制定四川省"十四五"受污染耕地安全利用方案及年度工作计划，明确行政区域内安全利用类和严格管控类耕地的具体管控措施，以县或设区的市为单位全面推进落实。分区分类建立完善安全利用技术库和农作物种植推荐清单，推广应用品种替代、水肥调控、生理阻隔、土壤调理等安全利用技术。成立省级安全利用类耕地专家指导组，加强对地方工作指导。以筠连、绵竹、兴文、珙县等受污染耕地集中的县（市、区）为重点，开展受污染耕地安全利用试点示范。

第四十二条 对严格管控类农用地地块，县级以上地方人民政府农业农村、林业草原主管部门应当采取下列风险管控措施：

（一）提出划定特定农产品禁止生产区域的建议，报本级人民政府批准后实施；

（二）按照规定开展土壤和农产品协同监测与评价；

（三）鼓励采取调整种植结构或者实行退耕还林还草、退耕还湿、轮作休耕、轮牧休牧等措施；

（四）对农民、农民专业合作社及其他农业生产经营主体进行技术指导和培训；

（五）其他风险管控措施。

地方各级人民政府及其有关部门应当对实施前款第三项规定的风险管控措施给予相应的政策支持。

【解读】本条是关于严格管控类农用地地块风险管控措施的规定。

根据《土壤环境质量 农用地土壤污染风险管控标准（试行）》（GB 15618—2018），当土壤中镉、汞、砷、铅、铬的含量高于表3规定的风险管制值时，食用农产品不符合质量安全标准等农用地土壤污染风险高，且难以通过安全利用措施降低食用农产品不符合质量安全标准等农用地土壤污染风险，原则上应当采取禁止种植食用农产品、退耕还林等严格管控措施。

《四川省"十四五"土壤污染防治规划》明确，加强严格管控类耕地监管，依法划定特定农产品禁止生产区域，开展勘界定标，建立台账，确保严格管控类耕地得到有效管控。鼓励采取种植结构调整、退耕还林还草等措施保障严格管控类耕地安全利用。《土壤污染防治行动计划四川省工作方案》规定，加强对严格管控类耕地的用途管理，2020年前，相关县（市、区）完成特定农产品禁止生产区域划定，严禁种植食用农产品；对威胁地下水、饮用水水源安全的耕地，相关县（市、区）要制定环境风险管控方案，并落实有关措施。制订实施重度污染耕地种植结构调整或退耕还林还草计划，将严格管控类耕地纳入国家新一轮退耕还林还草实施范围。在龙门山断裂带石亭江流域、川南土壤酸化区、川西南矿产富集区和盆周矿产富集区等重点区域开展重金属污染耕地修复及农作物种植结构调整试点。

采取风险管控措施的主体，耕地和园地由地方人民政府农业农村会同生态环境、自然资源主管部门采取风险管控措施，林地和草地由林业草原主管部门会同生态环境、自然资源主管部门采取风险管控措施。

采取的风险管控措施包括：一是提出划定特定农产品禁止生产区域的建议，报本级人民政府批准后实施。根据《中华人民共和国农产品质量安全法》第二十一条规定，县级以上地方人民政府农业农村主管部门应当会同同级生态环境、自然资源等部门按照保障农产品质量安全的要求，根据农产品品种特性和产地安全调查、监测、评价结果，依照土壤污染防治等法律、法规的规定提出划定特定农产品禁止生产区域的建议，报本级人民政府批准后实施。任何单位和个人不得在特定农产品禁止生产区域种植、养殖、捕捞、采集特定农产品和建立特定农产品生产基地。二是按照规定开展土壤和农产品协同监测与评价。国家建立健全农产品产地监测制度。县级以上地方人民政府农业农村主管部门应当会同同级生态环境、自然资源等部门制定农产品产地监测计划，加强农产品产地安全调查、监测和评价工作。三是鼓励采取调整种植结构或者实行退耕还林还草、退耕还湿、轮作休耕、轮牧休牧等措施。采取该项措施可能导致经济利益损失，地方各级人民政府及其有关部门应当给予相应的政策支持，如在税收、信贷等方面给予优惠。四是对农民、农民专业合作社及其他农业生产经营主体进行技术指导和培训。国家采取措施鼓励农民采用先进的农业技术，支持农民举办各种科技组织，开展农业实用技术培训、农民绿色证书培训和其他就业培训，提高农民的文化技术素质。五是其他风险管控措施。

> 第四十三条 安全利用类和严格管控类农用地地块的土壤污染影响或者可能影响地下水、饮用水水源安全的，所在地生态环境主管部门应当会同农业农村、林业草原等主管部门制定污染防治方案，报本级人民政府批准后组织实施。
> 土壤污染责任人应当按照国家和省有关规定以及土壤污染风险评估报告的要求，采取相应的风险管控措施，并定期向县（市、区）人民政府农业农村、林业草原主管部门报告。

【解读】本条是关于地下水、饮用水水源污染防治以及农用地风险管控要求的规定。

一、地下水、饮用水水源污染防治

土壤污染是浅层地下水污染的一个重要来源，土壤中的一些污染物容易淋溶或随渗水进入地下水，日积月累造成浅层地下水水质变差，最终导致污染。《条例》强化土壤和地下水污染全程管控，如第二十条要求工业园区等产业集聚区应当建立大气、地表水、土壤和地下水污染协同预防预警机制，第二十三条强化输油管、加油站、排污管、地下储罐等地下设施的设计、建设、使用全过程土壤和地下水污染防治,第二十八条规定页岩气勘探、开采、封井、回注等环节的污染防治以及污染物无害化处置和资源化利用要求,防止有毒有害物质污染土壤及地表水、地下水。

《"十四五"土壤、地下水和农村生态环境保护规划》(环土壤〔2021〕120号)要求加强地下水污染防治,以保护和改善地下水环境质量为核心,建立健全地下水污染防治管理体系。扭住"双源",加强地下水污染源头预防,控制地下水污染增量,逐步削减存量;强化饮用水源地保护,保障地下水型饮用水水源环境安全。实施土壤和地下水污染源头预防工程,以化工、有色金属行业企业为重点,实施100个土壤污染源头管控项目,开展在产企业防渗漏、流失、扬散,重金属减排等提标改造和历史遗留废渣整治。开展化工产业为主导的工业集聚区等地下水污染防渗改造。实施土壤和地下水污染风险管控与修复工程,选择100个土壤污染面积较大的县开展农用地安全利用示范。实施一批典型在产企业土壤污染风险管控工程。实施重点区域石化、化工、焦化等工业集聚区地下水污染风险管控工程,开展一批地下水污染修复试点。

因此《条例》规定,安全利用类和严格管控类农用地地块的土壤污染影响或者可能影响地下水、饮用水水源安全的,由所在地生态环境主管部门会同农业农村、林业草原等主管部门制定污染防治方案,报本级人民政府批准后严格按照方案组织实施,防治污染地下水和饮用水水源。

二、农用地土壤污染风险管控要求

与建设用地土壤污染防治不同,农用地土壤污染防治主要考虑保障农产品质量安全,超标土壤上产出的农产品不一定不超标,若对受污染农用地地块采取修复措施,将投入大量资金,且投入与产出比低,因此绝大部分受污染农用地地块都是采用风险管控措施。由于农用地实行分类管理制度,风险管控措施体现分类治理思路,如《条例》第四十一条规定的对安全利用类农用地地块制定安全利用方案,第四十二条规定的对严格管控类农用地地块采取的系列风险管控措施。根据四川省农业农村厅等7部门关于印发《四川省深入推进农产品质量安全省2023—2024年度实施方案》的通知(川农发〔2023〕41号)要求,推进障碍耕地修复利用,督促指导受污染耕地集中的县(市、区)制定年度安全利用实施方案,落实安全利用类和严格管控类耕地分类管控制度。开展生产障碍耕地修复利用试点,带动全省受污染耕地安全利用,2024年全省安全利用率达93%以上。为了保证风险管控措施的实施质量和成效,土壤污染责任人应当定期向地方人民政府农业农村、林业草原主管部门报告。

> **第四十四条** 对需要实施修复的农用地地块,土壤污染责任人应当编制修复方案,报县(市、区)人民政府农业农村、林业草原主管部门备案并实施。修复方案应当包括地下水污染防治的内容。
>
> 土壤污染责任人应当另行委托其他单位对风险管控效果、修复效果进行评估,编制效果评估报告,报县(市、区)人民政府农业农村、林业草原主管部门备案。

【解读】本条是关于农用地地块修复的规定。

一、编制修复方案

对需要实施修复的农用地地块，土壤污染责任人应当编制修复方案，修复方案应当包括地下水污染防治的内容。根据职能职责划分，耕地和园地的修复方案应当报地方人民政府农业农村部门备案，林地和草地的修复方案应当报林业草原主管部门备案。

农用地地块修复活动应当优先采取不影响农业生产、不降低土壤生产功能的生物修复措施，阻断或者减少污染物进入农作物食用部分，确保农产品质量安全。污染土壤修复的技术原理为：改变污染物在土壤中的存在形态或同土壤的结合方式，降低其在环境中的可迁移性与生物可利用性；降低土壤中有害物质的浓度。

《四川省"十四五"土壤污染防治规划》提出，开展农用地土壤污染治理修复试点。以农产品镉污染物含量超标区为重点，在切断污染源头的前提下，开展受污染耕地治理和修复试点，鼓励有条件的地区推进以降低土壤污染物含量为目的的修复试点。加强酸化土壤治理，以宜宾市、泸州市耕地酸化严重区域和主粮种植区为重点，实施强酸性土壤降酸改良工程。强化农用地治理修复过程监管和效果评估。

二、修复技术和要求

按修复模式可分为原位修复技术和异位修复技术。原位修复指不移动受污染的土壤，直接在场地发生污染的位置对其进行原地修复或处理的土壤修复技术。异位修复是指将受污染的土壤从发生污染的位置挖掘出来，在原场址范围内或经过运输后再进行治理的技术。

土壤修复技术分物理修复、化学修复和生物修复 3 类方法，根据土壤的特性和污染程度选择相对应的技术。由于土壤污染的复杂性，有时需要采用多种技术。物理修复是指通过各种物理过程将污染物从土壤中去除或分离的技术。目前常用的技术包括客土法、深翻耕等。化学修复是指向土壤中加入化学物质，通过对重金属和有机物的氧化还原、螯合或沉淀等化学反应，去除土壤中的污染物或降低土壤中污染物的生物有效性或毒性的技术。主要包括土壤固化稳定化、淋洗、氧化还原等。生物修复基本原理是利用生物特有的分解有毒有害物质的能力，达到去除土壤中污染物的目的，主要包括微生物修复、植物修复、动物修复和生物联合修复，如引入蚯蚓，种植超富集植物等。

农用地的修复要求可以参照国家相关的技术指南。例如，农业农村部于 2019 年发布《轻中度污染耕地安全利用与治理修复推荐技术名录》（农办科〔2019〕14 号）和《受污染耕地治理与修复导则》（NY/T 3499—2019），推荐了污染耕地安全利用技术，规定了受污染耕地治理与修复的技术要求与实施方案的编制。林地修复标准可参照《国家林业和草原局关于制定恢复植被和林业生产条件、树木补种标准的指导意见（林办发〔2020〕94 号）》要求执行。例如，恢复植被的植物选择、工序要求、质量标准等，由省级林业主管部门参照《裸露坡面植被恢复技术规范》（GB/T 38360—2019）确定，植物（林木）种子、苗木的质量应当达到相关国家强制性标准的最低等级要求。

三、风险管控效果、修复效果评估

土壤污染责任人根据修复方案采取风险管控措施和开展修复后,应另行委托其他单位对风险管控效果、修复效果进行评估,编制效果评估报告,耕地和园地的效果评估报告报地方人民政府农业农村部门备案,林地和草地的效果评估报告报林业草原主管部门备案。

2018 年农业农村部发布了《耕地污染治理效果评价准则》(NY/T 3343—2018),对耕地污染治理效果的评价及评价报告编制作出了规定。例如,要求耕地污染治理效果评价报告应详细、真实并全面地介绍耕地污染治理效果评价过程,并对治理效果进行科学评价,给出总体结论。评价报告应包括:治理方案简介、治理实施情况、效果评价工作、评价结论和建议以及检测报告等。

> 第四十五条 县级以上地方人民政府农业农村、林业草原主管部门应当会同生态环境、自然资源等主管部门健全农产品产地土壤环境监测制度,对食用农产品产地土壤环境进行重点监测、加密监测和动态监测。加强对自然形成的土壤重金属超标区域的土壤和农产品协同监测;食用农产品重金属超标的,应当采取种植结构调整、农艺调控等措施,确保农用地安全利用。

【解读】本条是关于农产品产地土壤环境监测和高背景值农用地安全利用的规定。

一、农产品产地土壤环境监测要求

农产品产地土壤环境质量不但直接影响到国民经济发展和国土资源环境安全,而且与粮食、蔬菜等农产品安全和人类身体健康息息相关,是国家经济稳定、社会可持续发展的重要保证。根据《中华人民共和国农产品质量安全法》第二十条规定,国家建立健全农产品产地监测制度。县级以上地方人民政府农业农村主管部门应当会同同级生态环境、自然资源等部门制定农产品产地监测计划,加强农产品产地安全调查、监测和评价工作。《农产品产地安全管理办法》第五条规定,省人民政府农业行政主管部门应当在工矿企业周边的农产品生产区、污水灌溉区、大中城市郊区农产品生产区、重要农产品生产区等地区设置省级监测点,监控农产品产地安全变化动态,指导农产品产地安全管理和保护工作。根据部门职能职责划分,由农业农村、林业草原主管部门会同生态环境、自然资源等主管部门健全农产品产地土壤环境监测制度,对食用农产品产地土壤环境进行重点监测、加密监测和动态监测。

2019 年,农业农村部印发《关于做好农业生态环境监测工作的通知》(农办科〔2019〕25 号),要求做好农产品产地土壤环境监测。根据农产品产地土壤环境状况、土壤背景值等情况,开展土壤和农产品协同监测,及时掌握全国范围及重点区域农产品产地土壤环境总体状况、潜在风险及变化趋势。目前，国家正在推进制定《农产品产地土壤环境监测质控技术规范》，拟对农产品产地浇灌水质量、土壤环境质量、环境空气质量的监测断面、点位布设原则、监测项目、监测评率、采样及评价措施等进行规定。

若食用农产品重金属超标的，则应该充分考虑当地的种植结构和习惯，因地制宜采取种植结构调整、农艺调控等措施，确保农用地安全利用。

二、高背景值农用地安全利用要求

根据《区域性土壤环境背景含量统计技术导则（试行）》（HJ 1185—2021），土壤环境背景含量，是指一定时间条件下，仅受地球化学过程和非点源输入影响的土壤中元素或化合物的含量。四川受矿产资源成矿作用和喀斯特地貌区沉积石灰岩的影响，盆周山区、攀西地区和川西高原地区普遍存在自然形成的土壤重金属超标现象，导致农用地安全利用、风险管控存在较大风险。

2021年，生态环境部发布《区域性土壤环境背景含量统计技术导则（试行）》（HJ 1185—2021），规定了区域性土壤环境背景含量统计工作程序以及数据获取、数据处理分析、统计与表征等技术要求。《四川省"十四五"土壤污染防治规划》明确推进重金属高背景值区农用地调查，以凉山、广元、达州、宜宾、泸州、乐山等市（州）农用地土壤污染状况详查范围外的重金属地质高背景区农用地为重点，进一步查明重金属地质高背景区农用地土壤环境质量，深入分析土壤重金属地质高背景对农产品质量的影响。

第四十六条　本省依法实行建设用地土壤污染风险管控和修复名录制度。

省人民政府生态环境主管部门应当会同自然资源等主管部门，按照国家规定制定建设用地土壤污染风险管控和修复名录，并根据风险管控、修复情况适时更新。

建设用地土壤污染风险管控和修复名录应当向社会公开。

列入建设用地土壤污染风险管控和修复名录的地块，不得作为住宅、公共管理与公共服务用地。

【解读】本条是关于建设用地土壤污染风险管控和修复名录制度的规定。

建设用地土壤污染风险管控和修复名录制度是严格建设用地准入管理，保障人居环境安全的一项基础制度。《中华人民共和国土壤污染防治法》第五十八条规定，国家实行建设用地土壤污染风险管控和修复名录制度。建设用地土壤污染风险管控和修复名录由省级人民政府生态环境主管部门会同自然资源等主管部门制定，按照规定向社会公开，并根据风险管控、修复情况适时更新。《中共中央 国务院关于全面加强生态环境保护坚决打好污染防治攻坚战的意见》明确要求"建立建设用地土壤污染风险管控和修复名录，列入名录且未完成治理修复的地块不得作为住宅、公共管理与公共服务用地"。

根据本条规定,我省建设用地土壤污染风险管控和修复名录制度主要包括以下几方面内容:一是建立全省建设用地土壤污染风险管控和修复名录制度;二是制定建设用地土壤污染风险管控和修复名录并适时更新;三是全省建设用地土壤污染风险管控和修复名录应当向社会公开。

首先,建设用地土壤污染风险管控和修复名录的制定主体为省级人民政府生态环境主管部门和自然资源等主管部门。这是由于建设用地土壤污染风险管控和修复名录对专业技术性要求较高,由省级相关部门制定名录,有利于保障名录的科学性和统一性。同时,建设用地的开发利用活动一般在市、县级行政区,由省级部门制定名录,有助于防止相关地方因土地开发利用活动带来的干扰。建设用地土壤污染风险管控和修复名录的内容,通常包括地块名称、地址、面积、四至范围、主要污染物、风险管控和修复进展等。

其次,省级生态环境部门应当会同自然资源等主管部门结合建设用地土壤污染状况风险评估、效果评估等情况,对名录进行动态更新。对于新发现的、需要实施风险管控和修复活动的建设用地地块应当及时补充到建设用地土壤污染风险管控和修复名录中,对于经实施风险管控或治理修复达到相应目标且可以安全利用的建设用地地块,可以依据相关规定移出名录。

最后,列入上述名录的建设用地,应当按照本《条例》第四十九条的规定实施风险管控或治理修复措施。向社会公开建设用地土壤污染风险管控和修复名录是加强公众和社会对建设用地准入管理工作监督的重要措施,并且上述名录属于主动公开的政府信息,应当按照规定向社会公开。2021年12月21日,生态环境部发布了《建设用地土壤污染风险管控和修复名录及修复施工相关信息公开工作指南》,该文件对建设用地土壤污染风险管控和修复名录的公开主体和时限、公开内容、公开方式、报告时限作了明确要求,省级生态环境部门可以依据此文件开展相关工作。2023年1月,四川省生态环境厅发布地方标准《四川省建设用地土壤污染风险管控标准(DB51/ 2978—2023)》,该标准规定了保护人体健康的建设用地土壤污染风险筛选值和管制值,以及监测、实施与监督要求,四川省建设用地土壤污染风险筛查和风险管制可按此标准执行。

第四十七条　建设用地有下列情形之一的,土地使用权人应当按照国家、省有关规定开展土壤污染状况调查:

(一)有色和黑色金属矿采选、有色和黑色金属冶炼、石油和天然气开采、石油加工、化学原料和化学制品制造、汽车制造以及铅蓄电池、焦化、电镀、制革、电子废弃物拆解、垃圾焚烧等行业企业关停、搬迁的;

(二)垃圾填埋场、污泥处置场和从事过危险废物贮存、利用、处置活动的场所关闭或者封场的;

(三)土壤污染防治重点监管单位的生产经营用地用途拟变更或者土地使用权拟收回、转让的;

(四)用途变更为住宅、公共管理与公共服务用地的;

(五)对土壤污染状况普查、详查和监测、现场检查表明有土壤污染风险的;

(六)法律、法规规定的其他情形。

前款第三项的土壤污染状况调查报告应当作为不动产登记资料送交地方人民政府不动产登记机构，并报地方人民政府生态环境主管部门备案。

土壤污染状况调查报告应当报地方人民政府生态环境主管部门，由地方人民政府生态环境主管部门会同自然资源主管部门组织评审。

土地使用权已收回但尚未完成土壤污染状况调查的，由县级以上地方人民政府在供地前组织完成调查，土壤污染责任人为原土地使用权人的，所需费用由原土地使用权人承担。

【解读】本条是关于建设用地土壤污染状况调查的规定。

一、启动建设用地土壤污染状况调查的情形

《中华人民共和国土壤污染防治法》第五十九条规定"对土壤污染状况普查、详查和监测、现场检查表明有土壤污染风险的建设用地地块，地方人民政府生态环境主管部门应当要求土地使用权人按照规定进行土壤污染状况调查。用途变更为住宅、公共管理与公共服务用地的，变更前应当按照规定进行土壤污染状况调查。前两款规定的土壤污染状况调查报告应当报地方人民政府生态环境主管部门，由地方人民政府生态环境主管部门会同自然资源主管部门组织评审。"本条对《中华人民共和国土壤污染防治法》第五十九条进行细化规定，结合四川省实际，细化了建设用地需要土壤污染状况调查的情形，主要增加了重点行业企业关停或者搬迁，重点场所关闭或者封场，重点单位生产经营用地用途拟变更或者土地使用权拟收回或者转让等三种情形。具体情形如下：一是有色和黑色金属矿采选、有色和黑色金属冶炼、石油和天然气开采、石油加工、化学原料和化学制品制造、汽车制造以及铅蓄电池、焦化、电镀、制革、电子废弃物拆解、垃圾焚烧等行业企业关停、搬迁的。二是垃圾填埋场、污泥处置场和从事过危险废物贮存、利用、处置活动的场所关闭或者封场的。三是土壤污染防治重点监管单位的生产经营用地用途拟变更或者土地使用权拟收回、转让的。四是土地用途变更为住宅、公共管理与公共服务用地的。五是对土壤污染状况普查、详查和监测、现场检查表明有土壤污染风险的。六是法律、法规规定的其他情形。

二、建设用地土壤污染状况调查应当按照相关规定进行

为了规范建设用地土壤污染状况调查工作，生态环境部发布了相关技术规范和导则，包括《建设用地土壤污染状况调查技术导则》（HJ 25.1—2019）《建设用地土壤污染状况初步调查监督检查工作指南（试行）》《建设用地土壤污染状况调查质量控制技术规定（试行）》等技术文件。《建设用地土壤污染状况调查技术导则》（HJ 25.1—2019）规定了建设用地土壤污染状况调查的原则、内容、程序和技术要求，适用于建设用地土壤污染状况调查，为建设用地土壤污染风险管控和修复提供基础数据和信息。《建设用地土壤污染状况初步调查

监督检查工作指南（试行）》规定了适用范围、编制依据、监督检查工作机制、工作程序与要求以及改正要求与结果运用等内容。例如，明确该标准适用于建设用地土壤污染状况调查中初步采样分析（即初步调查）的监督检查（以下简称监督检查）工作，包括对调查关键环节（采样分析工作计划、现场采样和实验室检测分析）的监督检查以及土壤污染状况调查报告通过评审后的监督抽查。《建设用地土壤污染状况调查质量控制技术规定（试行）》适用于建设用地土壤污染状况调查的内部质量控制，还明确了工作流程、采样分析工作计划、实验室检测分析以及报告编制要求。土壤污染状况调查报告应当报地方人民政府生态环境主管部门，由地方人民政府生态环境主管部门会同自然资源主管部门组织评审。关于评审要求可参照《四川省建设用地土壤污染状况详细调查和风险评估、风险管控和修复效果评估报告专家审查要点》（川环办函〔2022〕431号）执行。例如，土壤污染状况详细调查评审要点：地块历史介绍是否清晰；特征污染物识别及重点区域划分是否准确；8张表 5 张图是否齐全（地块生产历史一览表、敏感目标及周边污染源一览表和分布一张图、地块原辅材料一览表、主要设施设备（废水池要注明容量和埋深）一览表、残余废弃物（包括固废和废水）一览表和分布一张图、未拆除的设施设备和建构筑物一览表和分布一张图、地下管网和储罐一览表和分布一张图、特征污染物识别及重点区域划分一览表和重点区域分布一张图）。

此外，本《条例》特别规定，土地使用权已收回但尚未完成土壤污染状况调查的，由县级以上地方人民政府在供地前组织完成调查，土壤污染责任人为原土地使用权人的，所需费用由原土地使用权人承担，进一步明确了土壤污染状况调查的具体程序。

三、关于土壤污染状况调查的其他事项

土壤污染状况调查的目的在于判断调查区域内的土壤及地下水是否受到污染，并初步判断该地块是否属于污染地块，为地块的环境管理提供技术支撑。因此，土壤污染状况调查单位应当具备相应的专业能力，并按照相关技术规范进行调查。

需要注意的是，由于土壤污染具有隐蔽性、累积性、复杂性、难可逆性等特点，对于一次调查不能满足调查要求的，则需要继续补充调查直至满足要求。根据《建设用地土壤污染状况调查技术导则》（HJ25.1—2019），建设用地土壤污染状况调查包括第一阶段污染识别、第二阶段污染证实、第三阶段补充采样和测试三个阶段。第一阶段以资料收集、现场踏勘和人员访谈为主的污染识别阶段，原则上不进行现场采样分析。若第一阶段调查确认地块内及周围区域当前和历史上均无可能的污染源，则认为地块的环境状况可以接受，调查活动可以结束并编制土壤污染状况调查报告。第二阶段以采样与分析为主的污染证实阶段。若第一阶段表明地块内或周围区域存在可能的污染源（如化工厂、农药厂、冶炼厂、加油站、化学品储罐、固体废物处理等可能产生有毒有害物质的设施或活动），则应当进行第二阶段土壤污染状况调查，确定污染物种类、浓度（程度）和空间分布。第二阶段调查分为初步采样分析和详细采样分析两步进行。根据初步采样分析结果，如果污染物浓度均未超过国家和地方相关标准，并且经过不确定性分析确认不需要进一步调查后，第二阶段土壤污染状况调查工作可以结束，编制土壤污染状况调查报告。否则认为可能存在环境风险，须进行详细调查，进一步采样和分析，确定土壤污染程度和范围。第三阶段以补充采样和测试为主，获得满足风险

评估及土壤和地下水修复所需的参数。本阶段的调查工作可单独进行，也可在第二阶段调查过程中同时开展。

土壤污染防治重点监管单位的生产经营用地用途拟变更或者土地使用权拟收回、转让的，土壤污染状况调查报告应当作为不动产登记资料送交地方人民政府不动产登记机构，并报地方人民政府生态环境主管部门备案。土壤污染状况调查报告作为不动产登记资料送交地方人民政府不动产登记机构，有利于避免在土地交易过程中因不了解土壤污染状况而发生经济纠纷等风险。报地方人民政府生态环境主管部门备案，有利于掌握土壤污染状况基本信息，为后续监管等提供依据。

> 第四十八条　土壤污染状况调查表明污染物含量超过土壤污染风险管控标准的建设用地地块，土壤污染责任人、土地使用权人应当按照国家、省有关规定进行土壤污染风险评估，并将土壤污染风险评估报告报省人民政府生态环境主管部门。
>
> 省人民政府生态环境主管部门应当会同自然资源等主管部门对土壤污染风险评估报告进行评审，及时将需要实施风险管控、修复的建设用地地块纳入建设用地土壤污染风险管控和修复名录。

【解读】本条是关于建设用地土壤污染风险评估的规定。

一、启动建设用地土壤污染风险评估的情形

本《条例》规定，当土壤污染状况调查表明建设用地地块污染物含量超过土壤污染风险管控标准时，土壤污染责任人、土地使用权人应当按照有关规定启动土壤污染风险评估，并将土壤污染风险评估报告报省人民政府生态环境主管部门。

判断建设用地地块污染物含量是否超过土壤污染风险管控标准可以参考《四川省建设用地土壤污染风险管控标准（DB51/ 2978—2023）》，该标准规定了保护人体健康的建设用地土壤污染风险筛选值和管制值，以及监测、实施与监督要求，适用于四川省建设用地土壤污染风险筛查和风险管制。

二、土壤污染风险评估的责任主体

本《条例》规定，土壤污染责任人和土地使用权人是土壤污染风险评估的责任主体。当土壤污染责任人明确时，由土壤污染责任人开展土壤污染风险评估；如果无法认定土壤污染责任人，由土地使用权人开展风险评估。

三、土壤污染风险评估工作的相关规定

根据《建设用地土壤污染风险评估技术导则》（HJ 25.3—2019）《建设用地土壤污染风险

管控和修复监测技术导则》（HJ 25.2—2019）《污染地块风险管控与土壤修复效果评估技术导则（试行）》（HJ 25.5—2018）《污染地块地下水修复和风险管控技术导则》（HJ 25.6—2019）等标准规范，地块风险评估工作内容包括危害识别、暴露评估、毒性评估、风险表征，以及土壤和地下水风险控制值的计算五个部分。危害识别主要是收集土壤污染状况调查阶段获得的相关资料和数据，掌握地块土壤和地下水中关注污染物的浓度分布，明确规划土地利用方式，分析可能的敏感受体，如儿童、成人、地下水体等；暴露评估是在危害识别的基础上，分析地块内关注污染物迁移和危害敏感受体的可能性，确定地块土壤和地下水污染物的主要暴露途径和暴露评估模型，确定评估模型参数取值，计算敏感人群对土壤和地下水中污染物的暴露量；毒性评估是在危害识别的基础上，分析关注污染物对人体健康的危害效应，包括致癌效应和非致癌效应，确定与关注污染物相关的参数，包括参考剂量、参考浓度、致癌概率因子和呼吸吸入单位致癌因子等；风险表征是在暴露评估和毒性评估的基础上，采用风险评估模型计算土壤和地下水中单一污染物经单一途径的致癌风险和危害商，计算单一污染物的总致癌风险和危害指数，进行不确定性分析；土壤和地下水风险控制值的计算过程主要是在风险表征的基础上，判断计算得到的风险值是否超过可接受风险水平。如地块风险评估结果未超过可接受风险水平，则结束风险评估工作；如地块风险评估结果超过可接受风险水平，则计算土壤、地下水中关注污染物的风险控制值；如调查结果表明，土壤中关注污染物可迁移进入地下水，则计算保护地下水的土壤风险控制值；根据计算结果，提出关注污染物的土壤和地下水风险控制值。

开展土壤污染风险评估后，土壤污染责任人、土地使用权人应当按照有关规定将土壤污染风险评估报告报省级生态环境主管部门。省级生态环境主管部门会同自然资源等主管部门对土壤污染风险评估报告进行评审，专家审查具体要求可参照《四川省建设用地土壤污染状况详细调查和风险评估、风险管控和修复效果评估报告专家审查要点》（川环办函〔2022〕431号）。关于具体评审要求，《建设用地土壤污染状况调查、风险评估、风险管控及修复效果评估报告评审指南》（环办土壤〔2019〕63号）和《四川省建设用地土壤污染状况详细调查和风险评估、风险管控和修复效果评估报告专家审查要点》（川环办函〔2022〕431号）对具体评审机制、评审依据及有关原则、评审程序及时限等进行了详细规定。根据评审结果，及时将需要实施风险管控、修复的建设用地地块纳入建设用地土壤污染风险管控和修复名录进行管理。

《四川省建设用地土壤污染风险管控标准》（DB51/2978—2023）自2023年2月1日起正式实施。该标准以保护人体健康为目标，依据相关国家技术规范和我省建设用地实际情况，制定了四川省建设用地土壤污染风险筛选值和管制值，标准实施后，建设用地土壤污染风险筛查范围将进一步扩大，人体健康风险将会得到进一步管控，持续保障人民群众"住得安心"。

第四十九条 列入建设用地土壤污染风险管控和修复名录的地块，土壤污染责任人应当按照规定采取相应的风险管控措施，并定期向所在地生态环境主管部门报告；需要实施修复的，土壤污染责任人应当按照国家有关环境标准和技术规范并结合国土空间规划编制修复方案，报所在地生态环境主管部门备案并实施。风险管控措施和修复方案应当包括地下水污染防治的内容。

土壤污染修复原则上应当在原址进行；确要转运污染土壤的，修复施工单位应当建立管理台账、制定转运计划，并按照规定向所在地和接收地市（州）人民政府生态环境主管部门报告。

转运的污染土壤属于危险废物的，修复施工单位应当依照法律、法规和相关标准进行转移、处置。

【解读】本条是关于对建设用地土壤污染风险管控和修复名录中的地块实施风险管控措施和修复的规定。

一、关于风险管控措施的具体规定

在特定土地利用方式下，土壤中污染物含量超过风险管制值的，对人体健康通常存在不可接受的风险，需要开展修复或风险管控行动。因此，对建设用地土壤污染风险管控和修复名录中的地块，应采取风险管控或修复措施。具体措施需根据风险评估报告以及结合污染地块相关开发利用计划，进行综合考虑。例如，对暂不开发利用的地块，实施以防止污染扩散为目的的风险管控；对名录内拟开发利用的地块，实施以安全利用为目的的风险管控。

风险管控措施既有管理措施也有工程措施。通常需要综合考虑技术可达性、环境安全、经济成本、时间周期等因素，采取以下措施之一或以下措施的组合：（1）及时移除或者清理污染源；（2）采取污染隔离、阻断等措施，防止污染扩散；（3）开展土壤、地表水、地下水、空气环境监测；（4）发现污染扩散的，及时采取有效补救措施。同一地块也可以根据实际情况分区域或分阶段采取多种适宜的风险管控措施。

筛选值和管制值不是修复目标值。建设用地若需采取修复措施，其修复目标应当依据《建设用地土壤污染风险评估技术导则》（HJ 25.3—2019）《建设用地土壤修复技术导则》（HJ 25.4—2019）等标准及相关技术要求确定，且应当低于风险管制值。

二、关于风险管控措施的报告制度

基于风险管控措施的特点，风险管控措施通常需要一定时期的维护和管理。例如：采取工程措施实施污染阻断的，应当定期监测污染是否扩散，有关情况应当定期报告。采取划定管控区域、设立禁止进入等警示标识的，则应当定期对防护网等隔离措施、警示标识等进行巡查，防止防护网破损、警示标识污损和遗失等情况。

因此，本《条例》规定，土壤污染责任人采取相应的风险管控措施时，应定期向所在地生态环境主管部门报告；需要实施修复的，应当按照国家有关环境标准和技术规范并结合国土空间规划编制修复方案，报所在地生态环境主管部门备案并实施。采取相应的风险管控措施应定期向地方人民政府生态环境主管部门报告。风险管控措施和修复方案应当包括地下水污染防治的内容。

三、关于土壤污染修复

根据《土壤环境 词汇》（HJ 1231—2022），土壤修复是指采用物理、化学或生物的方法固定、转移、吸收、降解或转化地块土壤中的污染物，使其含量降低到可接受水平，或将有毒有害的污染物转化为无害物质的过程。目前土壤污染修复主要面临修复技术不够成熟、修复成本高昂、修复时间漫长等难题。因此，在资源有限的情况下，应当有的放矢，按照污染程度和污染内容，采用不同办法进行修复。

根据《四川省建设用地土壤环境管理办法》（川环规〔2023〕5 号）第二十三条规定，风险管控、修复原则上应当在原址进行。确需转运污染土壤的，施工单位应建立管理台账，记录日清挖量、堆存量、堆存位置及转运量等信息，并将运输时间、方式、线路和污染土壤量、去向、最终处置措施等信息，提前 5 个工作日向所在地和接收地市级生态环境主管部门报告。转运的污染土壤属于危险废物的，施工单位应当依照相关法律法规和标准的要求进行转移、处置。

四、关于土壤污染修复施工期间相关信息公开的要求

2021 年 12 月 21 日，生态环境部发布了《建设用地土壤污染风险管控和修复名录及修复施工相关信息公开工作指南》，该文件规定了土壤污染修复施工期间相关信息的公开要求，具体包括公开主体、方式和时限；公开内容；样式要求等内容。因此，实施土壤污染风险管控和修复活动时，施工单位在施工期间应当设置"修复施工信息公告牌"，公告牌的内容包括但不限于以下信息：项目名称、项目地点、工程概况、修复目标、修复方案备案情况、环境保护措施、工期计划、土地使用权人（或者污染责任人）及负责人、施工单位及负责人、监理单位及负责人、效果评估单位及负责人、联系电话、环保举报电话等，并附施工平面图。

> 第五十条 建设用地风险管控、修复完成后，土壤污染责任人应当另行委托其他单位对风险管控效果、治理与修复效果进行评估，编制风险管控、治理与修复效果评估报告并报所在地生态环境主管部门备案。

【解读】本条是关于对建设用地土壤污染风险管控、治理和修复效果评估的规定。

一、关于风险管控效果、治理与修复效果的评估

风险管控、治理、修复活动效果如何，是否达到预期目标，应当通过效果评估进行判断。2018年，为规范污染地块风险管控与土壤修复效果评估工作，生态环境部发布《污染地块风险管控与土壤修复效果评估技术导则（试行）》（HJ 25.5—2018），该标准规定了建设用地污染地块风险管控与土壤修复效果评估的内容、程序、方法和技术要求。一般来说，场地修复效果评估涉及的工作流程主要有：资料回顾与现场踏勘；更新场地修复概念模型；制定工作方案；现场采样与实验室检测；修复效果评估；后期检测建议；修复效果评估报告编制等。实践中，关于风险管控、治理、修复活动的效果评估，根据风险管控、修复的措施、技术选择的不同，有的需要在风险管控、治理、修复活动期间同步开展。

二、风险管控、治理与修复效果评估报告的编制主体

本《条例》规定，建设用地风险管控、修复完成后，土壤污染责任人应当另行委托其他单位对风险管控效果、治理与修复效果进行评估，即效果评估应当委托实施风险管控、修复活动之外的第三方开展，以确保公平性。

三、建设用地土壤污染风险评估、风险管控及修复效果评估报告的评审

2019年12月，生态环境部办公厅、自然资源部办公厅印发《建设用地土壤污染状况调查、风险评估、风险管控及修复效果评估报告评审指南》（环办土壤〔2019〕63号）。该文件对土壤污染状况调查、风险评估、效果评估等报告的评审工作进行了规定。建设用地土壤污染风险评估报告、风险管控效果评估报告、修复效果评估报告，由省级生态环境主管部门会同自然资源等主管部门组织评审。评审可以采取组织专家评审、指定或者委托第三方专业机构评审或者组织评审以及省级生态环境主管部门会同自然资源主管部门认可的其他方式等进行。土壤污染状况风险评估报告评审通过后，采取风险管控措施或者编制修复方案时，变更风险评估报告中确定的相关风险管控、修复目标的，变更规划用途的，以及土壤污染状况调查报告重新评审的，申请人应当重新申请对风险评估报告进行评审。

2022年11月，四川省生态环境厅办公室印发了《四川省建设用地土壤污染状况详细调查和风险评估、风险管控和修复效果评估报告专家审查要点》（川环办函〔2022〕431号），为进一步规范建设用地土壤污染状况详细调查和风险评估以及风险管控和修复效果评估报告技术审查工作提供了技术指南。

第五十一条 对达到土壤污染风险评估报告确定的风险管控、修复目标的建设用地地块，土壤污染责任人、土地使用权人可以向省人民政府生态环境主管部门申请移出建设用地土壤污染风险管控和修复名录。

省人民政府生态环境主管部门应当会同自然资源等主管部门组织评审，及时将达到风险评估报告确定的风险管控目标、修复目标且可以安全利用的地块移出建设用地土壤污染风险管控和修复名录。

> 未达到土壤污染风险评估报告确定的风险管控、修复目标的建设用地地块，禁止开工建设任何与风险管控、修复无关的项目。

【解读】本条是关于建设用地土壤污染风险管控和修复名录中污染地块移出的规定。

一、关于移出建设用地土壤污染风险管控和修复名录的申请人

《中华人民共和国土壤污染防治法》第六十六条规定，对达到土壤污染风险评估报告确定的风险管控、修复目标的建设用地地块，土壤污染责任人、土地使用权人可以申请省级人民政府生态环境主管部门移出建设用地土壤污染风险管控和修复名录。省级人民政府生态环境主管部门应当会同自然资源等主管部门对风险管控效果评估报告、修复效果评估报告组织评审，及时将达到土壤污染风险评估报告确定的风险管控、修复目标且可以安全利用的地块移出建设用地土壤污染风险管控和修复名录，按照规定向社会公开，并定期向国务院生态环境主管部门报告。未达到土壤污染风险评估报告确定的风险管控、修复目标的建设用地地块，禁止开工建设任何与风险管控、修复无关的项目。2021年1月，生态环境部、自然资源部印发《建设用地土壤污染责任人认定暂行办法》（环土壤〔2021〕12号），明确了土壤污染责任人，是指因排放、倾倒、堆存、填埋、泄漏、遗撒、渗漏、流失、扬散污染物或者其他有毒有害物质等，造成建设用地土壤污染，需要依法承担土壤污染风险管控和修复责任的单位和个人。

二、关于效果评估报告评审

评审是技术把关，对土壤污染风险管控效果评估报告、修复效果评估报告及其结论的科学性、合理性进行评审，不属于行政许可。评审认为存在问题的，可要求重新进行效果评估。对评审认为达到土壤污染风险评估报告确定的风险管控、修复目标且可以安全利用的地块移出建设用地土壤污染风险管控和修复名录。评审活动应当注重程序的合法性与规范性以及评审专家选择的合理性、科学性。

根据本《条例》规定，省人民政府生态环境主管部门应当会同自然资源等主管部门组织评审，对于达到风险评估报告确定的风险管控目标、治理修复目标且可以安全利用的地块，移出建设用地土壤污染风险管控和修复名录。对于未达到土壤污染风险评估报告确定的风险管控、修复目标的建设用地地块，禁止开工建设任何与风险管控、修复无关的项目。

2022年11月，四川省生态环境厅印发《四川省建设用地土壤污染状况详细调查和风险评估、风险管控和修复效果评估报告专家审查要点》，对效果评估报告审查技术要点进行规定。明确效果评估报告申请评审时应同步提交以下材料：效果评估报告、相关检测报告、实施方

案（设计方案）、施工方案（施工组织设计）、监理总结报告、施工总结报告等施工过程中的相关关键资料。对效果评估基本情况、修复效果评估采样布点方法、风险管控效果评估程序和采样布点方法、现场采样与实验室检测、土壤修复效果评估方法、地下水修复效果评估方法、风险管控效果评估方法以及后期环境管理计划等要求进行详细规定。

第五十二条 风险管控、修复活动完成后，需要实施后期管理的，土壤污染责任人、土地使用权人应当按照要求实施后期管理。

【解读】本条是关于建设用地土壤污染风险管控和修复后期管理的规定。

建设用地土壤污染风险管控和修复后期管理是指土壤和地下水污染风险管控和修复效果评估后，根据地块实际需要，对实施修复和风险管控的地块采取跟踪监测、制度控制等措施，确认修复效果是否长期有效、风险管控效果是否符合预期。本《条例》规定，风险管控、修复活动完成后，需要实施后期管理的，土壤污染责任人、土地使用权人应当按照要求实施后期管理。后期管理的对象一般包括以下四种：一是实施风险管控的地块；二是修复后土壤中污染物含量高于《土壤环境质量 建设用地土壤污染风险管控标准（试行）》（GB36600—2018）中规定的第一类用地筛选值的地块；三是采用风险评估方法确定地下水修复目标值的地块；四是根据实际管理需求确定的其他需要进行后期管理的地块。后期管理的方式包括但不限于资料回顾、人员访谈、现场踏勘、资料分析等。在后期管理方式的选择上，应当根据不同时期的情形分别适用：一是开发建设前，应开展以维持地块现状、避免地块受到扰动为主的制度控制工作，必要时可同时开展长期监测工作；二是开发建设期，应开展以防范施工期二次污染为主的制度控制工作，必要时可同时开展长期监测工作；三是安全利用期，应同时开展以确保地块安全利用为主的制度控制工作和长期监测工作。

目前，江苏省、广州市出台了针对修复和风险管控后期工作要求的管理文件，对建设用地污染地块风险管控和修复后期管理的对象、基本原则、工作程序及要求进行了具体规定，为地方明确污染地块风险管控和修复后期管理对象和范围，建立污染地块风险管控和修复后期管理标准化流程提供了参考。

《四川省建设用地土壤污染状况详细调查和风险评估、风险管控和修复效果评估报告专家审查要点》对后期环境管理计划的审查要点进行明确，包括：需进行后期环境管理的地块类型为对于修复后土壤中污染物浓度未达到 GB36600 第一类用地筛选值的地块或实施风险管控的地块；后期环境管理的时限为直至地块土壤中污染物浓度达到 GB36600 第一类用地筛选值、地下水中污染物达到 GB/T 14848 中地下水使用功能对应标准值为止；长期环境监测频率为地下水原则上每 1~2 年开展一次，出现数据异常可增加监测次数；制度控制措施，如限制地块使用方式、限制地下水利用方式、通知和公告地块潜在风险、限制进入或使用等。可多种制度控制措施结合使用。对于周边存在污染的地块，要做好相应污染防控措施，防止地块外污染物向地块内迁移。

> 第五十三条 土壤污染责任人负有实施土壤污染风险管控和修复的义务。土壤污染责任人不明确或者存在争议的，应当综合考虑污染地块历史使用情况、污染行为、污染贡献等因素，农用地由所在地农业农村、林业草原主管部门会同生态环境、自然资源主管部门组织认定，建设用地由所在地生态环境主管部门会同自然资源主管部门组织认定。
>
> 土壤污染责任人无法认定的，土地使用权人应当实施土壤污染风险管控和修复。
>
> 土壤污染责任人或者使用权人无法确定的污染物含量超过土壤污染风险管控标准的地块，县级以上地方人民政府及其有关部门根据实际情况组织实施土壤污染风险管控和修复。

【解读】本条是关于土壤污染责任的承担主体，以及政府和有关部门主动实施风险管控和修复的规定。

一、土壤污染责任人定义

土壤污染责任人，是指因排放、倾倒、堆存、填埋、泄漏、遗撒、渗漏、流失、扬散污染物或者其他有毒有害物质等，造成建设用地土壤污染，需要依法承担土壤污染风险管控和修复责任的单位和个人。需要注意的是，根据《中华人民共和国土壤污染防治法》的规定，土壤污染，是指因人为因素导致某种物质进入陆地表层土壤，引起土壤化学、物理、生物等方面特性的改变，影响土壤功能和有效利用，危害公众健康或者破坏生态环境的现象。因此，重金属高背景等非人为因素导致的土壤相关问题不属于土壤污染。

二、关于土壤污染责任主体的认定

本条是关于土壤污染责任承担主体的规定。《中华人民共和国土壤污染防治法》对土壤污染责任人如何履行义务进行了明确，即土壤污染责任人负有土壤污染风险管控和修复的义务。土壤污染责任人认定涉及历史污染调查、污染因果关系判定等，是需要在实践中深入探索的一个难点问题。为确保科学合理认定土壤污染责任，国家出台了相关管理办法，主要为《建设用地土壤污染责任人认定暂行办法》和《农用地土壤污染责任人认定暂行办法》。

《建设用地土壤污染责任人认定暂行办法》制定了严格的认定程序。一是开展调查，认定部门可以成立调查组开展调查，也可以指定或者委托调查机构启动调查工作。调查组或者调查机构的主要职责是：调查污染行为，判断污染行为与土壤污染之间的因果关系。二是审查调查报告，行政机关专职人员和有关专家成立土壤污染责任人认定委员会，对调查报告进行审查，并出具审查意见，包括调查报告提出的事实是否清楚、证据是否确实充分、适用法律是否正确；调查程序是否合法合规；以及是否通过审查的结论。成立土壤污染责任人认定委员会，有利于培养稳定的认定队伍，提高认定工作的水平。三是作出决定，行政主管部门在收到土壤污染责任人认定委员会报送的调查报告及审查意见后，作出认定决定，并连同土壤污染责任人认定委员会审查意见告知相关当事人。

《农用地土壤污染责任人认定暂行办法》对不同类型农用地土壤污染责任人的认定主管部门也进行了明确：耕地由农业农村主管部门会同生态环境、自然资源主管部门认定土壤污染责任人；林地、草地由林草主管部门会同生态环境、自然资源主管部门认定土壤污染责任人；其他农用地由农业农村、林草主管部门按照职责分工会同生态环境、自然资源主管部门认定土壤污染责任人。此外，农业农村、林草主管部门可以会同生态环境、自然资源主管部门成立调查组启动土壤污染责任人调查，也可以指定或者委托具备土壤污染责任人认定所需要的专业技术能力的调查机构开展调查工作。

三、拟取得土地使用权的单位或个人如何尽可能避免出现土壤污染责任纠纷的情况

《中华人民共和国土壤污染防治法》及配套政策就土壤污染状况调查作出了相应制度安排，例如："各类涉及土地利用的规划和可能造成土壤污染的建设项目，应当依法进行环境影响评价"；"用途变更为住宅、公共管理与公共服务用地的，变更前应当按照规定进行土壤污染状况调查"；"土壤污染重点监管单位生产经营用地的用途变更或者在其土地使用权收回、转让前，应当由土地使用权人按照规定进行土壤污染状况调查。土壤污染状况调查报告应当作为不动产登记资料送交地方人民政府不动产登记机构，并报地方人民政府生态环境主管部门备案"等。

因此，拟取得土地使用权的单位或个人可以依法向相关单位了解土壤污染状况，以避免可能存在的土壤污染带来后续土壤污染责任纠纷的风险。

第五十四条 受委托从事土壤污染状况调查和土壤污染风险评估、风险管控、修复、风险管控效果评估、修复效果评估、后期管理等活动的单位，应当具备相应的专业能力，并对其出具的土壤污染状况调查报告、土壤污染风险评估报告、效果评估报告的真实性、准确性、完整性负责。地方人民政府生态环境主管部门和其他负有土壤污染防治监督管理职责的部门应当依法采取动态抽查等形式对上述单位相关活动进行监督管理。

受委托从事风险管控、治理与修复的专业机构，应当遵守国家有关环境标准和技术规范，按照委托合同的约定，对风险管控、治理与修复的效果以及后期管理等承担相应责任，并做好修复过程二次污染防范以及施工人员的安全防护工作。

受委托从事风险管控、治理与修复的专业机构，在风险管控、治理与修复等活动中弄虚作假或者造成环境污染、生态破坏的，应当承担相应的法律责任。

【解读】本条是关于从事土壤污染防治有关活动的单位的责任要求的规定。

本条主要规定对从事土壤污染状况调查和土壤污染风险评估、风险管控、修复、风险管控效果评估、修复效果评估、后期管理等活动的单位的条件要求和相关责任。

一、关于专业机构的条件要求

从事土壤污染状况调查和土壤污染风险评估、风险管控、修复、风险管控效果评估、修复效果评估、后期管理等活动的单位应当具备相应的专业能力。根据《土壤污染治理与修复成效技术评估指南（试行）》（环办土壤〔2017〕1953号）文件要求，第三方评估机构应当坚持依法依规、客观公正、科学合理的基本原则开展相应工作，评估机构应符合以下基本条件：（1）遵守国家有关法律法规和政策规定；（2）有健全的组织机构和比较稳定的研究队伍；（3）社会信誉良好；（4）具有承担国家和地方生态环境保护有关战略、规划、政策研究和咨询的工作经验；（5）具有3名以上长期（10年及以上）从事环境保护管理、政策、规划、技术咨询工作经验的高级职称研究人员。具体而言，地方可根据实际对相关单位提出具体要求，例如上海市生态环境局、上海市规划和自然资源局印发了《上海市建设用地土壤污染状况调查、风险评估、风险管控和修复、效果评估等工作的若干规定》（沪环规〔2021〕4号），要求受委托从事土壤污染状况调查、风险评估、风险管控和修复、效果评估、后期管理等活动的从业单位，应当具备相应的专业能力，配备足够的管理、技术和操作人员，环境或地质等相关专业高级职称技术人员不少于5名，中级职称技术人员不少于10名，具有独立承担国内同类项目的业绩。从事上述活动的项目负责人、报告审核人应具有环境或地质等相关专业高级技术职称。

此外，地方人民政府生态环境主管部门和其他负有土壤污染防治监督管理职责的部门对专业机构开展相关活动具有监督管理职责，具体可以通过采取动态抽查的形式进行监管，如不定期抽查土壤污染风险调查报告，审查报告的真实性、准确性、完整性等。

二、关于专业机构的法律责任

专业机构在接受委托开展土壤污染状况调查和土壤污染风险评估、风险管控、修复、风险管控效果评估、修复效果评估、后期管理等活动时，既要遵守国家有关环境标准和技术规范，按照委托合同的约定，规范开展相关活动；也要并做好修复过程二次污染防范以及施工人员的安全防护工作。建设用地修复过程中的二次污染防控的原则、措施和相关技术要求，可以参照《四川省建设用地土壤修复二次污染防控技术指南》（川环办函〔2023〕223号）。

专业机构若在风险管控、治理与修复等活动中弄虚作假或者造成环境污染、生态破坏的，应当承担相应的法律责任。承担的法律责任分为民事、刑事和行政责任三类。

第一类是民事责任，是指专业机构受委托从事风险管控、治理与修复工作，应当基于委托合同在合同约定的范围内对委托人承担责任，对其出具的土壤污染状况调查报告、土壤污染风险评估报告、效果评估报告的真实性、准确性、完整性负责，对风险管控、治理与修复的效果以及后期管理等承担相应责任，并做好修复过程二次污染防范以及施工人员的安全防护工作。未达到合同约定时，土壤污染责任人、土地使用权人或者政府作为委托人可以提起民事诉讼，要求专业机构即被委托人承担违约责任。生态环境主管部门和其他负有土壤污染防治监督管理职责的部门应当依法采取动态抽查等形式对上述单位相关活动进行监督管理。

第二类是刑事责任，是指专业机构受委托从事风险管控、治理与修复工作时，在风险管控、治理与修复等活动中弄虚作假或者造成环境污染和生态破坏的，根据《中华人民共和国刑法》相关规定，可能构成提供虚假证明文件罪、出具证明文件重大失实罪以及污染环境罪等刑事责任。

第三类是行政责任，是指专业机构受委托从事风险管控、治理与修复工作时，实施违反行政法规定的义务的行为所必须承担的法律后果。根据《中华人民共和国行政处罚法》第九条的规定，行政处罚包括以下几种：警告、通报批评；罚款、没收违法所得、没收非法财物；暂扣许可证件、降低资质等级、吊销许可证件；限制开展生产经营活动、责令停产停业、责令关闭、限制从业；行政拘留；法律、行政法规规定的其他行政处罚。

> 第五十五条 发生突发事件可能造成土壤污染和地下水污染的，地方各级人民政府及其有关部门和相关企业事业单位以及其他生产经营者应当立即采取应急措施防止土壤和地下水污染，依法做好土壤污染状况监测、调查和土壤污染风险评估、风险管控、修复等工作。

【解读】本条是关于突发事件造成的土壤污染防治的规定。

一、关于突发事件的应对

突发事件，是指突然发生，造成或者可能造成严重社会危害，需要采取应急处置措施予以应对的自然灾害、事故灾难、公共卫生事件和社会安全事件。为了预防和减少突发事件的发生，控制、减轻和消除突发事件引起的严重社会危害，规范突发事件应对活动，我国专门制定了《中华人民共和国突发事件应对法》。《中华人民共和国环境保护法》第四十七条第一款规定"各级人民政府及其有关部门和企业事业单位，应当依照《中华人民共和国突发事件应对法》的规定，做好突发环境事件的风险控制、应急准备、应急处置和事后恢复等工作。"具体到土壤污染防治工作中，当发生突发事件时，地方各级人民政府及其有关部门和相关企业事业单位以及其他生产经营者应当立即采取应急措施防止土壤和地下水污染，依法做好土壤污染状况监测、调查和土壤污染风险评估、风险管控、修复等工作。

二、关于突发事件造成的土壤污染防治责任主体

突发事件应对的责任主体包括三类：一是地方人民政府及其有关部门；二是相关企业事业单位；三是其他生产经营者。其中，相关企业事业单位以及其他生产经营者的快速反应尤为重要。根据《突发环境事件应急管理办法》相关规定，各级环境保护主管部门和企业事业单位负责突发环境事件风险控制、应急准备、应急处置、事后恢复等工作。其中，县级以上环境保护主管部门负有建立健全突发环境事件应急联动机制、加强突发环境事件应急管理的宣传和教育、开展本行政区域突发环境事件风险评估、制定本部门应急预案等职责。企业事业单位应当履行下列义务：（一）开展突发环境事件风险评估；（二）完善突发环境事件风险防控措施；（三）排查治理环境安全隐患；（四）制定突发环境事件应急预案并备案、演练；（五）加强环境应急能力保障建设。企业事业单位造成或者可能造成突发环境事件时，应当立即启动突发环境事件应急预案，采取切断或者控制污染源以及其他防止危害扩大的必要措施，及时通报可能受到危害的单位和居民，并向事发地县级以上环境保护主管部门报告，接受调查处理。

第四章　保障和监督

第五十六条　地方各级人民政府应当建立土壤污染防治资金投入机制，落实国家有关土壤污染防治的财政、税收、价格、金融等经济政策和措施，引导社会资本、金融机构、企业共同参与土壤污染防治。

鼓励土壤污染重点监管单位购买环境污染责任保险。

【解读】本条是关于经济政策和措施的规定。

一、关于经济政策和措施的内涵

根据本条的规定，有关土壤污染防治的经济政策和措施包括财政、税收、价格、金融等方面。

有关土壤污染防治的财政政策和措施是指在财政资金安排上加大对土壤污染防治的规划、标准、普查、监测、监管以及相关科研、教育等方面的投入，实践中主要体现在对农用地、建设用地、未利用地的风险管控和修复等方面的投入。

有关土壤污染防治的税收政策和措施，是指对从事土壤污染状况调查，风险评估、管控、修复，以及相关效果评估、管理等活动的单位和个人可以通过减免个人所得税、企业所得税等方式给予税收优惠。

有关土壤污染防治的价格政策和措施，是指通过对可能造成土壤污染的商品，如有毒有

害物质、降阻产品、农药等，进行价格上的调控，以减少对土壤造成污染的可能性。

有关土壤污染防治的金融政策和措施，是指通过金融机构在对土壤污染防治相关方面给予信贷支持，并鼓励这些金融机构在办理信贷、融资时加强土壤污染状况调查等。

二、落实经济政策和措施的手段

落实有关土壤污染防治的经济政策和措施主要依赖政府责任，同时引导落实社会责任。

一是落实政府责任。《中华人民共和国土壤污染防治法》第七十一条第一款规定，国家加大土壤污染防治资金投入力度，建立土壤污染防治基金制度。设立中央土壤污染防治专项资金和省级土壤污染防治基金，主要用于农用地土壤污染防治和土壤污染责任人或者土地使用权人无法认定的土壤污染风险管控和修复以及政府规定的其他事项。生态环境部等七个部委联合发布的《"十四五"土壤、地下水和农村生态环境保护规划》明确规定，健全地方为主、中央补助的政府投入体系，加强土壤污染防治财政资金投入保障。

二是落实社会责任。在国家层面，《中华人民共和国环境保护法》第五十二条规定，国家鼓励投保环境污染责任保险。《中华人民共和国土壤污染防治法》第七十二条规定，国家鼓励金融机构加大对土壤污染风险管控和修复项目的信贷投放，同时鼓励金融机构在办理土地权利抵押业务时开展土壤污染状况调查。在省级层面，《四川省环境保护条例》第七十一条规定，鼓励和支持企业事业单位和其他生产经营者投保环境污染责任保险。

> 第五十七条 县级以上地方人民政府可以通过购买第三方服务的方式，开展土壤环境监测、调查评估、污染风险管控和修复等工作。

【解读】本条是关于购买第三方服务的规定。

本条规定的购买第三方服务，是指各级国家机关将属于自身土壤污染防治职责范围且适合通过市场化方式提供的服务事项，按照政府采购方式和程序，交由符合条件的服务供应商承担，并根据服务内容和质量等因素向其支付费用的行为。国务院发布的《土壤污染防治行动计划》明确规定，要发挥市场作用，加大政府购买服务力度，推动受污染耕地和以政府为责任主体的污染地块治理与修复。

一、购买主体和承接主体

根据《政府购买服务管理办法》规定，各级国家机关是第三方服务的购买主体。依法成立的企业、社会组织（不含由财政拨款保障的群团组织），公益二类和从事生产经营活动的事业单位，农村集体经济组织，基层群众性自治组织，以及具备条件的个人可以作为购买第三方服务的承接主体。

购买主体向个人购买服务，应当限于符合购买第三方服务范围并且确实适宜由个人承接的情形，不得以购买第三方服务名义变相用工。第三方服务的承接主体应当符合政府采购法律、行政法规规定的条件，除具备特定条件的个人外，承接主体应当具有独立承担民事责任的能力、具有良好的商业信誉和健全的财务会计制度、具有履行合同所必需的设备和专业技术能力、具有依法缴纳税收和社会保障资金的良好记录以及法律、行政法规规定的其他条件。

二、购买方式及流程

购买第三方服务各环节应当按照《政府购买服务管理办法》等法律、行政法规和相关制度执行。其内容包括购买标准、购买方式和程序、信息公开、质疑投诉、失信惩戒等。购买主体应当根据购买内容的供求特点、市场发育程度、相关供应商服务能力和信用状况等因素，依法按照公平竞争的原则，采用适当采购方式择优确定承接主体。

购买第三方服务按规定程序确定承接主体后，购买主体应当与承接主体签订书面合同。合同的签订、履行、变更，应当遵循《中华人民共和国民法典》及政府采购法律法规的相关规定。合同应当明确服务的内容、期限、数量、质量、价格、资金结算方式、各方权利义务事项和违约责任等内容，且应当依法予以公告。

三、监督管理及法律责任

购买主体应当统筹设定服务项目目标要求和服务需求，科学确定服务项目质量标准，根据项目特点明确购买需求和验收标准并据此编制购买服务预算，组织制定成本核算、绩效评价工作方案，公开购买第三方服务信息，考核、跟踪、监督项目实施情况，组织对项目的评价验收并按规定支付和结算资金。

承接主体应当建立项目台账，依照有关规定或合同约定记录保存，并向购买主体提供项目实施相关重要资料信息。建立健全财务制度，严格遵守相关规定，对购买服务的项目资金进行规范的财务管理和会计核算，加强自身监督，确保资金规范管理和使用。严格履行合同义务，认真组织实施服务项目，按时完成服务项目任务，保证服务数量、质量和效果，严禁转包行为。

购买主体、承接主体及其他参与方在购买第三方服务活动中，存在违反相关法律法规行为的，依法依规予以处理处罚；存在截留、挪用和滞留资金等财政违法行为的，依法依规追究法律责任；涉嫌犯罪的，移送司法机关处理。财政部门、购买主体及其工作人员，存在违反规定滥用职权、玩忽职守、徇私舞弊等违法违纪行为的，按照《中华人民共和国刑法》《中华人民共和国预算法》《中华人民共和国公务员法》《中华人民共和国监察法》《财政违法行为处罚处分条例》等国家有关规定追究相应责任；涉嫌犯罪的，移送司法机关处理。

> 第五十八条　省人民政府根据国家规定，设立省级土壤污染防治基金，主要用于农用地土壤污染防治和土壤污染责任人或者土地使用权人无法认定的土壤污染风险管控和修复以及政府规定的其他事项。
>
> 对土壤污染责任人和土地使用权人暂时无法认定的土壤污染实施污染风险管控和修复后，后期能够认定土壤污染责任人的，县级以上地方人民政府应当向其追偿，并将追偿所得纳入土壤污染防治基金。

【解读】本条是关于省级土壤污染防治基金制度的规定。

根据《土壤污染防治基金管理办法》（财资环〔2021〕35号）规定，土壤污染防治基金是指由省、自治区、直辖市、计划单列市（以下统称省）级财政通过预算安排资金，单独出资或者与社会资本共同出资设立，采用股权投资等市场化方式，引导各类社会资本投资土壤污染防治，支持土壤修复治理产业发展的政府投资基金。主要用于农用地土壤污染防治和土壤污染责任人或者土地使用权人无法认定的土壤污染风险管控和修复以及政府规定的其他事项。农用地，特别是耕地，关系到国家粮食安全问题，所以对受到污染的农用地应当优先进行污染风险管控和修复。另外，《土壤污染防治行动计划》对污染土壤的安全利用率提出了目标，按照"谁污染，谁治理"的原则，明确治理与修复主体。土壤污染修复费用主要由土壤污染责任人承担。但由于历史原因导致的土壤受到污染的土地找不到其责任人或者土地使用权人，则意味着无法根据"谁污染、谁治理"的原则找到承担修复受污染土壤的责任人，那么此时就可以使用省级土壤污染防治基金开展土壤修复治理。

一、省级土壤污染防治基金的设立

省级财政部门会同生态环境等部门根据工作实际，研究制定基金设立方案，明确基金管理模式、治理结构与基金管理机构确定方式等。基金应当由省级财政部门或者省级财政部门会同生态环境等部门报本级政府批准设立，并报财政部和生态环境部等部门备案。

国家鼓励土壤污染防治任务重、具备条件的省设立基金，积极探索基金管理有效模式和回报机制。

二、省级土壤污染防治基金的使用

省级土壤污染防治基金与国家土壤污染防治专项资金一样，主要用于农用地土壤污染防治、土壤污染责任人或者土地使用权人无法认定的土壤污染风险管控和修复，以及政府规定的其他事项。需要注意的是，土壤污染防治专项资金与基金不得对同一项目安排资金，避免重复投入。

基金按照市场化原则运作，各出资方应当按照"利益共享、风险共担"的原则，明确约定收益处理和亏损负担方式。投资收益和利息等归属政府的，除明确约定继续用于基金滚动使用外，应当按照财政国库管理制度有关规定及时足额上缴本级国库。基金的亏损应当由出资方共同承担，政府应当以出资额为限承担有限责任。

地方政府确需举借债务用于土壤污染防治的，应当按照预算法等有关规定，采取发行地方政府债券等方式规范举债，不得以基金方式变相举债、新增隐性债务。

三、省级土壤污染防治基金的监管

基金应当遵照国家有关预算和财务管理制度等规定，建立健全内部控制和外部监管制度，建立投资决策和风险约束机制，防范基金运作风险。基金应当实行全过程绩效管理，保障政策目标实现，促进基金高效运行。

省级财政部门会同生态环境等部门应对基金运行开展绩效监控，实时跟踪基金使用、项目进度以及绩效目标完成情况，在年度绩效自评的基础上，适时开展外部绩效评价，落实评价结果与资金补充、风险补偿、薪酬待遇等直接挂钩的激励约束机制。

省级财政部门应当会同有关业务部门对基金运作情况进行监督，对于发现的问题应当按照预算法和财政违法行为处罚处分条例等有关规定予以处理；涉嫌犯罪的，移送司法机关追究刑事责任。省级财政部门、有关业务部门及其工作人员在基金管理中，存在滥用职权、玩忽职守、徇私舞弊等违法违纪行为的，依照预算法、监察法、财政违法行为处罚处分条例、行政机关公务员处分条例等追究责任；构成犯罪的，依法追究刑事责任。

> 第五十九条 县级以上地方人民政府及其有关部门应当支持土壤污染防治科学技术研究，加强成果转化和推广应用，鼓励先进技术的引进与本土化发展。建立完善土壤污染防治专业技术人才培养机制，促进土壤污染防治科学技术进步。

【解读】本条是关于支持土壤污染防治科技研发和人才培养的规定。

一、支持土壤污染防治科学技术研究开发、成果转化和推广应用

根据本条的规定，县级以上地方人民政府及其有关部门支持土壤污染防治科学技术研究开发、成果转化和推广应用，根据《四川省科学技术进步条例》的规定，可以通过以下方式支持科学技术研究、技术开发与科学技术应用：

一是设立科学技术计划资金。主要用于支持对本省经济建设和社会发展具有战略性、基础性、前瞻性作用的前沿技术研究、社会公益性技术研究、重大共性关键技术研究；产业关键技术、核心技术和重大新产品、新工艺的研究开发；重大科学技术成果的转化，包括中间试验、示范、应用和推广；企业、科学技术研究开发机构、高等学校联合开展的技术研究开发和推广应用活动；科学技术基础条件与设施建设，公共科学技术服务平台建设；企业自主创新能力建设和高新技术产业化示范；科学技术、经济和社会发展战略、规划与政策研究；科学技术普及、交流与合作；资助培养高科技领域中年轻的学术带头人和技术带头人；农业新品种、新技术、新模式、新机具的研究开发和农业科学技术成果的应用、推广；其他与科学技术创新相关的事项。

二是税收优惠。企业开发新技术、新产品、新工艺发生的研究开发费用，可以按照国家有关规定税前列支并加计扣除；企业用于科学技术研究开发仪器、设备，符合国家规定的，可以加速折旧。企业开发生产国家级、省级新产品或者发明专利产品，依法认定的科技型企业、高新技术企业和创新型企业，依法享受税收等优惠。

三是金融支持。鼓励和支持金融机构对科技型企业进行融资担保，支持科技型中小企业

融资服务平台建设。鼓励金融机构开展知识产权质押融资业务等创新业务，鼓励保险机构根据高新技术产业发展的需要开发保险品种，支持科学技术应用和高新技术产业发展。政策性金融机构应当在其业务范围内，为科学技术应用和高新技术产业发展优先提供金融服务。金融机构应当支持科学技术研究开发、成果推广，拓宽科学技术贷款领域，按照国家有关规定给予优惠利率。

四是政府采购措施。建立健全支持采购创新产品和服务政策，完善首台（套）重大技术装备保险补偿机制。鼓励企业采用首购、订购等非招标采购方式以及政府购买服务等方式支持创新产品的研发和规模化应用。

五是培育和发展技术市场。建立科学技术奖励制度，依法对在科学技术进步活动中作出突出贡献的组织、个人给予表彰和奖励。建立健全以财政投入为引导，企业投入为主体，民间资金、境外资金参与的多元化投入体系。鼓励国内外的组织或者个人捐赠财产、设立科学技术基金，资助科学技术研究开发和科学技术普及。县级以上地方人民政府充分利用科学技术成果转化基金，促进土壤污染防治科学技术成果转化以及重大科学技术成果的产业化。

二、加强土壤污染防治专业技术人才培养

我国土壤修复产业才刚刚起步，加上四川土壤情况复杂，必须根据具体情况采取不同的修复措施,这就要求从事这项工作的人员需要具备高度的专业性。地方人民政府及有关部门、企业事业单位应当重视培养土壤污染防治的科学技术人才，引进创新人才和高端科学技术人才，依托重大科学技术研究项目、国际科学技术交流与合作项目、科学技术研究基地，培养科学技术创新高层次人才。

一是加强权益保障。科学技术成果完成的组织或者个人依法实施土壤污染防治科学技术成果转化的，按照国家和省有关规定享受权益。

二是优惠补贴政策。在农村、民族地区或者恶劣环境中工作的科学技术人员，按照有关享受优惠政策。科学技术人员被组织选派到民族地区、边远贫困地区或者恶劣环境中服务的，服务期间原单位应当按照国家有关规定给予补贴，提供相应的职业健康卫生保护。

三是引入多方人才。鼓励科学技术研究开发机构、高等学校设立一定比例流动岗位，吸引有创新实践经验的企业家和企业科学技术人员参与教学和科学技术研究开发活动。

四是鼓励科研探索。科学技术人员承担财政性资金设立的探索性强、风险高的科学技术研究开发项目，其原始记录能够证明已经履行了勤勉尽责义务仍不能完成项目的，经专家评议和项目管理部门认定，可以依照相关规定给予项目结题，不影响其再申请科学技术项目。

第六十条 地方人民政府生态环境主管部门和其他负有土壤污染防治监督管理职责的部门可以采用天基卫星、空基遥感、航空无人机、移动监测车、地面观测等监管手段,建立定期检查机制,加强对污染地块开发利用活动的监督管理。

【解读】本条是关于加强对污染地块开发利用活动监管的规定。

一、污染地块的定义

根据《污染地块土壤环境管理办法（试行）》规定，疑似污染地块，是指从事过有色金属冶炼、石油加工、化工、焦化、电镀、制革等行业生产经营活动，以及从事过危险废物贮存、利用、处置活动的用地。而按照国家技术规范确认超过有关土壤环境标准的疑似污染地块，称为污染地块。

二、污染地块开发利用要求

根据《污染地块土壤环境管理办法（试行）》和《四川省建设用地土壤环境管理办法》有关规定，污染地块经治理与修复，并符合相应规划用地土壤环境质量要求后，可以进入用地程序。

一是实施风险管控。污染地块拟开发利用的，污染地块土地使用权人应当根据风险评估结果，并结合污染地块相关开发利用计划，有针对性地实施风险管控。对拟开发利用为居住用地和商业以及学校、医疗、养老机构等公共管理与公共服务用地和建设用地复垦的污染地块，实施以安全利用为目的的风险管控。污染地块土地使用权人应当编制风险管控方案，包括管控区域、目标、主要措施、地下水污染防治、环境监测计划以及应急措施等内容。土地使用权人应当按照风险管控方案要求，采取及时移除或者清理污染源，污染隔离、阻断防止污染扩散，开展土壤、地表水、地下水、空气环境监测等措施，发现污染扩散的，及时采取有效补救措施等风险管控措施。

二是治理与修复。对拟开发利用为居住用地和商业以及学校、医疗、养老机构等公共管理与公共服务用地的污染地块，经风险评估确认需要治理与修复的，土地使用权人应当编制治理与修复工程方案，包括项目背景、地块问题识别、治理修复范围和目标、治理修复技术筛选、技术工艺路线和工艺参数、治理修复技术方案设计、地下水污染防治、环境管理计划、修复工程设计、成本效益分析、二次污染防范措施等内容。

三是效果评估。风险管控、治理与修复工程完工后，土地使用权人应当委托第三方机构按照国家有关环境标准和技术规范，开展风险管控效果、治理与修复效果进行评估，编制风险管控、治理与修复效果评估报告，申请移出建设用地土壤风险管控和修复名录。风险管控效果评估报告应当包括风险管控工程概况、生态环境措施落实情况，以及是否达到风险管控目标等内容。治理与修复效果评估报告应当包括治理与修复工程概况、生态环境措施落实情况、治理与修复效果监测结果、评估结论及后续监测建议等内容，并附具采样信息和检测报告。

四是后期管理。风险管控、修复活动完成后，需要实施后期管理的，土地使用权人应当按照要求实施后期管理。

三、污染地块开发利用监管要求

各级生态环境主管部门应当会同经济和信息化、自然资源、城乡规划等部门，建立和完善污染地块信息沟通机制，对污染地块的开发利用实行联动监管，可以采用天基卫星、空基遥感、航空无人机、移动监测车、地面观测等监管手段，对本行政区域具有高风险的污染地块，优先开展环境保护监督管理。未达到土壤污染状况详细调查和风险评估报告确定的风险管控、修复目标的建设用地地块，禁止开工建设任何与风险管控、修复无关的项目。

第六十一条 本省依法实行土壤污染防治目标责任制和考核评价制度,将土壤污染防治目标完成情况作为考核评价地方各级人民政府及其负责人、县级以上地方人民政府负有土壤污染防治监督管理职责的部门及其负责人的内容。

【解读】本条是关于地方政府责任和考核制度的规定。

一、关于地方政府的土壤污染防治和安全利用责任

根据《中华人民共和国土壤污染防治法》第五条规定，地方各级人民政府应当对本行政区域土壤污染防治和安全利用负责。《土壤污染防治行动计划》明确提出，实行目标责任制，国务院与各省（区、市）政府签订土壤污染防治目标责任书，分解落实目标任务；分年度对各省（区、市）重点工作进展情况进行评估，评估和考核结果作为对领导班子和领导干部综合考核评价、自然资源资产离任审计的重要依据，同时作为土壤污染防治专项资金分配的重要参考依据。

二、关于土壤污染防治的目标责任制和考核评价制度

土壤污染防治目标责任制，就是确定土壤污染防治工作的具体目标及任务，规定实现该目标的具体措施，通过签订责任文书明确责任，按照有关规定实施考核，保障措施得以落实、目标得以实现。实施目标责任制，可以明确了一个区域、一个部门乃至一个单位环境保护主要责任人和具体责任范围，通过目标化、定量化、制度化的管理方法，促使相关任务能够得到层层分解落实，达到既定的环保目标。

考核评价制度，就是指对于目标责任制所确定的具体目标和任务的责任的实施情况和具体效果，按照预先设定的指标和评估方法，进行绩效评价。在中国的地方行政管理实践中，考核评价是政府行为的指挥棒，考核评价什么，政府的施政重点就是什么；考核评价什么多一些，政府对什么的重视就多一些。

三、考核评价的对象

根据本条规定，它包括两类主体：一是地方政府，具体指地方各级政府及其负责人，即将土壤污染防治目标完成情况作为考核评价地方各级政府及其负责人的内容；二是地方政府部门，具体指县级以上政府负有土壤污染防治监督管理职责的部门及其负责人，即将土壤污染防治目标完成情况作为考核评价有关部门及其负责人的内容。

四、考核评价方法

根据 2018 年生态环境部、国家发展和改革委员会、科学技术部、工业和信息化部等部门向各地方政府联合印发的《土壤污染防治行动计划实施情况评估考核规定（试行）》规定，评估考核内容包括两个方面，一是年度性评估土壤污染防治重点工作完成情况，二是终期性考核土壤污染防治目标完成情况；评估考核采用评分法，评估考核工作由生态环境部牵头，会同国务院相关部门组成评估考核工作组，负责组织实施评估考核工作；评估考核采取自查评分、部门审查、组织抽查综合评价四个步骤；评估考核结果经国务院审定后，由生态环境部向各省（区、市）政府通报。

第六十二条　省人民政府生态环境主管部门应当会同有关部门对土壤环境质量下降的县（市、区）人民政府进行预警提醒。

对土壤污染问题突出、防治工作不力、群众反映强烈的地区，省人民政府生态环境主管部门应当会同有关部门约谈问题所在市（州）人民政府及其有关部门主要负责人，要求其采取措施及时整改。约谈整改情况应当向社会公开。

省人民政府生态环境主管部门和其他负有土壤污染防治监督管理职责的部门应当对重大土壤环境违法案件、公众反映强烈的突出土壤环境问题进行挂牌督办，责成所在地人民政府及其有关部门限期查处、整改。

【解读】本条是关于预警提醒、约谈、挂牌督办的规定。

一、关于预警提醒的定义及内容

一是预警提醒的定义。预警提醒是指地方政府会同有关部门通过书面通知、约谈或者公告等形式，对超载地区、临界超载地区进行预警提醒，督促相关地区转变发展方式，降低资源环境压力。超载地区要根据超载状况和超载成因，因地制宜制定治理规划，明确资源环境达标任务的时间表和路线图。根据《土壤污染防治行动计划》和《土壤污染防治行动计划四川省工作方案》规定，对优先保护类耕地面积减少或土壤环境质量下降的县（市、区）要进行预警提醒，并依法采取环评限批等限制性措施。

二是预警提醒的主体和对象。预警提醒的主体是省人民政府生态环境主管部门以及有关部门，对象是土壤环境质量下降的县（市、区）人民政府。

三是其他事项。开展预警提醒要主动接受社会监督，发挥媒体、公益组织和志愿者作用，鼓励公众举报资源环境破坏行为。加大宣传教育和科学普及力度，保障公众知情权、参与权、监督权。

二、关于约谈的定义及内容

一是约谈的定义。约谈是省级以上人民政府生态环境主管部门会同有关部门约见土壤污染问题突出、防治工作不力、群众反映强烈的地区人民政府及其有关部门主要负责人，指出问题、听取情况说明、开展提醒谈话、提出整改建议，并督促整改的一种行政措施。

二是约谈的主体和对象。本条规定针对土壤污染问题约谈的主体是省级以上人民政府生态环境主管部门和有关部门，有关部门包括组织部门、监察机关和其他有关部门和机构。约谈的对象是土壤污染问题突出、防治工作不力、群众反映强烈的地区的设区市级以上地方人民政府及其有关部门主要负责人。

三是约谈的情形。根据《四川省生态环境厅约谈办法》，存在下列情形之一的，视情况进行约谈：对习近平总书记及其他中央领导同志，省部级领导同志作出重要指示批示的生态环境问题整改不力，对党中央、国务院和省委、省政府交办事项落实不力的；超过重点污染物排放总量控制指标，未完成或难以完成大气、水、土壤污染防治和碳排放强度控制、危险废物管理等目标任务的；污染防治、生态保护、核与辐射安全工作推进不力，行政区域内生态环境质量明显恶化、生态破坏严重、核与辐射安全问题突出的；中央、省级督查发现问题整改不力，且造成不良影响的；因工作不力或履职不到位导致发生重特大突发生态环境事件或引起群体性事件的，连续发生突发生态环境事件造成严重后果的，以及落实重特大突发生态环境事件相关处置整改要求不到位的；行政区域内建设项目、固定污染源等环境违法问题突出，或发生重大恶意环境违法案件并造成恶劣影响的，或屡查屡犯、严重环境违法行为长期未纠正的；生态环境保护平时不作为、急时"一刀切"问题突出，群众反映强烈、久拖不决、社会关注度高、群众反复投诉的；生态环境质量监测数据弄虚作假或干预生态环境行政执法监管，造成恶劣影响的；中央、省级环保专项资金使用存在突出问题的；以及法律法规或政策明确的其他需要约谈的情形。

三、关于挂牌督办的定义及内容

一是挂牌督办的定义。本条规定的挂牌督办是指生态环境主管部门和其他负有土壤污染防治监督管理职责的部门对重大土壤环境违法案件、公众反映强烈的突出土壤环境问题办理提出明确要求，公开督促所在地人民政府及其有关部门办理，并向社会公开办理结果，接受公众监督的一种行政手段。

二是挂牌督办的主体和对象。本条规定的挂牌督办主体是生态环境主管部门和其他负有土壤污染防治监督管理职责的部门，挂牌督办对象是重大土壤环境违法案件、公众反映强烈的突出土壤环境问题所在地人民政府及其有关部门。

三是环境违法案件挂牌督办的情形。参照《环境违法案件挂牌督办管理办法》，符合下列条件之一的案件经现场核实，有明确的违法主体，环境违法事实清楚、证据充分，可以挂牌督办：公众反映强烈、影响社会稳定的环境污染或生态破坏案件；造成重点流域、区域重大污染，或环境质量明显恶化的环境违法案件；威胁公众健康或生态环境安全的重大环境安全隐患案件；长期不解决或屡查屡犯的环境违法案件；违反建设项目环保法律法规的重大环境违法案件；省级以下（不含省级）人民政府出台有悖于环保法律、法规的政策或文件的案件；其他需要挂牌督办的环境违法案件。

第六十三条　省人民政府生态环境主管部门和其他负有土壤污染防治监督管理职责的部门应当将从事土壤污染状况调查和土壤污染风险评估、风险管控、修复、风险管控效果评估、修复效果评估以及后期管理的单位和个人的执业情况，纳入信用系统建立信用记录，依法将违法信息记入社会诚信档案，并纳入全国信用信息共享平台和国家企业信用信息公示系统向社会公布。

【解读】本条是关于对从事土壤污染风险管控和修复活动相关单位和个人的监管的规定。

一、关于从事土壤污染风险管控和修复活动相关单位和个人的定义

根据《建设用地土壤污染风险管控和修复从业单位和个人执业情况信用记录管理办法（试行）》规定，建设用地土壤污染风险管控和修复从业单位是指从事土壤污染状况调查、土壤污染风险评估、风险管控方案编制、修复方案编制、风险管控施工、修复施工、风险管控效果评估、修复效果评估、后期管理、相关工程监理、相关土壤和地下水监测等活动的单位。建设用地土壤污染风险管控和修复从业个人是指在上述从业单位中直接负责的主管人员和其他直接责任人员。

二、纳入信用清单管理的内容

建设用地土壤污染风险管控和修复从业单位和个人执业情况的记录、公开、应用等管理活动，除应当遵守《建设用地土壤污染风险管控和修复从业单位和个人执业情况信用记录管理办法（试行）》外，还应遵守《四川省社会信用条例》的相关规定。需要纳入信用清单管理的内容：一是从业单位基本情况信息，即能够确认、区分从业单位身份的信息，具体包括：注册登记、备案基本情况，包括单位名称、组织机构类型、法定代表人（负责人）姓名及其身份证件类型和号码、统一社会信用代码、注册资本、住所和联系电话；专业资质信息，包括资质类型、发证机关、证书编号和证书有效期限，专业资质信息一般适用于监测单位，风险管控、修复施工单位、工程监理单位可以录入说明其自身能力水平的相关资质信息；变更情况，包括上述单位基本情况等的变更等。

二是从业个人基本情况信息，即能够确认、区分从业个人身份的信息，具体包括：个人基本情况，包括姓名、国籍、身份证件类型和号码、所在单位名称、在岗情况及其证明材料等；变更情况，包括上述个人基本情况等的变更等。

三是从业单位业绩情况信息，即从业单位从事建设用地土壤污染风险管控和修复相关项目业绩信息。其中，对于从事土壤污染状况调查、土壤污染风险评估、风险管控效果评估、修复效果评估的单位，业绩情况信息包括：项目类别、项目名称、项目所在地、地块上原经

营活动所属行业类别、地块面积、项目合同约定完成期限及实际完成期限（附证明材料）、所委托的土壤和地下水监测单位、业主单位等。对于从事风险管控方案编制、修复方案编制、风险管控施工、修复施工、后期管理、工程监理、土壤和地下水监测单位，业绩情况信息包括：项目类别、项目名称、项目所在地、地块上原经营活动所属行业类别、地块面积、项目合同约定完成期限及实际完成期限（附证明材料）、业主单位等。

四是从业个人业绩情况信息，即从业个人从事建设用地土壤污染风险管控和修复相关项目业绩信息。其中，对从事土壤污染状况调查、土壤污染风险评估、风险管控效果评估、修复效果评估的个人，业绩情况信息包括：项目类别、项目名称、项目所在地、地块上原经营活动所属行业类别、地块面积、项目合同约定完成期限及实际完成期限（附证明材料）、担任直接负责的主管人员和其他直接责任人员情况及负责篇章等。对从事风险管控方案编制、修复方案编制、风险管控施工、修复施工、后期管理、工程监理、土壤和地下水监测单位的个人，业绩情况信息包括：项目类别、项目名称、项目所在地、地块上原经营活动所属行业类别、地块面积、项目合同约定完成期限及实际完成期限（附证明材料）、担任直接负责的主管人员和其他直接责任人员情况等。

此外，还包括报告评审信息、行政处罚信息、虚假业绩信息举报核实情况等。

> 第六十四条　地方人民政府生态环境主管部门和其他负有土壤污染防治监督管理职责的部门应当向社会公布举报方式，接受对污染土壤行为的举报并及时依法处理。接受举报的部门应当对举报人的相关信息予以保密；对实名举报并查证属实的，按照国家和省有关规定给予奖励。
>
> 新闻媒体应当加强对污染土壤环境违法行为的舆论监督。

【解读】本条是关于举报制度和舆论监督的规定。

一、关于举报方式

本条规定，地方人民政府生态环境主管部门和其他负有土壤污染防治监督管理职责的部门应当向社会公布举报方式。根据《土壤污染防治行动计划四川省工作方案》规定，实行有奖举报，引导公众、新闻媒体、民间环境保护机构参与土壤污染防治工作，鼓励公众通过环保、农业、国土资源举报热线、信函、电子邮件、政府网站、微信公众平台等途径，对乱排废水、废气，乱倒废渣、污泥等污染土壤、农田环境的违法行为进行监督。结合《四川省生态环境违法行为举报奖励办法》，举报人可以通过以下途径举报生态环境违法行为：一是电话举报，通过各级12345、12369热线举报；二是来信来访举报，通过各级人民政府和生态环境部门的信访接待部门举报；三是新媒体举报，通过国家"12369环保举报"微信公众号和地方生态环境部门确定并公布的微信、微博举报账号举报；四是通过地方党报、电视台、政府网站设立的"环保曝光台"等新闻栏目举报；五是通过综治网格、环境监管网格举报。

二、关于保密义务

本条规定，接受举报的部门应当对举报人的相关信息予以保密。生态环境部办公厅《关于实施生态环境违法行为举报奖励制度的指导意见》明确，各地在实施举报奖励工作中，应进一步增强责任意识和保密意识，对举报人的个人信息要严格保密。对生态环境部门工作人员在举报受理和查处过程中推诿拖延、通风报信、玩忽职守、徇私舞弊，违规泄露举报人信息，以及违规透露线索给他人举报以获取奖励，挪用、侵吞举报奖励经费等违法违纪行为，依法追究责任。对举报人捏造、歪曲事实，恶意谎报或向被举报单位索要财物，严重扰乱举报奖励工作的，依法追究责任。《四川省生态环境违法行为举报奖励办法》同样规定，举报受理、查处和兑奖单位及其工作人员对举报人负有保密义务，不得泄露举报人个人信息。加强举报保密管理，保护举报人合法权益。

三、关于举报奖励

本条规定，对实名举报并查证属实的，按照国家和省有关规定给予奖励。获得奖励需要满足三个条件，一是实名举报，举报人应当提供真实有效的身份信息、联系方式，多人联合举报同一违法行为的，分别提供个人信息。二是查证属实，举报人需要提供违法行为主体的名称，生态环境违法行为发生时间、具体位置和内容，能够说明违法情况的照相摄像资料、书面材料等重要线索。同时需要注意以下几点：举报内容应客观真实，不得编造、诬告；举报人需配合调查核实相关举报信息；提供的证据或线索事先未被生态环境主管部门和其他负有土壤污染防治监督管理职责的部门掌握或被媒体曝光；举报时违法行为非经生态环境主管部门和其他负有土壤污染防治监督管理职责的部门处罚后正在整改；举报事项与生态环境主管部门和其他负有土壤污染防治监督管理职责的部门认定的违法事实基本一致；属于上述部门职责范围。三是履行规定程序，生态环境主管部门和其他负有土壤污染防治监督管理职责的部门要规范奖励发放程序，在严格依法的前提下，提高举报奖励工作效率，优化、简化审核发放流程，减少获取不必要的个人信息，确保奖金足额发放。对实施重奖的，举报人就发放方式有特殊要求的，在合法基础上可以酌情考虑。鼓励探索使用电子支付等便捷方式发放奖金，方便举报人领取。

四、关于舆论监督

新闻媒体包括纸质媒体（报刊、杂志）和电子媒体（广播、电视）两种。随着互联网的兴起，微博、公众号等逐渐成为一种新的媒体类型。中共中央、国务院《关于全面加强生态环境保护坚决打好污染防治攻坚战的意见》中明确要求健全生态环境新闻发布机制，充分发挥各类媒体作用。省、市两级要依托党报、电视台、政府网站，曝光突出环境问题，报道整改进展情况。建立政府、企业环境社会风险预防与化解机制。完善环境信息公开制度，加强重特大突发环境事件信息公开，对涉及群众切身利益的重大项目及时主动公开。

第五章 法律责任

> 第六十五条 违反本条例规定的行为,法律、行政法规已有法律责任规定的,从其规定。

【解读】本条是关于法律责任的衔接规定。

本条规定是为了保持法治统一,与国家法律、行政法规进行有效衔接,也是严格贯彻落实立法不重复原则的体现。有的违法行为虽然属于本《条例》的调整范围,但其他法律、行政法规对其法律后果有相应的法律责任规定,因此在执法实践中依据其他法律、行政法规确定当事人的权利义务。

> 第六十六条 地方各级人民政府、生态环境主管部门或者其他负有土壤污染防治监督管理职责的部门未依照本条例规定履行职责的,对直接负责的主管人员和其他直接责任人员依法给予处分。

【解读】本条是关于政府及部门责任的规定。

一、违法主体

根据本条规定,违法主体是地方各级人民政府、生态环境主管部门或者其他负有土壤污染防治监督管理职责的部门,承担责任的主体是直接负责的主管人员和其他直接责任人员。其中,直接负责的主管人员,是指直接组织实施了本条规定的违法行为的领导人员。其他直接责任人员,是指虽非直接领导者,但对违法行为负有直接责任的人员。

二、行为要件

对于上述部门未按规定履行职责的行为,主要是未履行本《条例》明确规定的监督管理职责。根据本《条例》规定,以生态环境主管部门为例,监督管理职责包括编制土壤污染防治规划、制定土壤污染风险管控标准、开展土壤污染状况普查、制定土壤环境监测规范、组织监测网络、公布重点控制的土壤有毒有害物质名录、制定土壤污染重点监管单位名录、定期监测周边土壤、建设用地土壤污染责任人不明确时的认定、制定并公布土壤污染风险管控和修复名录、制定土壤风险评估规定、组织评审风险管控和修复效果评估报告、约谈地方政府、依法实施现场检查、公开土壤污染状况和防治信息、建立诚信档案等多方面的内容。生态环境、发展改革、经济和信息化、科技、财政、自然资源、住房城乡建设、交通运输、水利、农业农村、卫生健康、林业草原、市场监督管理等主管部门必须依法依规切实履行好各项职责。

三、法律责任承担方式

满足上述要件的违法行为，承担责任的方式是行政处分。依照《中华人民共和国公务员法》等法律法规的规定，处分包括警告、记过、记大过、降级、撤职、开除六种。《中华人民共和国公务员法》还规定，对公务员的处分，应当事实清楚、证据确凿、定性准确、处理恰当、程序合法、手续完备。公务员受处分的期间为：警告，六个月；记过，十二个月；记大过，十八个月；降级、撤职，二十四个月。公务员受开除以外的处分，在受处分期间有悔改表现，并且没有再发生违纪行为的，处分期满后，由处分决定机关解除处分并以书面形式通知本人。

> 第六十七条　违反本条例第二十三条规定，输油管、加油站、排污管、地下储罐、填埋场和存放或者处理有毒有害物质的地下水池、半地下水池等设施设备的设计、建设、使用，不符合防腐蚀、防渗漏、防挥发等要求的，或者设施设备的所有者和运营者未对设施设备定期开展腐蚀、泄漏检测的，由地方人民政府生态环境主管部门或者其他负有土壤污染防治监督管理职责的部门责令改正，处二万元以上二十万元以下的罚款；造成环境污染后果严重的，处二十万元以上二百万元以下的罚款；拒不改正的，责令停产整治。

【解读】本条是关于相关设施设备的设计、建设或者使用不符合要求，或者存在腐蚀、泄漏风险的法律责任规定。

一、违法主体

违法主体为输油管、加油站、排污管、地下储罐、填埋场和存放或者处理有毒有害物质的地下水池、半地下水池等设施设备的所有者、运营者。

二、行为要件

本条针对的对象同为输油管、加油站、排污管、地下储罐、填埋场和存放或者处理有毒有害物质的地下水池、半地下水池等设施设备，但针对的违法行为有两类，一是设施设备的设计、建设、使用不符合防腐蚀、防渗漏、防挥发等要求，二是设施设备的所有者和运营者未对设施设备定期开展腐蚀、泄漏检测。

三、法律责任承担方式

本条规定的法律责任有三种，一是责令改正；二是罚款，罚款数额有两档，第一档是行为罚，只要实施了本条规定的违法行为，即处二万元以上二十万元以下罚款，第二档是针对造成环境污染后果严重的，处二十万元以上二百万元罚款；三是拒不改正的，责令停产整治。

> 第六十八条 违反国家规定污染土壤环境、破坏土壤生态，损害国家利益、社会公共利益的，国家规定的机关或者法律规定的组织可以依法向人民法院提起诉讼。

【解读】本条是关于公益诉讼的规定。

一、社会组织的公益诉讼主体资格

根据《中华人民共和国环境保护法》第五十八条规定，对污染环境、破坏生态、损害社会公共利益的行为，依法在设区的市级以上人民政府民政部门登记，专门从事环境保护公益活动连续五年以上且无违法记录的社会组织可以向人民法院提起诉讼，并且提起诉讼的社会组织不得通过诉讼牟取经济利益。

根据《最高人民法院关于审理环境民事公益诉讼案件适用法律若干问题的解释》（法释〔2020〕20号）规定，一是明确社会组织的范围，是指依照法律、法规的规定，在设区的市级以上人民政府民政部门登记的社会团体、基金会以及社会服务机构等。二是明确专门从事环境保护公益活动的定义，社会组织章程确定的宗旨和主要业务范围是维护社会公共利益，且从事环境保护公益活动的，同时社会组织提起的诉讼所涉及的社会公共利益，应与其宗旨和业务范围具有关联性。三是明确无违法记录的定义，是指社会组织在提起诉讼前五年内未因从事业务活动违反法律、法规的规定受过行政、刑事处罚的。

二、人民检察院的公益诉讼主体资格

一是提起民事公益诉讼。根据《中华人民共和国民事诉讼法》等有关规定，人民检察院在履行职责中发现破坏生态环境和资源保护等损害社会公共利益的行为，在没有法律规定的有关机关和组织或者有关机关和组织不提起诉讼的情况下，可以向人民法院提起诉讼。有关机关或者组织提起诉讼的，人民检察院可以支持起诉。根据《最高人民法院、最高人民检察院关于检察公益诉讼案件适用法律若干问题的解释》（法释〔2020〕20号），明确界定了检察机关"公益诉讼起诉人"的身份，规定生态环境和资源保护刑事案件中，需追究被告民事侵权责任的，检察机关可以一并提起附带民事公益诉讼。

二是提起行政公益诉讼。根据《中华人民共和国行政诉讼法》等有关规定，人民检察院

在履行职责中发现生态环境和资源保护等领域负有监督管理职责的行政机关违法行使职权或者不作为，致使国家利益或者社会公共利益受到侵害的，应当向行政机关提出检察建议，督促其依法履行职责。行政机关不依法履行职责的，人民检察院依法向人民法院提起诉讼。

第六章　附　则

第六十九条　本条例下列用语的含义：

（一）土壤污染，是指因人为因素导致某种物质进入陆地表层土壤，引起土壤化学、物理、生物等方面特性的改变，影响土壤功能和有效利用，危害公众健康或者破坏生态环境的现象；

（二）农用地，是指直接用于农业生产的土地，包括耕地、林地、草地、农田水利用地、养殖水面等；

（三）建设用地，是指建造建筑物、构筑物的土地，包括城乡住宅和公共设施用地、工矿用地、交通水利设施用地、旅游用地、军事设施用地等；

（四）未利用地，是指农用地和建设用地以外的土地，包括滩涂、沼泽地、盐碱地、沙地、裸土地等。

【解读】本条是关于用语解释的规定。

一、关于土壤污染的含义

根据《中华人民共和国土壤污染防治法》第二条规定，土壤污染，是指因人为因素导致某种物质进入陆地表层土壤，引起土壤化学、物理、生物等方面特性的改变，影响土壤功能和有效利用，危害公众健康或者破坏生态环境的现象。

土壤污染具有隐蔽性和滞后性。大气污染、水污染和废弃物污染等问题一般都比较直观，通过感官就能发现，但土壤污染往往要通过对土壤样品进行分析化验和农作物的残留检测，甚至通过研究对人畜健康状况的影响才能确定。因此，土壤污染从产生污染到出现问题通常会滞后较长的时间。

土壤污染具有累积性。污染物质在大气和水体中，一般都比在土壤中更容易迁移。污染物质在土壤中并不像在大气和水体中那样容易扩散和稀释，容易在土壤中不断积累导致超标，同时也使土壤污染具有很强的地域性。

土壤污染具有不可逆转性。特别是重金属对土壤的污染基本上是一个不可逆转的过程，许多有机化学物质的污染也需要较长的时间才能降解。

土壤污染具有难治理性。如果大气和水体受到污染，切断污染源之后通过稀释作用和自净化作用也有可能使污染问题不断逆转，但是积累在污染土壤中的难降解污染物则很难靠稀释作用和自净化作用来消除。治理污染土壤通常成本较高、治理周期较长。

二、关于农用地的含义

根据《中华人民共和国土地管理法》第四条规定，农用地是指直接用于农业生产的土地，包括耕地、林地、草地、农田水利用地、养殖水面等。因此，任何间接用于农业生产的土地或者不是用于农业生产的土地，都不是农用地。

农用地中最为常见的是耕地，根据《中华人民共和国土地管理法》和自然资源部颁布的土地分类规定，耕地指利用地表耕作层种植农作物为主，每年种植一季及以上（含以一年一季以上的耕种方式种植多年生作物）的土地，包括熟地，新开发、复垦、整理地，休闲地（含轮歇地、休耕地）；以种植农作物（含蔬菜）为主，间有零星果树、桑树或其他树木的土地；平均每年能保证收获一季的已垦滩地和海涂。耕地中包括南方宽度＜1.0米，北方宽度＜2.0米固定的沟、渠、路和地坎（埂）；临时种植药材、草皮、花卉、苗木等的耕地，临时种植果树、茶树和林木且耕作层未破坏的耕地，以及其他临时改变用途的耕地。

耕地又可分为三类：一是水田，指用于种植水稻、莲藕等水生农作物的耕地，包括实行水生、旱生农作物轮种的耕地；二是水浇地，指有水源保证和灌溉设施，在一般年景能正常灌溉，种植旱生农作物（含蔬菜）的耕地；三是旱地，指无灌溉设施，主要靠天然降水种植旱生农作物的耕地，包括没有灌溉设施，仅靠引洪淤灌的耕地。

三、关于建设用地的含义

根据《中华人民共和国土地管理法》第四条规定，建设用地是指建造建筑物、构筑物的土地，包括城乡住宅和公共设施用地、工矿用地、交通水利设施用地、旅游用地、军事设施用地等。

建设用地一般分为居住用地、公共设施用地、工业用地、商服用地、物流仓储用地、交通设施用地、市政公用设施用地、道路广场用地、绿地、特殊用地。按其使用土地性质的不同，可分为农业建设用地和非农业建设用地；按其土地权属、建设内容不同，又分为国家建设用地、乡（镇）建设用地、外商投资企业用地和其他建设用地；按其工程投资和用地规模不同，还分为大型建设项目用地、中型建设项目用地和小型建设项目用地。

四、关于未利用地的含义

根据《中华人民共和国土地管理法》第四条规定，未利用地是指农用地和建设用地以外的土地。其类型主要包括荒草地、盐碱地、沼泽地、冰川，沙地、裸土地、裸岩等。其中，盐碱地指表层盐碱聚集，生长天然耐盐植物的土地。沙地指表层为沙覆盖、基本无植被的土地，不包括滩涂中的沙地。裸土地指表层为土质，基本无植被覆盖的土地。裸岩石砾地指表层为岩石或石砾，其覆盖面积≥70%的土地。冰川指表层被冰雪常年覆盖的土地。沼泽地指经常积水或渍水，一般生长湿生植物的土地，包括草本沼泽、苔藓沼泽、内陆盐沼等，不包括森林沼泽、灌丛沼泽和沼泽草地。

第七十条 本条例自 2023 年 7 月 1 日起施行。

第三部分

附　录

中华人民共和国主席令

第八号

《中华人民共和国土壤污染防治法》已由中华人民共和国第十三届全国人民代表大会常务委员会第五次会议于 2018 年 8 月 31 日通过，现予公布，自 2019 年 1 月 1 日起施行。

中华人民共和国主席 习近平

2018 年 8 月 31 日

中华人民共和国土壤污染防治法

（2018 年 8 月 31 日第十三届全国人民代表大会
常务委员会第五次会议通过）

目 录

第一章 总 则

第一条 为了保护和改善生态环境，防治土壤污染，保障公众健康，推动土壤资源永续利用，推进生态文明建设，促进经济社会可持续发展，制定本法。

第二条 在中华人民共和国领域及管辖的其他海域从事土壤污染防治及相关活动，适用本法。

本法所称土壤污染，是指因人为因素导致某种物质进入陆地表层土壤，引起土壤化学、物理、生物等方面特性的改变，影响土壤功能和有效利用，危害公众健康或者破坏生态环境的现象。

第三条　土壤污染防治应当坚持预防为主、保护优先、分类管理、风险管控、污染担责、公众参与的原则。

第四条　任何组织和个人都有保护土壤、防止土壤污染的义务。

土地使用权人从事土地开发利用活动，企业事业单位和其他生产经营者从事生产经营活动，应当采取有效措施，防止、减少土壤污染，对所造成的土壤污染依法承担责任。

第五条　地方各级人民政府应当对本行政区域土壤污染防治和安全利用负责。

国家实行土壤污染防治目标责任制和考核评价制度，将土壤污染防治目标完成情况作为考核评价地方各级人民政府及其负责人、县级以上人民政府负有土壤污染防治监督管理职责的部门及其负责人的内容。

第六条　各级人民政府应当加强对土壤污染防治工作的领导，组织、协调、督促有关部门依法履行土壤污染防治监督管理职责。

第七条　国务院生态环境主管部门对全国土壤污染防治工作实施统一监督管理；国务院农业农村、自然资源、住房城乡建设、林业草原等主管部门在各自职责范围内对土壤污染防治工作实施监督管理。

地方人民政府生态环境主管部门对本行政区域土壤污染防治工作实施统一监督管理；地方人民政府农业农村、自然资源、住房城乡建设、林业草原等主管部门在各自职责范围内对土壤污染防治工作实施监督管理。

第八条　国家建立土壤环境信息共享机制。

国务院生态环境主管部门应当会同国务院农业农村、自然资源、住房城乡建设、水利、卫生健康、林业草原等主管部门建立土壤环境基础数据库，构建全国土壤环境信息平台，实行数据动态更新和信息共享。

第九条　国家支持土壤污染风险管控和修复、监测等污染防治科学技术研究开发、成果转化和推广应用，鼓励土壤污染防治产业发展，加强土壤污染防治专业技术人才培养，促进土壤污染防治科学技术进步。

国家支持土壤污染防治国际交流与合作。

第十条　各级人民政府及其有关部门、基层群众性自治组织和新闻媒体应当加强土壤污染防治宣传教育和科学普及，增强公众土壤污染防治意识，引导公众依法参与土壤污染防治工作。

第二章　规划、标准、普查和监测

第十一条　县级以上人民政府应当将土壤污染防治工作纳入国民经济和社会发展规划、环境保护规划。

设区的市级以上地方人民政府生态环境主管部门应当会同发展改革、农业农村、自然资源、住房城乡建设、林业草原等主管部门，根据环境保护规划要求、土地用途、土壤污染状况普查和监测结果等，编制土壤污染防治规划，报本级人民政府批准后公布实施。

第十二条　国务院生态环境主管部门根据土壤污染状况、公众健康风险、生态风险和科学技术水平，并按照土地用途，制定国家土壤污染风险管控标准，加强土壤污染防治标准体系建设。

省级人民政府对国家土壤污染风险管控标准中未作规定的项目，可以制定地方土壤污染风险管控标准；对国家土壤污染风险管控标准中已作规定的项目，可以制定严于国家土壤污染风险管控标准的地方土壤污染风险管控标准。地方土壤污染风险管控标准应当报国务院生态环境主管部门备案。

土壤污染风险管控标准是强制性标准。

国家支持对土壤环境背景值和环境基准的研究。

第十三条　制定土壤污染风险管控标准，应当组织专家进行审查和论证，并征求有关部门、行业协会、企业事业单位和公众等方面的意见。

土壤污染风险管控标准的执行情况应当定期评估，并根据评估结果对标准适时修订。

省级以上人民政府生态环境主管部门应当在其网站上公布土壤污染风险管控标准，供公众免费查阅、下载。

第十四条　国务院统一领导全国土壤污染状况普查。国务院生态环境主管部门会同国务院农业农村、自然资源、住房城乡建设、林业草原等主管部门，每十年至少组织开展一次全国土壤污染状况普查。

国务院有关部门、设区的市级以上地方人民政府可以根据本行业、本行政区域实际情况组织开展土壤污染状况详查。

第十五条　国家实行土壤环境监测制度。

国务院生态环境主管部门制定土壤环境监测规范，会同国务院农业农村、自然资源、住房城乡建设、水利、卫生健康、林业草原等主管部门组织监测网络，统一规划国家土壤环境监测站（点）的设置。

第十六条　地方人民政府农业农村、林业草原主管部门应当会同生态环境、自然资源主管部门对下列农用地地块进行重点监测：

（一）产出的农产品污染物含量超标的；

（二）作为或者曾作为污水灌溉区的；

（三）用于或者曾用于规模化养殖，固体废物堆放、填埋的；

（四）曾作为工矿用地或者发生过重大、特大污染事故的；

（五）有毒有害物质生产、贮存、利用、处置设施周边的；

（六）国务院农业农村、林业草原、生态环境、自然资源主管部门规定的其他情形。

第十七条　地方人民政府生态环境主管部门应当会同自然资源主管部门对下列建设用地地块进行重点监测：

（一）曾用于生产、使用、贮存、回收、处置有毒有害物质的；

（二）曾用于固体废物堆放、填埋的；

（三）曾发生过重大、特大污染事故的；

（四）国务院生态环境、自然资源主管部门规定的其他情形。

第三章 预防和保护

第十八条 各类涉及土地利用的规划和可能造成土壤污染的建设项目，应当依法进行环境影响评价。环境影响评价文件应当包括对土壤可能造成的不良影响及应当采取的相应预防措施等内容。

第十九条 生产、使用、贮存、运输、回收、处置、排放有毒有害物质的单位和个人，应当采取有效措施，防止有毒有害物质渗漏、流失、扬散，避免土壤受到污染。

第二十条 国务院生态环境主管部门应当会同国务院卫生健康等主管部门，根据对公众健康、生态环境的危害和影响程度，对土壤中有毒有害物质进行筛查评估，公布重点控制的土壤有毒有害物质名录，并适时更新。

第二十一条 设区的市级以上地方人民政府生态环境主管部门应当按照国务院生态环境主管部门的规定，根据有毒有害物质排放等情况，制定本行政区域土壤污染重点监管单位名录，向社会公开并适时更新。

土壤污染重点监管单位应当履行下列义务：

（一）严格控制有毒有害物质排放，并按年度向生态环境主管部门报告排放情况；

（二）建立土壤污染隐患排查制度，保证持续有效防止有毒有害物质渗漏、流失、扬散；

（三）制定、实施自行监测方案，并将监测数据报生态环境主管部门。

前款规定的义务应当在排污许可证中载明。

土壤污染重点监管单位应当对监测数据的真实性和准确性负责。生态环境主管部门发现土壤污染重点监管单位监测数据异常，应当及时进行调查。

设区的市级以上地方人民政府生态环境主管部门应当定期对土壤污染重点监管单位周边土壤进行监测。

第二十二条 企业事业单位拆除设施、设备或者建筑物、构筑物的，应当采取相应的土壤污染防治措施。

土壤污染重点监管单位拆除设施、设备或者建筑物、构筑物的，应当制定包括应急措施在内的土壤污染防治工作方案，报地方人民政府生态环境、工业和信息化主管部门备案并实施。

第二十三条 各级人民政府生态环境、自然资源主管部门应当依法加强对矿产资源开发区域土壤污染防治的监督管理，按照相关标准和总量控制的要求，严格控制可能造成土壤污染的重点污染物排放。

尾矿库运营、管理单位应当按照规定，加强尾矿库的安全管理，采取措施防止土壤污染。危库、险库、病库以及其他需要重点监管的尾矿库的运营、管理单位应当按照规定，进行土壤污染状况监测和定期评估。

第二十四条 国家鼓励在建筑、通信、电力、交通、水利等领域的信息、网络、防雷、接地等建设工程中采用新技术、新材料，防止土壤污染。

禁止在土壤中使用重金属含量超标的降阻产品。

第二十五条 建设和运行污水集中处理设施、固体废物处置设施，应当依照法律法规和相关标准的要求，采取措施防止土壤污染。

地方人民政府生态环境主管部门应当定期对污水集中处理设施、固体废物处置设施周边土壤进行监测;对不符合法律法规和相关标准要求的,应当根据监测结果,要求污水集中处理设施、固体废物处置设施运营单位采取相应改进措施。

地方各级人民政府应当统筹规划、建设城乡生活污水和生活垃圾处理、处置设施,并保障其正常运行,防止土壤污染。

第二十六条　国务院农业农村、林业草原主管部门应当制定规划,完善相关标准和措施,加强农用地农药、化肥使用指导和使用总量控制,加强农用薄膜使用控制。

国务院农业农村主管部门应当加强农药、肥料登记,组织开展农药、肥料对土壤环境影响的安全性评价。

制定农药、兽药、肥料、饲料、农用薄膜等农业投入品及其包装物标准和农田灌溉用水水质标准,应当适应土壤污染防治的要求。

第二十七条　地方人民政府农业农村、林业草原主管部门应当开展农用地土壤污染防治宣传和技术培训活动,扶持农业生产专业化服务,指导农业生产者合理使用农药、兽药、肥料、饲料、农用薄膜等农业投入品,控制农药、兽药、化肥等的使用量。

地方人民政府农业农村主管部门应当鼓励农业生产者采取有利于防止土壤污染的种养结合、轮作休耕等农业耕作措施;支持采取土壤改良、土壤肥力提升等有利于土壤养护和培育的措施;支持畜禽粪便处理、利用设施的建设。

第二十八条　禁止向农用地排放重金属或者其他有毒有害物质含量超标的污水、污泥,以及可能造成土壤污染的清淤底泥、尾矿、矿渣等。

县级以上人民政府有关部门应当加强对畜禽粪便、沼渣、沼液等收集、贮存、利用、处置的监督管理,防止土壤污染。

农田灌溉用水应当符合相应的水质标准,防止土壤、地下水和农产品污染。地方人民政府生态环境主管部门应当会同农业农村、水利主管部门加强对农田灌溉用水水质的管理,对农田灌溉用水水质进行监测和监督检查。

第二十九条　国家鼓励和支持农业生产者采取下列措施:

(一)使用低毒、低残留农药以及先进喷施技术;

(二)使用符合标准的有机肥、高效肥;

(三)采用测土配方施肥技术、生物防治等病虫害绿色防控技术;

(四)使用生物可降解农用薄膜;

(五)综合利用秸秆、移出高富集污染物秸秆;

(六)按照规定对酸性土壤等进行改良。

第三十条　禁止生产、销售、使用国家明令禁止的农业投入品。

农业投入品生产者、销售者和使用者应当及时回收农药、肥料等农业投入品的包装废弃物和农用薄膜,并将农药包装废弃物交由专门的机构或者组织进行无害化处理。具体办法由国务院农业农村主管部门会同国务院生态环境等主管部门制定。

国家采取措施,鼓励、支持单位和个人回收农业投入品包装废弃物和农用薄膜。

第三十一条　国家加强对未污染土壤的保护。

地方各级人民政府应当重点保护未污染的耕地、林地、草地和饮用水水源地。

各级人民政府应当加强对国家公园等自然保护地的保护,维护其生态功能。

对未利用地应当予以保护，不得污染和破坏。

第三十二条　县级以上地方人民政府及其有关部门应当按照土地利用总体规划和城乡规划，严格执行相关行业企业布局选址要求，禁止在居民区和学校、医院、疗养院、养老院等单位周边新建、改建、扩建可能造成土壤污染的建设项目。

第三十三条　国家加强对土壤资源的保护和合理利用。对开发建设过程中剥离的表土，应当单独收集和存放，符合条件的应当优先用于土地复垦、土壤改良、造地和绿化等。

禁止将重金属或者其他有毒有害物质含量超标的工业固体废物、生活垃圾或者污染土壤用于土地复垦。

第三十四条　因科学研究等特殊原因，需要进口土壤的，应当遵守国家出入境检验检疫的有关规定。

第四章　风险管控和修复

第一节　一般规定

第三十五条　土壤污染风险管控和修复，包括土壤污染状况调查和土壤污染风险评估、风险管控、修复、风险管控效果评估、修复效果评估、后期管理等活动。

第三十六条　实施土壤污染状况调查活动，应当编制土壤污染状况调查报告。

土壤污染状况调查报告应当主要包括地块基本信息、污染物含量是否超过土壤污染风险管控标准等内容。污染物含量超过土壤污染风险管控标准的，土壤污染状况调查报告还应当包括污染类型、污染来源以及地下水是否受到污染等内容。

第三十七条　实施土壤污染风险评估活动，应当编制土壤污染风险评估报告。

土壤污染风险评估报告应当主要包括下列内容：

（一）主要污染物状况；

（二）土壤及地下水污染范围；

（三）农产品质量安全风险、公众健康风险或者生态风险；

（四）风险管控、修复的目标和基本要求等。

第三十八条　实施风险管控、修复活动，应当因地制宜、科学合理，提高针对性和有效性。

实施风险管控、修复活动，不得对土壤和周边环境造成新的污染。

第三十九条　实施风险管控、修复活动前，地方人民政府有关部门有权根据实际情况，要求土壤污染责任人、土地使用权人采取移除污染源、防止污染扩散等措施。

第四十条　实施风险管控、修复活动中产生的废水、废气和固体废物，应当按照规定进行处理、处置，并达到相关环境保护标准。

实施风险管控、修复活动中产生的固体废物以及拆除的设施、设备或者建筑物、构筑物属于危险废物的，应当依照法律法规和相关标准的要求进行处置。

修复施工期间，应当设立公告牌，公开相关情况和环境保护措施。

第四十一条　修复施工单位转运污染土壤的，应当制定转运计划，将运输时间、方式、线路和污染土壤数量、去向、最终处置措施等，提前报所在地和接收地生态环境主管部门。

转运的污染土壤属于危险废物的，修复施工单位应当依照法律法规和相关标准的要求进行处置。

第四十二条　实施风险管控效果评估、修复效果评估活动，应当编制效果评估报告。

效果评估报告应当主要包括是否达到土壤污染风险评估报告确定的风险管控、修复目标等内容。

风险管控、修复活动完成后，需要实施后期管理的，土壤污染责任人应当按照要求实施后期管理。

第四十三条　从事土壤污染状况调查和土壤污染风险评估、风险管控、修复、风险管控效果评估、修复效果评估、后期管理等活动的单位，应当具备相应的专业能力。

受委托从事前款活动的单位对其出具的调查报告、风险评估报告、风险管控效果评估报告、修复效果评估报告的真实性、准确性、完整性负责，并按照约定对风险管控、修复、后期管理等活动结果负责。

第四十四条　发生突发事件可能造成土壤污染的，地方人民政府及其有关部门和相关企业事业单位以及其他生产经营者应当立即采取应急措施，防止土壤污染，并依照本法规定做好土壤污染状况监测、调查和土壤污染风险评估、风险管控、修复等工作。

第四十五条　土壤污染责任人负有实施土壤污染风险管控和修复的义务。土壤污染责任人无法认定的，土地使用权人应当实施土壤污染风险管控和修复。

地方人民政府及其有关部门可以根据实际情况组织实施土壤污染风险管控和修复。

国家鼓励和支持有关当事人自愿实施土壤污染风险管控和修复。

第四十六条　因实施或者组织实施土壤污染状况调查和土壤污染风险评估、风险管控、修复、风险管控效果评估、修复效果评估、后期管理等活动所支出的费用，由土壤污染责任人承担。

第四十七条　土壤污染责任人变更的，由变更后承继其债权、债务的单位或者个人履行相关土壤污染风险管控和修复义务并承担相关费用。

第四十八条　土壤污染责任人不明确或者存在争议的，农用地由地方人民政府农业农村、林业草原主管部门会同生态环境、自然资源主管部门认定，建设用地由地方人民政府生态环境主管部门会同自然资源主管部门认定。认定办法由国务院生态环境主管部门会同有关部门制定。

第二节　农用地

第四十九条　国家建立农用地分类管理制度。按照土壤污染程度和相关标准，将农用地划分为优先保护类、安全利用类和严格管控类。

第五十条　县级以上地方人民政府应当依法将符合条件的优先保护类耕地划为永久基本农田，实行严格保护。

在永久基本农田集中区域，不得新建可能造成土壤污染的建设项目；已经建成的，应当限期关闭拆除。

第五十一条　未利用地、复垦土地等拟开垦为耕地的，地方人民政府农业农村主管部门应当会同生态环境、自然资源主管部门进行土壤污染状况调查，依法进行分类管理。

第五十二条 对土壤污染状况普查、详查和监测、现场检查表明有土壤污染风险的农用地地块，地方人民政府农业农村、林业草原主管部门应当会同生态环境、自然资源主管部门进行土壤污染状况调查。

对土壤污染状况调查表明污染物含量超过土壤污染风险管控标准的农用地地块，地方人民政府农业农村、林业草原主管部门应当会同生态环境、自然资源主管部门组织进行土壤污染风险评估，并按照农用地分类管理制度管理。

第五十三条 对安全利用类农用地地块，地方人民政府农业农村、林业草原主管部门，应当结合主要作物品种和种植习惯等情况，制定并实施安全利用方案。

安全利用方案应当包括下列内容：

（一）农艺调控、替代种植；

（二）定期开展土壤和农产品协同监测与评价；

（三）对农民、农民专业合作社及其他农业生产经营主体进行技术指导和培训；

（四）其他风险管控措施。

第五十四条 对严格管控类农用地地块，地方人民政府农业农村、林业草原主管部门应当采取下列风险管控措施：

（一）提出划定特定农产品禁止生产区域的建议，报本级人民政府批准后实施；

（二）按照规定开展土壤和农产品协同监测与评价；

（三）对农民、农民专业合作社及其他农业生产经营主体进行技术指导和培训；

（四）其他风险管控措施。

各级人民政府及其有关部门应当鼓励对严格管控类农用地采取调整种植结构、退耕还林还草、退耕还湿、轮作休耕、轮牧休牧等风险管控措施，并给予相应的政策支持。

第五十五条 安全利用类和严格管控类农用地地块的土壤污染影响或者可能影响地下水、饮用水水源安全的，地方人民政府生态环境主管部门应当会同农业农村、林业草原等主管部门制定防治污染的方案，并采取相应的措施。

第五十六条 对安全利用类和严格管控类农用地地块，土壤污染责任人应当按照国家有关规定以及土壤污染风险评估报告的要求，采取相应的风险管控措施，并定期向地方人民政府农业农村、林业草原主管部门报告。

第五十七条 对产出的农产品污染物含量超标，需要实施修复的农用地地块，土壤污染责任人应当编制修复方案，报地方人民政府农业农村、林业草原主管部门备案并实施。修复方案应当包括地下水污染防治的内容。

修复活动应当优先采取不影响农业生产、不降低土壤生产功能的生物修复措施，阻断或者减少污染物进入农作物食用部分，确保农产品质量安全。

风险管控、修复活动完成后，土壤污染责任人应当另行委托有关单位对风险管控效果、修复效果进行评估，并将效果评估报告报地方人民政府农业农村、林业草原主管部门备案。

农村集体经济组织及其成员、农民专业合作社及其他农业生产经营主体等负有协助实施土壤污染风险管控和修复的义务。

第三节　建设用地

第五十八条　国家实行建设用地土壤污染风险管控和修复名录制度。

建设用地土壤污染风险管控和修复名录由省级人民政府生态环境主管部门会同自然资源等主管部门制定，按照规定向社会公开，并根据风险管控、修复情况适时更新。

第五十九条　对土壤污染状况普查、详查和监测、现场检查表明有土壤污染风险的建设用地地块，地方人民政府生态环境主管部门应当要求土地使用权人按照规定进行土壤污染状况调查。

用途变更为住宅、公共管理与公共服务用地的，变更前应当按照规定进行土壤污染状况调查。

前两款规定的土壤污染状况调查报告应当报地方人民政府生态环境主管部门，由地方人民政府生态环境主管部门会同自然资源主管部门组织评审。

第六十条　对土壤污染状况调查报告评审表明污染物含量超过土壤污染风险管控标准的建设用地地块，土壤污染责任人、土地使用权人应当按照国务院生态环境主管部门的规定进行土壤污染风险评估，并将土壤污染风险评估报告报省级人民政府生态环境主管部门。

第六十一条　省级人民政府生态环境主管部门应当会同自然资源等主管部门按照国务院生态环境主管部门的规定，对土壤污染风险评估报告组织评审，及时将需要实施风险管控、修复的地块纳入建设用地土壤污染风险管控和修复名录，并定期向国务院生态环境主管部门报告。

列入建设用地土壤污染风险管控和修复名录的地块，不得作为住宅、公共管理与公共服务用地。

第六十二条　对建设用地土壤污染风险管控和修复名录中的地块，土壤污染责任人应当按照国家有关规定以及土壤污染风险评估报告的要求，采取相应的风险管控措施，并定期向地方人民政府生态环境主管部门报告。风险管控措施应当包括地下水污染防治的内容。

第六十三条　对建设用地土壤污染风险管控和修复名录中的地块，地方人民政府生态环境主管部门可以根据实际情况采取下列风险管控措施：

（一）提出划定隔离区域的建议，报本级人民政府批准后实施；

（二）进行土壤及地下水污染状况监测；

（三）其他风险管控措施。

第六十四条　对建设用地土壤污染风险管控和修复名录中需要实施修复的地块，土壤污染责任人应当结合土地利用总体规划和城乡规划编制修复方案，报地方人民政府生态环境主管部门备案并实施。修复方案应当包括地下水污染防治的内容。

第六十五条　风险管控、修复活动完成后，土壤污染责任人应当另行委托有关单位对风险管控效果、修复效果进行评估，并将效果评估报告报地方人民政府生态环境主管部门备案。

第六十六条　对达到土壤污染风险评估报告确定的风险管控、修复目标的建设用地地块，土壤污染责任人、土地使用权人可以申请省级人民政府生态环境主管部门移出建设用地土壤污染风险管控和修复名录。

省级人民政府生态环境主管部门应当会同自然资源等主管部门对风险管控效果评估报告、修复效果评估报告组织评审，及时将达到土壤污染风险评估报告确定的风险管控、修复目标且可以安全利用的地块移出建设用地土壤污染风险管控和修复名录，按照规定向社会公开，并定期向国务院生态环境主管部门报告。

未达到土壤污染风险评估报告确定的风险管控、修复目标的建设用地地块，禁止开工建设任何与风险管控、修复无关的项目。

第六十七条 土壤污染重点监管单位生产经营用地的用途变更或者在其土地使用权收回、转让前，应当由土地使用权人按照规定进行土壤污染状况调查。土壤污染状况调查报告应当作为不动产登记资料送交地方人民政府不动产登记机构，并报地方人民政府生态环境主管部门备案。

第六十八条 土地使用权已经被地方人民政府收回，土壤污染责任人为原土地使用权人的，由地方人民政府组织实施土壤污染风险管控和修复。

第五章 保障和监督

第六十九条 国家采取有利于土壤污染防治的财政、税收、价格、金融等经济政策和措施。

第七十条 各级人民政府应当加强对土壤污染的防治，安排必要的资金用于下列事项：

（一）土壤污染防治的科学技术研究开发、示范工程和项目；

（二）各级人民政府及其有关部门组织实施的土壤污染状况普查、监测、调查和土壤污染责任人认定、风险评估、风险管控、修复等活动；

（三）各级人民政府及其有关部门对涉及土壤污染的突发事件的应急处置；

（四）各级人民政府规定的涉及土壤污染防治的其他事项。

使用资金应当加强绩效管理和审计监督，确保资金使用效益。

第七十一条 国家加大土壤污染防治资金投入力度，建立土壤污染防治基金制度。设立中央土壤污染防治专项资金和省级土壤污染防治基金，主要用于农用地土壤污染防治和土壤污染责任人或者土地使用权人无法认定的土壤污染风险管控和修复以及政府规定的其他事项。

对本法实施之前产生的，并且土壤污染责任人无法认定的污染地块，土地使用权人实际承担土壤污染风险管控和修复的，可以申请土壤污染防治基金，集中用于土壤污染风险管控和修复。

土壤污染防治基金的具体管理办法，由国务院财政主管部门会同国务院生态环境、农业农村、自然资源、住房城乡建设、林业草原等主管部门制定。

第七十二条 国家鼓励金融机构加大对土壤污染风险管控和修复项目的信贷投放。

国家鼓励金融机构在办理土地权利抵押业务时开展土壤污染状况调查。

第七十三条 从事土壤污染风险管控和修复的单位依照法律、行政法规的规定，享受税收优惠。

第七十四条 国家鼓励并提倡社会各界为防治土壤污染捐赠财产，并依照法律、行政法规的规定，给予税收优惠。

第七十五条 县级以上人民政府应当将土壤污染防治情况纳入环境状况和环境保护目标完成情况年度报告，向本级人民代表大会或者人民代表大会常务委员会报告。

第七十六条 省级以上人民政府生态环境主管部门应当会同有关部门对土壤污染问题突出、防治工作不力、群众反映强烈的地区，约谈设区的市级以上地方人民政府及其有关部门主要负责人，要求其采取措施及时整改。约谈整改情况应当向社会公开。

第七十七条　生态环境主管部门及其环境执法机构和其他负有土壤污染防治监督管理职责的部门，有权对从事可能造成土壤污染活动的企业事业单位和其他生产经营者进行现场检查、取样，要求被检查者提供有关资料、就有关问题作出说明。

被检查者应当配合检查工作，如实反映情况，提供必要的资料。

实施现场检查的部门、机构及其工作人员应当为被检查者保守商业秘密。

第七十八条　企业事业单位和其他生产经营者违反法律法规规定排放有毒有害物质，造成或者可能造成严重土壤污染的，或者有关证据可能灭失或者被隐匿的，生态环境主管部门和其他负有土壤污染防治监督管理职责的部门，可以查封、扣押有关设施、设备、物品。

第七十九条　地方人民政府安全生产监督管理部门应当监督尾矿库运营、管理单位履行防治土壤污染的法定义务，防止其发生可能污染土壤的事故；地方人民政府生态环境主管部门应当加强对尾矿库土壤污染防治情况的监督检查和定期评估，发现风险隐患的，及时督促尾矿库运营、管理单位采取相应措施。

地方人民政府及其有关部门应当依法加强对向沙漠、滩涂、盐碱地、沼泽地等未利用地非法排放有毒有害物质等行为的监督检查。

第八十条　省级以上人民政府生态环境主管部门和其他负有土壤污染防治监督管理职责的部门应当将从事土壤污染状况调查和土壤污染风险评估、风险管控、修复、风险管控效果评估、修复效果评估、后期管理等活动的单位和个人的执业情况，纳入信用系统建立信用记录，将违法信息记入社会诚信档案，并纳入全国信用信息共享平台和国家企业信用信息公示系统向社会公布。

第八十一条　生态环境主管部门和其他负有土壤污染防治监督管理职责的部门应当依法公开土壤污染状况和防治信息。

国务院生态环境主管部门负责统一发布全国土壤环境信息；省级人民政府生态环境主管部门负责统一发布本行政区域土壤环境信息。生态环境主管部门应当将涉及主要食用农产品生产区域的重大土壤环境信息，及时通报同级农业农村、卫生健康和食品安全主管部门。

公民、法人和其他组织享有依法获取土壤污染状况和防治信息、参与和监督土壤污染防治的权利。

第八十二条　土壤污染状况普查报告、监测数据、调查报告和土壤污染风险评估报告、风险管控效果评估报告、修复效果评估报告等，应当及时上传全国土壤环境信息平台。

第八十三条　新闻媒体对违反土壤污染防治法律法规的行为享有舆论监督的权利，受监督的单位和个人不得打击报复。

第八十四条　任何组织和个人对污染土壤的行为，均有向生态环境主管部门和其他负有土壤污染防治监督管理职责的部门报告或者举报的权利。

生态环境主管部门和其他负有土壤污染防治监督管理职责的部门应当将土壤污染防治举报方式向社会公布，方便公众举报。

接到举报的部门应当及时处理并对举报人的相关信息予以保密；对实名举报并查证属实的，给予奖励。

举报人举报所在单位的，该单位不得以解除、变更劳动合同或者其他方式对举报人进行打击报复。

第六章 法律责任

第八十五条 地方各级人民政府、生态环境主管部门或者其他负有土壤污染防治监督管理职责的部门未依照本法规定履行职责的，对直接负责的主管人员和其他直接责任人员依法给予处分。

依照本法规定应当作出行政处罚决定而未作出的，上级主管部门可以直接作出行政处罚决定。

第八十六条 违反本法规定，有下列行为之一的，由地方人民政府生态环境主管部门或者其他负有土壤污染防治监督管理职责的部门责令改正，处以罚款；拒不改正的，责令停产整治：

（一）土壤污染重点监管单位未制定、实施自行监测方案，或者未将监测数据报生态环境主管部门的；

（二）土壤污染重点监管单位篡改、伪造监测数据的；

（三）土壤污染重点监管单位未按年度报告有毒有害物质排放情况，或者未建立土壤污染隐患排查制度的；

（四）拆除设施、设备或者建筑物、构筑物，企业事业单位未采取相应的土壤污染防治措施或者土壤污染重点监管单位未制定、实施土壤污染防治工作方案的；

（五）尾矿库运营、管理单位未按规定采取措施防止土壤污染的；

（六）尾矿库运营、管理单位未按照规定进行土壤污染状况监测的；

（七）建设和运行污水集中处理设施、固体废物处置设施，未依照法律法规和相关标准的要求采取措施防止土壤污染的。

有前款规定行为之一的，处二万元以上二十万元以下的罚款；有前款第二项、第四项、第五项、第七项规定行为之一，造成严重后果的，处二十万元以上二百万元以下的罚款。

第八十七条 违反本法规定，向农用地排放重金属或者其他有毒有害物质含量超标的污水、污泥，以及可能造成土壤污染的清淤底泥、尾矿、矿渣等的，由地方人民政府生态环境主管部门责令改正，处十万元以上五十万元以下的罚款；情节严重的，处五十万元以上二百万元以下的罚款，并可以将案件移送公安机关，对直接负责的主管人员和其他直接责任人员处五日以上十五日以下的拘留；有违法所得的，没收违法所得。

第八十八条 违反本法规定，农业投入品生产者、销售者、使用者未按照规定及时回收肥料等农业投入品的包装废弃物或者农用薄膜，或者未按照规定及时回收农药包装废弃物交由专门的机构或者组织进行无害化处理的，由地方人民政府农业农村主管部门责令改正，处一万元以上十万元以下的罚款；农业投入品使用者为个人的，可以处二百元以上二千元以下的罚款。

第八十九条 违反本法规定，将重金属或者其他有毒有害物质含量超标的工业固体废物、生活垃圾或者污染土壤用于土地复垦的，由地方人民政府生态环境主管部门责令改正，处十万元以上一百万元以下的罚款；有违法所得的，没收违法所得。

第九十条 违反本法规定，受委托从事土壤污染状况调查和土壤污染风险评估、风险管控效果评估、修复效果评估活动的单位，出具虚假调查报告、风险评估报告、风险管控效果评估报告、修复效果评估报告的，由地方人民政府生态环境主管部门处十万元以上五十万元以下的罚款；情节严重的，禁止从事上述业务，并处五十万元以上一百万元以下的罚款；有违法所得的，没收违法所得。

前款规定的单位出具虚假报告的，由地方人民政府生态环境主管部门对直接负责的主管人员和其他直接责任人员处一万元以上五万元以下的罚款；情节严重的，十年内禁止从事前款规定的业务；构成犯罪的，终身禁止从事前款规定的业务。

本条第一款规定的单位和委托人恶意串通，出具虚假报告，造成他人人身或者财产损害的，还应当与委托人承担连带责任。

第九十一条 违反本法规定，有下列行为之一的，由地方人民政府生态环境主管部门责令改正，处十万元以上五十万元以下的罚款；情节严重的，处五十万元以上一百万元以下的罚款；有违法所得的，没收违法所得；对直接负责的主管人员和其他直接责任人员处五千元以上二万元以下的罚款：

（一）未单独收集、存放开发建设过程中剥离的表土的；

（二）实施风险管控、修复活动对土壤、周边环境造成新的污染的；

（三）转运污染土壤，未将运输时间、方式、线路和污染土壤数量、去向、最终处置措施等提前报所在地和接收地生态环境主管部门的；

（四）未达到土壤污染风险评估报告确定的风险管控、修复目标的建设用地地块，开工建设与风险管控、修复无关的项目的。

第九十二条 违反本法规定，土壤污染责任人或者土地使用权人未按照规定实施后期管理的，由地方人民政府生态环境主管部门或者其他负有土壤污染防治监督管理职责的部门责令改正，处一万元以上五万元以下的罚款；情节严重的，处五万元以上五十万元以下的罚款。

第九十三条 违反本法规定，被检查者拒不配合检查，或者在接受检查时弄虚作假的，由地方人民政府生态环境主管部门或者其他负有土壤污染防治监督管理职责的部门责令改正，处二万元以上二十万元以下的罚款；对直接负责的主管人员和其他直接责任人员处五千元以上二万元以下的罚款。

第九十四条 违反本法规定，土壤污染责任人或者土地使用权人有下列行为之一的，由地方人民政府生态环境主管部门或者其他负有土壤污染防治监督管理职责的部门责令改正，处二万元以上二十万元以下的罚款；拒不改正的，处二十万元以上一百万元以下的罚款，并委托他人代为履行，所需费用由土壤污染责任人或者土地使用权人承担；对直接负责的主管人员和其他直接责任人员处五千元以上二万元以下的罚款：

（一）未按照规定进行土壤污染状况调查的；

（二）未按照规定进行土壤污染风险评估的；

（三）未按照规定采取风险管控措施的；

（四）未按照规定实施修复的；

（五）风险管控、修复活动完成后，未另行委托有关单位对风险管控效果、修复效果进行评估的。

土壤污染责任人或者土地使用权人有前款第三项、第四项规定行为之一，情节严重的，地方人民政府生态环境主管部门或者其他负有土壤污染防治监督管理职责的部门可以将案件移送公安机关，对直接负责的主管人员和其他直接责任人员处五日以上十五日以下的拘留。

第九十五条 违反本法规定，有下列行为之一的，由地方人民政府有关部门责令改正；拒不改正的，处一万元以上五万元以下的罚款：

（一）土壤污染重点监管单位未按照规定将土壤污染防治工作方案报地方人民政府生态环境、工业和信息化主管部门备案的；

（二）土壤污染责任人或者土地使用权人未按照规定将修复方案、效果评估报告报地方人民政府生态环境、农业农村、林业草原主管部门备案的；

（三）土地使用权人未按照规定将土壤污染状况调查报告报地方人民政府生态环境主管部门备案的。

第九十六条 污染土壤造成他人人身或者财产损害的，应当依法承担侵权责任。

土壤污染责任人无法认定，土地使用权人未依照本法规定履行土壤污染风险管控和修复义务，造成他人人身或者财产损害的，应当依法承担侵权责任。

土壤污染引起的民事纠纷，当事人可以向地方人民政府生态环境等主管部门申请调解处理，也可以向人民法院提起诉讼。

第九十七条 污染土壤损害国家利益、社会公共利益的，有关机关和组织可以依照《中华人民共和国环境保护法》《中华人民共和国民事诉讼法》《中华人民共和国行政诉讼法》等法律的规定向人民法院提起诉讼。

第九十八条 违反本法规定，构成违反治安管理行为的，由公安机关依法给予治安管理处罚；构成犯罪的，依法追究刑事责任。

第七章 附 则

第九十九条 本法自 2019 年 1 月 1 日起施行。

中华人民共和国生态环境部令

（第3号）

《工矿用地土壤环境管理办法（试行）》已于2018年4月12日由生态环境部部务会议审议通过，现予公布，自2018年8月1日起施行。

生态环境部部长 李干杰

2018年5月3日

工矿用地土壤环境管理办法（试行）

第一章 总 则

第一条 为了加强工矿用地土壤和地下水环境保护监督管理，防治工矿用地土壤和地下水污染，根据《中华人民共和国环境保护法》《中华人民共和国水污染防治法》等法律法规和国务院印发的《土壤污染防治行动计划》，制定本办法。

第二条 本办法适用于从事工业、矿业生产经营活动的土壤环境污染重点监管单位用地土壤和地下水的环境现状调查、环境影响评价、污染防治设施的建设和运行管理、污染隐患排查、环境监测和风险评估、污染应急、风险管控和治理与修复等活动，以及相关环境保护监督管理。

矿产开采作业区域用地，固体废物集中贮存、填埋场所用地，不适用本办法。

第三条 土壤环境污染重点监管单位（以下简称重点单位）包括：

（一）有色金属冶炼、石油加工、化工、焦化、电镀、制革等行业中应当纳入排污许可重点管理的企业；

（二）有色金属矿采选、石油开采行业规模以上企业；

（三）其他根据有关规定纳入土壤环境污染重点监管单位名录的企事业单位。

重点单位以外的企事业单位和其他生产经营者生产经营活动涉及有毒有害物质的，其用地土壤和地下水环境保护相关活动及相关环境保护监督管理，可以参照本办法执行。

第四条 生态环境部对全国工矿用地土壤和地下水环境保护工作实施统一监督管理。

县级以上地方生态环境主管部门负责本行政区域内的工矿用地土壤和地下水环境保护相关活动的监督管理。

第五条 设区的市级以上地方生态环境主管部门应当制定公布本行政区域的土壤环境污染重点监管单位名单，并动态更新。

第六条 工矿企业是工矿用地土壤和地下水环境保护的责任主体，应当按照本办法的规定开展相关活动。

造成工矿用地土壤和地下水污染的企业应当承担治理与修复的主体责任。

第二章　污染防控

第七条　重点单位新、改、扩建项目，应当在开展建设项目环境影响评价时，按照国家有关技术规范开展工矿用地土壤和地下水环境现状调查，编制调查报告，并按规定上报环境影响评价基础数据库。

重点单位应当将前款规定的调查报告主要内容通过其网站等便于公众知晓的方式向社会公开。

第八条　重点单位新、改、扩建项目用地应当符合国家或者地方有关建设用地土壤污染风险管控标准。

重点单位通过新、改、扩建项目的土壤和地下水环境现状调查，发现项目用地污染物含量超过国家或者地方有关建设用地土壤污染风险管控标准的，土地使用权人或者污染责任人应当参照污染地块土壤环境管理有关规定开展详细调查、风险评估、风险管控、治理与修复等活动。

第九条　重点单位建设涉及有毒有害物质的生产装置、储罐和管道，或者建设污水处理池、应急池等存在土壤污染风险的设施，应当按照国家有关标准和规范的要求，设计、建设和安装有关防腐蚀、防泄漏设施和泄漏监测装置，防止有毒有害物质污染土壤和地下水。

第十条　重点单位现有地下储罐储存有毒有害物质的，应当在本办法公布后一年之内，将地下储罐的信息报所在地设区的市级生态环境主管部门备案。

重点单位新、改、扩建项目地下储罐储存有毒有害物质的，应当在项目投入生产或者使用之前，将地下储罐的信息报所在地设区的市级生态环境主管部门备案。

地下储罐的信息包括地下储罐的使用年限、类型、规格、位置和使用情况等。

第十一条　重点单位应当建立土壤和地下水污染隐患排查治理制度，定期对重点区域、重点设施开展隐患排查。发现污染隐患的，应当制定整改方案，及时采取技术、管理措施消除隐患。隐患排查、治理情况应当如实记录并建立档案。

重点区域包括涉及有毒有害物质的生产区，原材料及固体废物的堆存区、储放区和转运区等；重点设施包括涉及有毒有害物质的地下储罐、地下管线，以及污染治理设施等。

第十二条　重点单位应当按照相关技术规范要求，自行或者委托第三方定期开展土壤和地下水监测，重点监测存在污染隐患的区域和设施周边的土壤、地下水，并按照规定公开相关信息。

第十三条　重点单位在隐患排查、监测等活动中发现工矿用地土壤和地下水存在污染迹象的，应当排查污染源，查明污染原因，采取措施防止新增污染，并参照污染地块土壤环境管理有关规定及时开展土壤和地下水环境调查与风险评估，根据调查与风险评估结果采取风险管控或者治理与修复等措施。

第十四条　重点单位拆除涉及有毒有害物质的生产设施设备、构筑物和污染治理设施的，应当按照有关规定，事先制定企业拆除活动污染防治方案，并在拆除活动前十五个工作日报所在地县级生态环境、工业和信息化主管部门备案。

企业拆除活动污染防治方案应当包括被拆除生产设施设备、构筑物和污染治理设施的基本情况、拆除活动全过程土壤污染防治的技术要求、针对周边环境的污染防治要求等内容。

重点单位拆除活动应当严格按照有关规定实施残留物料和污染物、污染设备和设施的安全处理处置，并做好拆除活动相关记录，防范拆除活动污染土壤和地下水。拆除活动相关记录应当长期保存。

第十五条　重点单位突发环境事件应急预案应当包括防止土壤和地下水污染相关内容。

重点单位突发环境事件造成或者可能造成土壤和地下水污染的，应当采取应急措施避免或者减少土壤和地下水污染；应急处置结束后，应当立即组织开展环境影响和损害评估工作，评估认为需要开展治理与修复的，应当制定并落实污染土壤和地下水治理与修复方案。

第十六条　重点单位终止生产经营活动前，应当参照污染地块土壤环境管理有关规定，开展土壤和地下水环境初步调查，编制调查报告，及时上传全国污染地块土壤环境管理信息系统。

重点单位应当将前款规定的调查报告主要内容通过其网站等便于公众知晓的方式向社会公开。

土壤和地下水环境初步调查发现该重点单位用地污染物含量超过国家或者地方有关建设用地土壤污染风险管控标准的，应当参照污染地块土壤环境管理有关规定开展详细调查、风险评估、风险管控、治理与修复等活动。

第三章　监督管理

第十七条　县级以上生态环境主管部门有权对本行政区域内的重点单位进行现场检查。被检查单位应当予以配合，如实反映情况，提供必要的资料。实施现场检查的部门、机构及其工作人员应当为被检查单位保守商业秘密。

第十八条　县级以上生态环境主管部门对重点单位进行监督检查时，有权采取下列措施：

（一）进入被检查单位进行现场核查或者监测；

（二）查阅、复制相关文件、记录以及其他有关资料；

（三）要求被检查单位提交有关情况说明。

第十九条　重点单位未按本办法开展工矿用地土壤和地下水环境保护相关活动或者弄虚作假的，由县级以上生态环境主管部门将该企业失信情况记入其环境信用记录，并通过全国信用信息共享平台、国家企业信用信息公示系统向社会公开。

第四章　附　则

第二十条　本办法所称的下列用语的含义：

（一）矿产开采作业区域用地，指露天采矿区用地、排土场等与矿业开采作业直接相关的用地。

（二）有毒有害物质，是指下列物质：

1. 列入《中华人民共和国水污染防治法》规定的有毒有害水污染物名录的污染物；

2. 列入《中华人民共和国大气污染防治法》规定的有毒有害大气污染物名录的污染物；

3.《中华人民共和国固体废物污染环境防治法》规定的危险废物；

4. 国家和地方建设用地土壤污染风险管控标准管控的污染物；

5. 列入优先控制化学品名录内的物质；

6. 其他根据国家法律法规有关规定应当纳入有毒有害物质管理的物质。

（三）土壤和地下水环境现状调查，指对重点单位新、改、扩建项目用地的土壤和地下水环境质量进行的调查评估，其主要调查内容包括土壤和地下水中主要污染物的含量等。

（四）土壤和地下水污染隐患，指相关设施设备因设计、建设、运行管理等不完善，而导致相关有毒有害物质泄漏、渗漏、溢出等污染土壤和地下水的隐患。

（五）土壤和地下水污染迹象，指通过现场检查和隐患排查发现有毒有害物质泄漏或者疑似泄漏，或者通过土壤和地下水环境监测发现土壤或者地下水中污染物含量升高的现象。

第二十一条　本办法自 2018 年 8 月 1 日起施行。

中华人民共和国环境保护部、中华人民共和国农业部令

（第 46 号）

根据《中华人民共和国环境保护法》等有关法律、行政法规和《土壤污染防治行动计划》，制定《农用地土壤环境管理办法（试行）》。现予公布，自 2017 年 11 月 1 日起施行。

环境保护部部长 李干杰
农业部部长 韩长赋
2017 年 9 月 25 日

农用地土壤环境管理办法（试行）

第一章 总 则

第一条 为了加强农用地土壤环境保护监督管理，保护农用地土壤环境，管控农用地土壤环境风险，保障农产品质量安全，根据《中华人民共和国环境保护法》《中华人民共和国农产品质量安全法》等法律法规和《土壤污染防治行动计划》，制定本办法。

第二条 农用地土壤污染防治相关活动及其监督管理适用本办法。

前款所指的农用地土壤污染防治相关活动，是指对农用地开展的土壤污染预防、土壤污染状况调查、环境监测、环境质量类别划分、分类管理等活动。

本办法所称的农用地土壤环境质量类别划分和分类管理，主要适用于耕地。园地、草地、林地可参照本办法。

第三条 环境保护部对全国农用地土壤环境保护工作实施统一监督管理；县级以上地方环境保护主管部门对本行政区域内农用地土壤污染防治相关活动实施统一监督管理。

农业部对全国农用地土壤安全利用、严格管控、治理与修复等工作实施监督管理；县级以上地方农业主管部门负责本行政区域内农用地土壤安全利用、严格管控、治理与修复等工作的组织实施。

农用地土壤污染预防、土壤污染状况调查、环境监测、环境质量类别划分、农用地土壤优先保护、监督管理等工作，由县级以上环境保护和农业主管部门按照本办法有关规定组织实施。

第四条 环境保护部会同农业部制定农用地土壤污染状况调查、环境监测、环境质量类别划分等技术规范。

农业部会同环境保护部制定农用地土壤安全利用、严格管控、治理与修复、治理与修复效果评估等技术规范。

第五条　县级以上地方环境保护和农业主管部门在编制本行政区域的环境保护规划和农业发展规划时，应当包含农用地土壤污染防治工作的内容。

第六条　环境保护部会同农业部等部门组织建立全国农用地土壤环境管理信息系统（以下简称农用地环境信息系统），实行信息共享。

县级以上地方环境保护主管部门、农业主管部门应当按照国家有关规定，在本行政区域内组织建设和应用农用地环境信息系统，并加强农用地土壤环境信息统计工作，健全农用地土壤环境信息档案，定期上传农用地环境信息系统，实行信息共享。

第七条　受委托从事农用地土壤污染防治相关活动的专业机构，以及受委托从事治理与修复效果评估的第三方机构，应当遵守有关环境保护标准和技术规范，并对其出具的技术文件的真实性、准确性、完整性负责。

受委托从事治理与修复的专业机构，应当遵守国家有关环境保护标准和技术规范，在合同约定范围内开展工作，对治理与修复活动及其效果负责。

受委托从事治理与修复的专业机构在治理与修复活动中弄虚作假，对造成的环境污染和生态破坏负有责任的，除依照有关法律法规接受处罚外，还应当依法与造成环境污染和生态破坏的其他责任者承担连带责任。

第二章　土壤污染预防

第八条　排放污染物的企业事业单位和其他生产经营者应当采取有效措施，确保废水、废气排放和固体废物处理、处置符合国家有关规定要求，防止对周边农用地土壤造成污染。

从事固体废物和化学品储存、运输、处置的企业，应当采取措施防止固体废物和化学品的泄漏、渗漏、遗撒、扬散污染农用地。

第九条　县级以上地方环境保护主管部门应当加强对企业事业单位和其他生产经营者排污行为的监管，将土壤污染防治作为环境执法的重要内容。

设区的市级以上地方环境保护主管部门应当根据本行政区域内工矿企业分布和污染排放情况，确定土壤环境重点监管企业名单，上传农用地环境信息系统，实行动态更新，并向社会公布。

第十条　从事规模化畜禽养殖和农产品加工的单位和个人，应当按照相关规范要求，确定废物无害化处理方式和消纳场地。

县级以上地方环境保护主管部门、农业主管部门应当依据法定职责加强畜禽养殖污染防治工作，指导畜禽养殖废弃物综合利用，防止畜禽养殖活动对农用地土壤环境造成污染。

第十一条　县级以上地方农业主管部门应当加强农用地土壤污染防治知识宣传，提高农业生产者的农用地土壤环境保护意识，引导农业生产者合理使用肥料、农药、兽药、农用薄膜等农业投入品，根据科学的测土配方进行合理施肥，鼓励采取种养结合、轮作等良好农业生产措施。

第十二条　禁止在农用地排放、倾倒、使用污泥、清淤底泥、尾矿（渣）等可能对土壤造成污染的固体废物。

农田灌溉用水应当符合相应的水质标准，防止污染土壤、地下水和农产品。禁止向农田灌溉渠道排放工业废水或者医疗污水。向农田灌溉渠道排放城镇污水以及未综合利用的畜禽养殖废水、农产品加工废水的，应当保证其下游最近的灌溉取水点的水质符合农田灌溉水质标准。

第三章　调查与监测

第十三条　环境保护部会同农业部等部门建立农用地土壤污染状况定期调查制度，制定调查工作方案，每十年开展一次。

第十四条　环境保护部会同农业部等部门建立全国土壤环境质量监测网络，统一规划农用地土壤环境质量国控监测点位，规定监测要求，并组织实施全国农用地土壤环境监测工作。

农用地土壤环境质量国控监测点位应当重点布设在粮食生产功能区、重要农产品生产保护区、特色农产品优势区以及污染风险较大的区域等。

县级以上地方环境保护主管部门会同农业等有关部门，可以根据工作需要，布设地方农用地土壤环境质量监测点位，增加特征污染物监测项目，提高监测频次，有关监测结果应当及时上传农用地环境信息系统。

第十五条　县级以上农业主管部门应当根据不同区域的农产品质量安全情况，组织实施耕地土壤与农产品协同监测，开展风险评估，根据监测评估结果，优化调整安全利用措施，并将监测结果及时上传农用地环境信息系统。

第四章　分类管理

第十六条　省级农业主管部门会同环境保护主管部门，按照国家有关技术规范，根据土壤污染程度、农产品质量情况，组织开展耕地土壤环境质量类别划分工作，将耕地划分为优先保护类、安全利用类和严格管控类，划分结果报省级人民政府审定，并根据土地利用变更和土壤环境质量变化情况，定期对各类别农用地面积、分布等信息进行更新，数据上传至农用地环境信息系统。

第十七条　县级以上地方农业主管部门应当根据永久基本农田划定工作要求，积极配合相关部门将符合条件的优先保护类耕地划为永久基本农田，纳入粮食生产功能区和重要农产品生产保护区建设，实行严格保护，确保其面积不减少，耕地污染程度不上升。在优先保护类耕地集中的地区，优先开展高标准农田建设。

第十八条　严格控制在优先保护类耕地集中区域新建有色金属冶炼、石油加工、化工、焦化、电镀、制革等行业企业，有关环境保护主管部门依法不予审批可能造成耕地土壤污染的建设项目环境影响报告书或者报告表。优先保护类耕地集中区域现有可能造成土壤污染的相关行业企业应当按照有关规定采取措施，防止对耕地造成污染。

第十九条　对安全利用类耕地，应当优先采取农艺调控、替代种植、轮作、间作等措施，阻断或者减少污染物和其他有毒有害物质进入农作物可食部分，降低农产品超标风险。

对严格管控类耕地，主要采取种植结构调整或者按照国家计划经批准后进行退耕还林还草等风险管控措施。

对需要采取治理与修复工程措施的安全利用类或者严格管控类耕地，应当优先采取不影响农业生产、不降低土壤生产功能的生物修复措施，或辅助采取物理、化学治理与修复措施。

第二十条　县级以上地方农业主管部门应当根据农用地土壤安全利用相关技术规范要求，结合当地实际情况，组织制定农用地安全利用方案，报所在地人民政府批准后实施，并上传农用地环境信息系统。

农用地安全利用方案应当包括以下风险管控措施：

（一）针对主要农作物种类、品种和农作制度等具体情况，推广低积累品种替代、水肥调控、土壤调理等农艺调控措施，降低农产品有害物质超标风险；

（二）定期开展农产品质量安全监测和调查评估，实施跟踪监测，根据监测和评估结果及时优化调整农艺调控措施。

第二十一条　对需要采取治理与修复工程措施的受污染耕地，县级以上地方农业主管部门应当组织制定土壤污染治理与修复方案，报所在地人民政府批准后实施，并上传农用地环境信息系统。

第二十二条　从事农用地土壤污染治理与修复活动的单位和个人应当采取必要措施防止产生二次污染，并防止对被修复土壤和周边环境造成新的污染。治理与修复过程中产生的废水、废气和固体废物，应当按照国家有关规定进行处理或者处置，并达到国家或者地方规定的环境保护标准和要求。

第二十三条　县级以上地方环境保护主管部门应当对农用地土壤污染治理与修复的环境保护措施落实情况进行监督检查。

治理与修复活动结束后，县级以上地方农业主管部门应当委托第三方机构对治理与修复效果进行评估，评估结果上传农用地环境信息系统。

第二十四条　县级以上地方农业主管部门应当对严格管控类耕地采取以下风险管控措施：

（一）依法提出划定特定农产品禁止生产区域的建议；

（二）会同有关部门按照国家退耕还林还草计划，组织制定种植结构调整或者退耕还林还草计划，报所在地人民政府批准后组织实施，并上传农用地环境信息系统。

第二十五条　对威胁地下水、饮用水水源安全的严格管控类耕地，县级环境保护主管部门应当会同农业等主管部门制定环境风险管控方案，报同级人民政府批准后组织实施，并上传农用地环境信息系统。

第五章　监督管理

第二十六条　设区的市级以上地方环境保护主管部门应当定期对土壤环境重点监管企业周边农用地开展监测，监测结果作为环境执法和风险预警的重要依据，并上传农用地环境信息系统。

设区的市级以上地方环境保护主管部门应当督促土壤环境重点监管企业自行或者委托专业机构开展土壤环境监测，监测结果向社会公开，并上传农用地环境信息系统。

第二十七条　县级以上环境保护主管部门和县级以上农业主管部门，有权对本行政区域内的农用地土壤污染防治相关活动进行现场检查。被检查单位应当予以配合，如实反映情况，提供必要的资料。实施现场检查的部门、机构及其工作人员应当为被检查单位保守商业秘密。

第二十八条　突发环境事件可能造成农用地土壤污染的，县级以上地方环境保护主管部门应当及时会同农业主管部门对可能受到污染的农用地土壤进行监测，并根据监测结果及时向当地人民政府提出应急处置建议。

第二十九条　违反本办法规定，受委托的专业机构在从事农用地土壤污染防治相关活动中，不负责任或者弄虚作假的，由县级以上地方环境保护主管部门、农业主管部门将该机构失信情况记入其环境信用记录，并通过企业信用信息系统向社会公开。

第六章　附　则

第三十条　本办法自 2017 年 11 月 1 日起施行。

中华人民共和国环境保护部令

（第 42 号）

《污染地块土壤环境管理办法（试行）》已于 2016 年 12 月 27 日由环境保护部部务会议审议通过，现予公布，自 2017 年 7 月 1 日起施行。

部 长　　陈吉宁

2016 年 12 月 31 日

污染地块土壤环境管理办法（试行）

第一章　总　则

第一条　【立法目的】为了加强污染地块环境保护监督管理，防控污染地块环境风险，根据《中华人民共和国环境保护法》等法律法规和国务院发布的《土壤污染防治行动计划》，制定本办法。

第二条　【定义】　本办法所称疑似污染地块，是指从事过有色金属冶炼、石油加工、化工、焦化、电镀、制革等行业生产经营活动，以及从事过危险废物贮存、利用、处置活动的用地。

按照国家技术规范确认超过有关土壤环境标准的疑似污染地块，称为污染地块。

本办法所称疑似污染地块和污染地块相关活动，是指对疑似污染地块开展的土壤环境初步调查活动，以及对污染地块开展的土壤环境详细调查、风险评估、风险管控、治理与修复及其效果评估等活动。

第三条　【适用范围】拟收回土地使用权的，已收回土地使用权的，以及用途拟变更为居住用地和商业、学校、医疗、养老机构等公共设施用地的疑似污染地块和污染地块相关活动及其环境保护监督管理，适用本办法。

不具备本条第一款情形的疑似污染地块和污染地块土壤环境管理办法另行制定。

放射性污染地块环境保护监督管理，不适用本办法。

第四条　【管理职责】环境保护部对全国土壤环境保护工作实施统一监督管理。

地方各级环境保护主管部门负责本行政区域内的疑似污染地块和污染地块相关活动的监督管理。

按照国家有关规定，县级环境保护主管部门被调整为设区的市级环境保护主管部门派出分局的，由设区的市级环境保护主管部门组织所属派出分局开展疑似污染地块和污染地块相关活动的监督管理。

第五条 【标准规范】环境保护部制定疑似污染地块和污染地块相关活动方面的环境标准和技术规范。

第六条 【污染地块信息系统】环境保护部组织建立全国污染地块土壤环境管理信息系统（以下简称污染地块信息系统）。

县级以上地方环境保护主管部门按照环境保护部的规定，在本行政区域内组织建设和应用污染地块信息系统。

疑似污染地块和污染地块的土地使用权人应当按照环境保护部的规定，通过污染地块信息系统，在线填报并提交疑似污染地块和污染地块相关活动信息。

县级以上环境保护主管部门应当通过污染地块信息系统，与同级城乡规划、国土资源等部门实现信息共享。

第七条 【公众举报】任何单位或者个人有权向环境保护主管部门举报未按照本办法规定开展疑似污染地块和污染地块相关活动的行为。

第八条 【环境公益诉讼】环境保护主管部门鼓励和支持社会组织，对造成土壤污染、损害社会公共利益的行为，依法提起环境公益诉讼。

第二章 各方责任

第九条 【土地使用权人责任】土地使用权人应当按照本办法的规定，负责开展疑似污染地块和污染地块相关活动，并对上述活动的结果负责。

第十条 【治理与修复责任认定】按照"谁污染，谁治理"原则，造成土壤污染的单位或者个人应当承担治理与修复的主体责任。

责任主体发生变更的，由变更后继承其债权、债务的单位或者个人承担相关责任。

责任主体灭失或者责任主体不明确的，由所在地县级人民政府依法承担相关责任。

土地使用权依法转让的，由土地使用权受让人或者双方约定的责任人承担相关责任。

土地使用权终止的，由原土地使用权人对其使用该地块期间所造成的土壤污染承担相关责任。

土壤污染治理与修复实行终身责任制。

第十一条 【专业机构及第三方机构责任】受委托从事疑似污染地块和污染地块相关活动的专业机构，或者受委托从事治理与修复效果评估的第三方机构，应当遵守有关环境标准和技术规范，并对相关活动的调查报告、评估报告的真实性、准确性、完整性负责。

受委托从事风险管控、治理与修复的专业机构，应当遵守国家有关环境标准和技术规范，按照委托合同的约定，对风险管控、治理与修复的效果承担相应责任。

受委托从事风险管控、治理与修复的专业机构，在风险管控、治理与修复等活动中弄虚作假，造成环境污染和生态破坏，除依照有关法律法规接受处罚外，还应当依法与造成环境污染和生态破坏的其他责任者承担连带责任。

第三章 环境调查与风险评估

第十二条 【疑似污染地块名单】县级环境保护主管部门应当根据国家有关保障工业企

业场地再开发利用环境安全的规定，会同工业和信息化、城乡规划、国土资源等部门，建立本行政区域疑似污染地块名单，并及时上传污染地块信息系统。

疑似污染地块名单实行动态更新。

第十三条 【初步调查】对列入疑似污染地块名单的地块，所在地县级环境保护主管部门应当书面通知土地使用权人。

土地使用权人应当自接到书面通知之日起6个月内完成土壤环境初步调查，编制调查报告，及时上传污染地块信息系统，并将调查报告主要内容通过其网站等便于公众知晓的方式向社会公开。

土壤环境初步调查应当按照国家有关环境标准和技术规范开展，调查报告应当包括地块基本信息、疑似污染地块是否为污染地块的明确结论等主要内容，并附具采样信息和检测报告。

第十四条 【污染地块名录】设区的市级环境保护主管部门根据土地使用权人提交的土壤环境初步调查报告建立污染地块名录，及时上传污染地块信息系统，同时向社会公开，并通报各污染地块所在地县级人民政府。

对列入名录的污染地块，设区的市级环境保护主管部门应当按照国家有关环境标准和技术规范，确定该污染地块的风险等级。

污染地块名录实行动态更新。

第十五条 【高风险地块重点监管】县级以上地方环境保护主管部门应当对本行政区域具有高风险的污染地块，优先开展环境保护监督管理。

第十六条 【详细调查】对列入污染地块名录的地块，设区的市级环境保护主管部门应当书面通知土地使用权人。

土地使用权人应当在接到书面通知后，按照国家有关环境标准和技术规范，开展土壤环境详细调查，编制调查报告，及时上传污染地块信息系统，并将调查报告主要内容通过其网站等便于公众知晓的方式向社会公开。

土壤环境详细调查报告应当包括地块基本信息，土壤污染物的分布状况及其范围，以及对土壤、地表水、地下水、空气污染的影响情况等主要内容，并附具采样信息和检测报告。

第十七条 【风险评估】土地使用权人应当按照国家有关环境标准和技术规范，在污染地块土壤环境详细调查的基础上开展风险评估，编制风险评估报告，及时上传污染地块信息系统，并将评估报告主要内容通过其网站等便于公众知晓的方式向社会公开。

风险评估报告应当包括地块基本信息、应当关注的污染物、主要暴露途径、风险水平、风险管控以及治理与修复建议等主要内容。

第四章 风险管控

第十八条 【一般要求】污染地块土地使用权人应当根据风险评估结果，并结合污染地块相关开发利用计划，有针对性地实施风险管控。

对暂不开发利用的污染地块，实施以防止污染扩散为目的的风险管控。

对拟开发利用为居住用地和商业、学校、医疗、养老机构等公共设施用地的污染地块，实施以安全利用为目的的风险管控。

第十九条 【编制风险管控方案】污染地块土地使用权人应当按照国家有关环境标准和技术规范,编制风险管控方案,及时上传污染地块信息系统,同时抄送所在地县级人民政府,并将方案主要内容通过其网站等便于公众知晓的方式向社会公开。

风险管控方案应当包括管控区域、目标、主要措施、环境监测计划以及应急措施等内容。

第二十条 【风险管控措施】土地使用权人应当按照风险管控方案要求,采取以下主要措施:

(一)及时移除或者清理污染源;

(二)采取污染隔离、阻断等措施,防止污染扩散;

(三)开展土壤、地表水、地下水、空气环境监测;

(四)发现污染扩散的,及时采取有效补救措施。

第二十一条 【环境应急】因采取风险管控措施不当等原因,造成污染地块周边的土壤、地表水、地下水或者空气污染等突发环境事件的,土地使用权人应当及时采取环境应急措施,并向所在地县级以上环境保护主管部门和其他有关部门报告。

第二十二条 【划定管控区域】对暂不开发利用的污染地块,由所在地县级环境保护主管部门配合有关部门提出划定管控区域的建议,报同级人民政府批准后设立标识、发布公告,并组织开展土壤、地表水、地下水、空气环境监测。

第五章 治理与修复

第二十三条 【一般要求】对拟开发利用为居住用地和商业、学校、医疗、养老机构等公共设施用地的污染地块,经风险评估确认需要治理与修复的,土地使用权人应当开展治理与修复。

第二十四条 【治理与修复工程方案】对需要开展治理与修复的污染地块,土地使用权人应当根据土壤环境详细调查报告、风险评估报告等,按照国家有关环境标准和技术规范,编制污染地块治理与修复工程方案,并及时上传污染地块信息系统。

土地使用权人应当在工程实施期间,将治理与修复工程方案的主要内容通过其网站等便于公众知晓的方式向社会公开。

工程方案应当包括治理与修复范围和目标、技术路线和工艺参数、二次污染防范措施等内容。

第二十五条 【二次污染防范】污染地块治理与修复期间,土地使用权人或者其委托的专业机构应当采取措施,防止对地块及其周边环境造成二次污染;治理与修复过程中产生的废水、废气和固体废物,应当按照国家有关规定进行处理或者处置,并达到国家或者地方规定的环境标准和要求。

治理与修复工程原则上应当在原址进行;确需转运污染土壤的,土地使用权人或者其委托的专业机构应当将运输时间、方式、线路和污染土壤数量、去向、最终处置措施等,提前5个工作日向所在地和接收地设区的市级环境保护主管部门报告。

修复后的土壤再利用应当符合国家或者地方有关规定和标准要求。

治理与修复期间,土地使用权人或者其委托的专业机构应当设立公告牌和警示标识,公开工程基本情况、环境影响及其防范措施等。

第二十六条　【治理与修复效果评估】治理与修复工程完工后，土地使用权人应当委托第三方机构按照国家有关环境标准和技术规范，开展治理与修复效果评估，编制治理与修复效果评估报告，及时上传污染地块信息系统，并通过其网站等便于公众知晓的方式公开，公开时间不得少于两个月。

治理与修复效果评估报告应当包括治理与修复工程概况、环境保护措施落实情况、治理与修复效果监测结果、评估结论及后续监测建议等内容。

第二十七条　【环评审批约束】污染地块未经治理与修复，或者经治理与修复但未达到相关规划用地土壤环境质量要求的，有关环境保护主管部门不予批准选址涉及该污染地块的建设项目环境影响报告书或者报告表。

第二十八条　【部门联动监管】县级以上环境保护主管部门应当会同城乡规划、国土资源等部门，建立和完善污染地块信息沟通机制，对污染地块的开发利用实行联动监管。

污染地块经治理与修复，并符合相应规划用地土壤环境质量要求后，可以进入用地程序。

第六章　监督管理

第二十九条　【监督检查】县级以上环境保护主管部门及其委托的环境监察机构，有权对本行政区域内的疑似污染地块和污染地块相关活动进行现场检查。被检查单位应当予以配合，如实反映情况，提供必要的资料。实施现场检查的部门、机构及其工作人员应当为被检查单位保守商业秘密。

第三十条　【监督检查措施】县级以上环境保护主管部门对疑似污染地块和污染地块相关活动进行监督检查时，有权采取下列措施：

（一）向被检查单位调查、了解疑似污染地块和污染地块的有关情况；

（二）进入被检查单位进行现场核查或者监测；

（三）查阅、复制相关文件、记录以及其他有关资料；

（四）要求被检查单位提交有关情况说明。

第三十一条　【定期报告】设区的市级环境保护主管部门应当于每年的 12 月 31 日前，将本年度本行政区域的污染地块环境管理工作情况报省级环境保护主管部门。

省级环境保护主管部门应当于每年的 1 月 31 日前，将上一年度本行政区域的污染地块环境管理工作情况报环境保护部。

第三十二条　【信用约束】违反本办法规定，受委托的专业机构在编制土壤环境初步调查报告、土壤环境详细调查报告、风险评估报告、风险管控方案、治理与修复方案过程中，或者受委托的第三方机构在编制治理与修复效果评估报告过程中，不负责任或者弄虚作假致使报告失实的，由县级以上环境保护主管部门将该机构失信情况记入其环境信用记录，并通过企业信用信息公示系统向社会公开。

第七章　附　则

第三十三条　【施行日期】本办法自 2017 年 7 月 1 日起施行。

生态环境部、自然资源部关于印发

《建设用地土壤污染责任人认定暂行办法》的通知

（环土壤〔2021〕12号）

各省、自治区、直辖市生态环境厅（局）、自然资源主管部门，新疆生产建设兵团生态环境局、自然资源局：

为规范建设用地土壤污染责任人的认定，依据《中华人民共和国环境保护法》《中华人民共和国土壤污染防治法》等相关法律，生态环境部会同自然资源部制定了《建设用地土壤污染责任人认定暂行办法》。现印发给你们，请遵照执行。

请及时总结实施过程中的典型案例、建议意见，并反馈生态环境部、自然资源部。

生态环境部
自然资源部
2021年1月28日

建设用地土壤污染责任人认定暂行办法

第一章　总　则

第一条　为规范建设用地土壤污染责任人的认定，依据《中华人民共和国环境保护法》《中华人民共和国土壤污染防治法》等相关法律，制定本办法。

第二条　本办法适用于生态环境主管部门会同自然资源主管部门依法行使监督管理职责中建设用地土壤污染责任人不明确或者存在争议时的土壤污染责任人认定活动。

涉及建设用地土壤污染责任的单位和个人之间，因建设用地土壤污染民事纠纷引发的土壤污染责任人认定活动，不适用本办法。

本办法所称土壤污染责任人不明确或者存在争议，包括以下情形：

（一）建设用地上曾存在多个从事生产经营活动的单位和个人的；

（二）建设用地土壤污染存在多种来源的；

（三）法律法规规章规定的其他情形。

第三条　本办法所称建设用地土壤污染责任人（以下简称土壤污染责任人），是指因排放、倾倒、堆存、填埋、泄漏、遗撒、渗漏、流失、扬散污染物或者有毒有害物质等，造成建设用地土壤污染，需要依法承担土壤污染风险管控和修复责任的单位和个人。

本办法所称涉及土壤污染责任的单位和个人，是指实施前款所列行为，可能造成建设用地土壤污染的单位和个人。

第四条　土壤污染责任人认定由建设用地所在地设区的市级生态环境主管部门会同同级自然资源主管部门负责。

跨设区的市的建设用地土壤污染责任人认定由省级生态环境主管部门会同同级自然资源主管部门负责。

第五条　土壤污染责任人负有实施土壤污染风险管控和修复的义务。土壤污染责任人无法认定的，建设用地使用权人应当实施土壤污染风险管控和修复。

土壤污染风险管控和修复，包括土壤污染状况调查和土壤污染风险评估、风险管控、修复、风险管控效果评估、修复效果评估、后期管理等活动。

第六条　建设用地及其周边曾存在的涉及土壤污染责任的单位和个人，应当协助建设用地使用权人开展土壤污染状况调查。

第七条　国家鼓励建设用地使用权人与涉及土壤污染责任的单位和个人之间，或者涉及土壤污染责任的多个单位和个人之间就土壤污染责任承担及责任份额进行协商，达成协议。协商过程中，土壤污染责任份额可以按照各自对土壤的污染程度确定；各自对土壤的污染程度无法确定的，可以平均分担责任份额。

第八条　国家鼓励任何组织和个人提供土壤污染责任人认定的有关线索。

国家鼓励和支持涉及土壤污染责任的单位和个人自愿实施土壤污染风险管控和修复。

第二章　申请与调查

第九条　对经土壤污染风险评估，依法需要采取风险管控措施或者实施修复的建设用地，土壤污染责任人不明确或者存在争议的，建设用地使用权人、土壤污染状况调查报告或者土壤污染风险评估报告中提出的涉及土壤污染责任的单位和个人，可以向有管辖权的生态环境主管部门提出土壤污染责任人认定申请。

生态环境主管部门可以会同自然资源主管部门根据实际情况依职权主动开展土壤污染责任人认定。

第十条　申请土壤污染责任人认定的，应当提交以下材料：

（一）申请书；

（二）申请人及其法定代表人身份信息；

（三）已经依法评审通过的土壤污染状况调查报告、土壤污染风险评估报告等信息；

（四）涉及土壤污染及责任人认定的相关信息和线索；

（五）生态环境主管部门会同自然资源主管部门要求提供的其他相关材料。

第十一条　接到土壤污染责任人认定申请后，生态环境主管部门根据下列情况分别作出处理：

（一）不符合本办法规定的，应当当场或者在五个工作日内作出不予受理的决定，并告知申请人；

（二）不属于本行政机关受理的，应当当场作出不予受理的决定，并告知申请人向有关行政机关提出；

（三）申请材料不齐全的，应当当场或者五个工作日内一次性告知申请人需要补正的全部材料，可以当场更正的，应当允许申请人当场更正；

（四）符合本办法规定，申请材料齐全或者申请人按照要求提交全部补正材料的，应当受理。

第十二条 生态环境主管部门会同自然资源主管部门可以在受理申请之日起十个工作日内，成立调查组启动土壤污染责任人调查，也可以指定或者委托调查机构启动调查工作。

前款规定的调查机构，应当具备土壤污染责任人认定所需要的专业技术能力。鼓励生态环境损害鉴定评估推荐机构作为调查机构。调查机构、调查人员不得与所调查的建设用地、涉及土壤污染责任的单位和个人存在利益关系。

第十三条 调查组或者调查机构应当按照客观公正、实事求是的原则，做好土壤污染责任人调查工作，并提交调查报告。

调查组或者调查机构应当重点针对涉及土壤污染责任的单位和个人的污染行为，以及该污染行为与建设用地土壤污染之间的因果关系等开展调查。

第十四条 调查组或者调查机构开展土壤污染责任人调查时，可以向生态环境主管部门调取建设用地涉及的突发环境事件处理情况、相关单位和个人有关环境行政执法情况等材料，向自然资源主管部门调取土地使用权人历史信息，土地、矿产等自然资源开发利用情况及有关行政执法情况，水文地质信息等材料。

调查组或者调查机构开展土壤污染责任人调查时，可以向建设用地及其周边有关单位和个人调查其生产经营活动中污染物排放、污染防治设施运行、污染事故、相关生产工艺等情况。有关单位和个人应当如实提供相关材料。

调查人员可以向其他有关单位和个人了解与土壤污染有关的情况。

第十五条 调查组开展土壤污染责任人调查，需要进行鉴定评估的，生态环境主管部门可以会同自然资源主管部门指定或者委托相关技术机构开展鉴定评估。

调查机构开展土壤污染责任人调查，需要进行鉴定评估的，可以委托相关技术机构开展鉴定评估。

第十六条 符合下列情形之一的，可以认定污染行为与土壤污染之间存在因果关系：

（一）涉及土壤污染责任的单位和个人曾在建设用地地块上实施过本办法第三条所列行为，且污染物或者有毒有害物质与该建设用地土壤特征污染物具有相关性；

（二）涉及土壤污染责任的单位和个人曾在建设用地地块周边实施过本办法第三条所列行为，污染物或者有毒有害物质与该建设用地土壤特征污染物具有相关性，且存在污染物或者有毒有害物质能够到达该地块的合理迁移路径。

第十七条 有下列情形之一的，属于土壤污染责任人无法认定：

（一）不存在或者无法认定因果关系；

（二）无法确定土壤污染责任人的具体身份信息；

（三）土壤污染责任人灭失的。

第十八条 调查组或者调查机构应当自启动调查之日起六十个工作日内完成调查工作，并提交调查报告；情况复杂，不能在规定期限内完成调查的，经生态环境主管部门会同自然资源主管部门批准，可以适当延长。延长调查期限的，应当告知申请人。

鉴定评估时间不计入前款规定的调查期限。

第十九条 调查组或者调查机构提交的调查报告应当包括以下内容：

（一）建设用地地块及其污染状况概述；

（二）法律法规规章和技术依据；

（三）调查过程；

（四）土壤污染责任人认定理由；

（五）土壤污染责任人认定意见；

（六）其他需要说明的事项。

调查报告应当附具有关证据材料。

第三章 审查与认定

第二十条 设区的市级或者省级生态环境主管部门会同同级自然资源主管部门成立土壤污染责任人认定委员会（以下简称认定委员会）。认定委员会成员由设区的市级或者省级生态环境主管部门、自然资源主管部门专职工作人员和有关专家组成。认定委员会成员不得与要审查的土壤污染责任人调查工作存在利益关系。

调查工作结束后，原则上三个工作日内，调查组或者调查机构应当将调查报告提交认定委员会进行审查。

认定委员会应当自收到调查报告之日起十五个工作日内进行审查，出具审查意见。审查意见应当包括以下内容：

（一）调查报告提出的事实是否清楚、证据是否确实充分、适用法律是否正确；

（二）调查程序是否合法合规；

（三）是否通过审查的结论。

第二十一条 调查报告通过审查的，土壤污染责任人认定委员会应当在三个工作日内将调查报告及审查意见报送生态环境主管部门和自然资源主管部门。

调查报告未通过审查的，认定委员会应当将调查报告退回调查组或者调查机构补充调查或者重新调查。调查组或者调查机构应当自调查报告退回之日起三十日内重新提交调查报告。

第二十二条 生态环境主管部门会同自然资源主管部门应当自收到土壤污染责任人认定委员会报送的调查报告及审查意见之日起十五个工作日内作出决定，并于十个工作日内连同认定委员会审查意见告知申请人、建设用地使用权人和土壤污染责任人；无法确定责任人的，告知申请人和建设用地使用权人。

第四章 其他规定

第二十三条 在土壤污染责任人调查、审查过程中以及作出决定前，应当充分听取建设用地使用权人、涉及土壤污染责任的单位和个人的陈述、申辩。建设用地使用权人、涉及土壤污染责任的单位和个人提出的事实、理由或者证据成立的，应当予以采纳。

第二十四条 土壤污染责任人、建设用地使用权人对土壤污染责任人认定决定不服的，可以依法申请行政复议或者提起行政诉讼。

第二十五条　土壤污染责任人认定工作结束后，生态环境主管部门应当及时归档。档案材料应当至少保存三十年。

第二十六条　土壤污染责任人认定过程中，发生下列情形之一的，可以终止土壤污染责任人认定：

（一）涉及土壤污染责任的单位和个人之间就土壤污染责任承担及责任份额协商达成一致，相关协议书报受理认定申请的生态环境主管部门备案；

（二）经诉讼等确认土壤污染责任；

（三）申请人申请终止认定。

第二十七条　从事土壤污染责任人认定的调查、审查与决定的有关单位和人员应当恪尽职守、诚信公正。未经有权机关批准，不得擅自发布有关信息。不得利用土壤污染责任人认定工作牟取私利。

第二十八条　开展土壤污染责任人认定所需资金，生态环境主管部门和自然资源主管部门应当依照《中华人民共和国土壤污染防治法》第七十条规定，向同级人民政府申请。不得向申请土壤污染责任人认定的单位和个人收取任何费用。

第五章　附　则

第二十九条　本办法自 2021 年 5 月 1 日起施行。

生态环境部、农业农村部、自然资源部、林草局关于印发
《农用地土壤污染责任人认定暂行办法》的通知

（环土壤〔2021〕13号）

各省、自治区、直辖市生态环境厅（局）、农业农村（农牧）厅（局、委）、自然资源主管部门、林业和草原主管部门，新疆生产建设兵团生态环境局、农业农村局、自然资源局、林草局：

为规范农用地土壤污染责任人的认定，依据《中华人民共和国环境保护法》《中华人民共和国土壤污染防治法》《中华人民共和国土地管理法》《中华人民共和国森林法》等相关法律，生态环境部会同农业农村部、自然资源部、林草局制定了《农用地土壤污染责任人认定暂行办法》。现印发给你们，请遵照执行。

请及时总结实施过程中的典型案例、建议意见，并反馈生态环境部、农业农村部、自然资源部、林草局。

生态环境部

农业农村部

自然资源部

林草局

2021年1月28日

农用地土壤污染责任人认定暂行办法

第一章 总 则

第一条 为规范农用地土壤污染责任人的认定，依据《中华人民共和国环境保护法》《中华人民共和国土壤污染防治法》《中华人民共和国土地管理法》《中华人民共和国森林法》等相关法律，制定本办法。

第二条 本办法适用于农业农村、林草主管部门会同生态环境、自然资源主管部门依法行使监督管理职责中农用地土壤污染责任人不明确或者存在争议时的土壤污染责任人认定活动。涉及农用地土壤污染责任的单位和个人之间，因农用地土壤污染民事纠纷引发的土壤污染责任人认定活动，不适用本办法。

前款所称农用地，主要包括耕地、林地、草地和其他农用地。

本办法所称土壤污染责任人不明确或者存在争议，包括以下情形：

（一）农用地或者其周边曾存在多个从事生产经营活动的单位和个人的；

（二）农用地土壤污染存在多种来源的；

（三）法律法规规章规定的其他情形。

第三条　本办法所称农用地土壤污染责任人（以下简称土壤污染责任人），是指因排放、倾倒、堆存、填埋、泄漏、遗撒、渗漏、流失、扬散污染物或者其他有毒有害物质等，造成农用地土壤污染，需要依法承担土壤污染风险管控和修复责任的单位和个人。

本办法所称涉及土壤污染责任的单位和个人，是指实施前款所列行为，可能造成农用地土壤污染的单位和个人。

第四条　土壤污染责任人认定由农用地所在地县级以上地方农业农村、林草主管部门会同同级生态环境、自然资源主管部门负责。

跨行政区域的农用地土壤污染责任人认定由其上一级地方农业农村、林草主管部门会同同级生态环境、自然资源主管部门负责。

第五条　耕地由农业农村主管部门会同生态环境、自然资源主管部门认定土壤污染责任人；林地、草地由林草主管部门会同生态环境、自然资源主管部门认定土壤污染责任人；其他农用地由农业农村、林草主管部门按照职责分工会同生态环境、自然资源主管部门认定土壤污染责任人。

第六条　土壤污染责任人负有实施土壤污染风险管控和修复的义务。

土壤污染风险管控和修复，包括土壤污染状况调查和土壤污染风险评估、风险管控、修复、风险管控效果评估、修复效果评估、后期管理等活动。

第七条　农用地及其周边曾存在的涉及土壤污染责任的单位和个人，应当协助开展土壤污染状况调查。

第八条　国家鼓励涉及土壤污染责任的多个单位和个人之间就土壤污染责任承担及责任份额进行协商，达成协议。无法协商一致的，由农用地土壤污染责任人认定委员会综合考虑各自对土壤的污染程度、责任人的陈述申辩情况等因素确定责任份额。

第九条　国家鼓励任何组织和个人提供土壤污染责任人认定的有关线索。

国家鼓励和支持涉及土壤污染责任的单位和个人自愿实施土壤污染风险管控和修复。

第二章　启动与调查

第十条　土壤污染责任人不明确或者存在争议，依法需要采取风险管控措施或者实施修复的农用地，符合下列情形之一的，由县级以上地方农业农村、林草主管部门会同生态环境、自然资源主管部门制定年度工作计划，启动农用地土壤污染责任人认定：

（一）周边曾存在相关污染源或者有明显污染物排放；

（二）倾倒、堆存、填埋、泄漏、遗撒、渗漏、流失、扬散污染物或者其他有毒有害物质。

在制定年度工作计划时，应当综合考虑本行政区域农用地污染状况、相关举报情况等因素。对农民群众反映强烈的突出问题，应当有重点地纳入年度工作计划。

第十一条　农业农村、林草主管部门会同生态环境、自然资源主管部门可以成立调查组启动土壤污染责任人调查，也可以指定或者委托调查机构启动调查工作。

前款规定的调查机构,应当具备土壤污染责任人认定所需要的专业技术能力。调查机构、调查人员不得与所调查的农用地、涉及土壤污染责任的单位和个人存在利益关系。

第十二条　调查组或者调查机构应当按照客观公正、实事求是的原则,做好土壤污染责任人调查工作,并提交调查报告。

调查组或者调查机构应当重点针对涉及土壤污染责任的单位和个人的污染行为,以及该污染行为与农用地土壤污染之间的因果关系等开展调查。

第十三条　调查组或者调查机构开展土壤污染责任人调查时,可以向农业农村主管部门调取受污染农用地区域及其周边有关行政执法情况等材料;向林草主管部门调取林地、草地利用过程中有关行政执法情况等材料;向生态环境主管部门调取农用地及其周边涉及的突发环境事件处理情况、相关单位和个人环境行政执法情况等材料;向自然资源主管部门调取农用地及周边土地、矿产等自然资源开发利用情况及有关行政执法情况、地球化学背景调查信息、水文地质信息等材料。

调查组或者调查机构开展土壤污染责任人调查时,可以向农用地及其周边有关单位和个人调查其生产经营活动中污染物排放、污染防治设施运行、污染事故、相关生产工艺等情况。有关单位和个人应当如实提供相关材料。

调查人员可以向其他有关单位和个人了解与土壤污染有关的情况。

第十四条　调查组开展土壤污染责任人调查,需要进行鉴定评估的,农业农村、林草主管部门可以会同生态环境、自然资源主管部门指定或者委托相关技术机构开展鉴定评估。

调查机构开展土壤污染责任人调查,需要进行鉴定评估的,可以委托相关技术机构开展鉴定评估。

第十五条　同时符合下列条件的,可以认定污染行为与土壤污染之间存在因果关系:

(一)在农用地土壤中检测出特征污染物,且含量超出国家、地方、行业标准中最严限值,或者超出对照区含量;

(二)疑似土壤污染责任人存在向农用地土壤排放或者增加特征污染物的可能;

(三)无其他相似污染源,或者相似污染源对受污染农用地土壤的影响可以排除或者忽略;

(四)受污染农用地土壤可以排除仅受气候变化、自然灾害、高背景值等非人为因素的影响。

不能同时符合上述条件的,应当得出不存在或者无法认定因果关系的结论。

第十六条　有下列情形之一的,属于土壤污染责任人无法认定:

(一)不存在或者无法认定因果关系;

(二)无法确定土壤污染责任人的具体身份信息;

(三)土壤污染责任人灭失的。

第十七条　调查组或者调查机构应当自启动调查之日起六十个工作日内完成调查工作,并提交调查报告;情况复杂,不能在规定期限内完成调查的,经农业农村、林草主管部门会同生态环境、自然资源主管部门批准,可以适当延长。

鉴定评估时间不计入前款规定的调查期限。

第十八条　调查组或者调查机构提交的调查报告应当包括以下内容:

(一)农用地地块及其污染状况概述;

(二)法律法规规章和技术依据;

（三）调查过程；

（四）土壤污染责任人认定理由；

（五）土壤污染责任人认定意见及责任份额；

（六）其他需要说明的事项。

调查报告应当附具有关证据材料。

第三章　审查与认定

第十九条　县级以上地方农业农村、林草主管部门会同生态环境、自然资源主管部门成立土壤污染责任人认定委员会（以下简称认定委员会）。认定委员会成员由县级以上地方农业农村、林草、生态环境、自然资源主管部门专职工作人员和有关专家组成。认定委员会成员不得与要审查的土壤污染责任人调查工作存在利益关系。

调查工作结束后，原则上三个工作日内，调查组或者调查机构应当将调查报告提交认定委员会进行审查。

认定委员会应当自收到调查报告之日起十五个工作日内进行审查，出具审查意见。审查意见应当包括以下内容：

（一）调查报告提出的事实是否清楚、证据是否确实充分、适用法律是否正确；

（二）调查程序是否合法合规；

（三）是否通过审查的结论。

第二十条　调查报告通过审查的，认定委员会应当在三个工作日内将调查报告及审查意见报送农业农村、林草、生态环境、自然资源主管部门。

调查报告未通过审查的，认定委员会应当将调查报告退回调查组或者调查机构补充调查或者重新调查。调查组或者调查机构应当自调查报告退回之日起三十日内重新提交调查报告。

第二十一条　农业农村、林草主管部门会同生态环境、自然资源主管部门应当自收到认定委员会报送的调查报告及审查意见之日起十五个工作日内作出决定，并于十个工作日内连同认定委员会审查意见告知土壤污染责任人。

第四章　其他规定

第二十二条　在土壤污染责任人调查、审查过程中以及作出决定前，应当充分听取农村集体经济组织及其成员、农民专业合作社及其他农业生产经营主体、涉及土壤污染责任的单位和个人的陈述、申辩。农村集体经济组织及其成员、农民专业合作社及其他农业生产经营主体、涉及土壤污染责任的单位和个人提出的事实、理由或者证据成立的，应当予以采纳。

第二十三条　土壤污染责任人对土壤污染责任人认定决定不服的，可以依法申请行政复议或者提起行政诉讼。

第二十四条　土壤污染责任人认定工作结束后，农业农村、林草主管部门会同生态环境、自然资源主管部门应当及时归档。档案材料应当至少保存三十年。

第二十五条　土壤污染责任人认定过程中，发生下列情形之一，可以终止土壤污染责任人认定：

（一）涉及土壤污染责任的单位和个人之间就土壤污染责任承担及责任份额协商达成一致，相关协议书报启动认定调查的农业农村、林草主管部门会同生态环境、自然资源主管部门备案；

（二）经诉讼等确认土壤污染责任。

第二十六条　从事土壤污染责任人认定的调查、审查与决定的有关单位和人员应当恪尽职守、诚信公正。未经有权机关批准，不得擅自发布有关信息。不得利用土壤污染责任人认定工作牟取私利。

第二十七条　开展土壤污染责任人认定所需资金，农业农村、林草、生态环境和自然资源主管部门应当依照《中华人民共和国土壤污染防治法》第七十条规定，向同级人民政府申请。

第五章　附　则

第二十八条　省级农业农村、林草主管部门可以根据本办法，会同同级生态环境、自然资源主管部门，结合当地实际，制定具体实施细则，并报农业农村部、国家林草局、生态环境部、自然资源部备案。

第二十九条　本办法自 2021 年 5 月 1 日起施行。

关于印发《四川省建设用地土壤环境管理办法》的通知

（川环规〔2023〕5号）

各市（州）生态环境局、自然资源主管部门、住房城乡建设（城市管理）主管部门：

为贯彻落实《中华人民共和国土壤污染防治法》《四川省土壤污染防治条例》，加强全省建设用地土壤环境管理，保障人居环境安全，结合我省实际，修订《四川省污染地块土壤环境管理办法》，形成《四川省建设用地土壤环境管理办法》，现印发给你们，请遵照执行。

四川省生态环境厅　　四川省自然资源厅

四川省住房和城乡建设厅

2023年12月22日

四川省建设用地土壤环境管理办法

目　录

第一章　总　　则

第一条　为加强全省建设用地土壤生态环境监督管理，防控建设用地土壤环境风险，保障人居环境安全，根据《中华人民共和国土壤污染防治法》《四川省土壤污染防治条例》《建设用地土壤污染状况调查、风险评估、风险管控及修复效果评估报告评审指南》等有关要求，结合四川省实际，制定本办法。

第二条　本办法适用于四川省行政区域内以下六类建设用地：

（一）有色和黑色金属矿采选、有色和黑色金属冶炼、石油和天然气开采、石油加工、化学原料和化学制品制造、汽车制造以及铅蓄电池、焦化、电镀、制革、废弃电器电子产品处理、垃圾焚烧等行业企业关闭、搬迁的；

（二）垃圾填埋场、污泥处置场和从事过危险废物贮存、利用、处置经营活动的场所关闭或者封场的；

（三）土壤污染重点监管单位的生产经营用地用途拟变更或者土地使用权拟收回、转让的；

（四）用途变更为住宅、公共管理与公共服务用地的（以下简称一住两公，一住两公的确定以国家国土用途管制分类要求为准）；

（五）对土壤污染状况普查、详查和监测、现场检查表明有土壤污染风险的；

（六）法律、法规规定的其他情形。

放射性建设用地、在产企业用地土壤生态环境监督管理，不适用于本办法。

第三条　上述六类建设用地应按国家和省规定开展土壤污染状况调查、风险评估、风险管控、修复、风险管控效果评估、修复效果评估、后期管理等土壤生态环境管理相关工作（以下简称土壤污染风险管控和修复工作）。

第四条　任何单位或者个人有权向生态环境主管部门举报未按照本办法规定开展土壤污染风险管控和修复工作的行为。

生态环境主管部门鼓励和支持社会组织，对造成土壤污染、损害公众利益的行为，依法提起环境公益诉讼。

第二章　各方责任

第五条　有关部门依照下列规定，对土壤污染风险管控和修复工作实施监督管理：

（一）生态环境主管部门对土壤污染风险管控和修复工作实施统一监督管理。省级生态环境主管部门会同自然资源主管部门建立建设用地土壤污染风险管控和修复名录。市级生态环境主管部门会同自然资源等主管部门建立第二条第（一）（二）（三）（五）（六）类地块清单和污染地块名录。名录和清单应动态更新。

（二）自然资源主管部门负责建设用地规划用途、规划实施、使用权的收储收回和供应的监督管理，负责建立第二条第（四）类地块清单并动态更新；配合生态环境主管部门建立本行政区域内第二条第（一）（二）（三）（五）（六）类地块清单、污染地块名录和建设用地土壤污染风险管控和修复名录。

（三）发展改革、经济和信息化、住房城乡建设、商务、卫生健康等主管部门，在各自职责范围内对土壤污染风险管控和修复工作实施监督管理。

第六条　土壤污染责任人、土地使用权人应当按照本办法规定，负责开展土壤污染风险管控和修复工作，并对其结果负责。通过建设用地信息管理系统提交相关工作信息。

第七条　按照"谁污染、谁治理"的原则，造成土壤污染的单位和个人应当承担土壤污染防治的主体责任。

土地使用权依法转让的，由土地使用权受让方或者双方约定的责任人承担相关责任。

土地使用权终止的，由原土地使用权人对其使用期间所造成的土壤污染承担相关责任。

第八条　土壤污染责任人不明确或者存在争议的，应当按照《建设用地土壤污染责任人认定暂行办法》要求开展责任人认定。土壤污染责任人无法认定的，土地使用权人应当承担相关责任。

第九条　受委托从事土壤污染风险管控和修复工作的第三方机构，应当具备相应的专业能力，并对出具的调查报告、实施方案、评估报告的真实性、准确性、完整性负责。

受委托从事风险管控、修复的第三方机构，应当遵守国家和省有关环境标准和技术规范，按照委托合同的约定，对风险管控、修复的效果以及后期管理等承担相应责任，并做好风险管控、修复过程二次污染防范以及施工人员的安全防护工作。

第三章　调查评估

第十条　自然资源主管部门应当定期将建设用地详细规划和供地管理、用途变更和使用权变更、建设工程规划许可等信息书面通报给生态环境主管部门，并配合生态环境主管部门确定第二条第（一）（二）（三）（五）（六）类地块土地使用权人相关信息，包括土地使用权人名称、联系人、联系方式等。生态环境主管部门及时将有关信息上传至建设用地信息管理系统。

生态环境主管部门应当在确定第二条规定的六类地块后 10 个工作日内书面通知土地使用权人，并督促其将地块有关信息上传至建设用地信息管理系统。

第十一条　土地使用权人应当在接到书面通知之日起 6 个月内完成土壤污染状况初步调查，编制土壤污染状况初步调查报告，及时上传至建设用地信息管理系统，并报市级生态环境主管部门，由市级生态环境主管部门会同自然资源主管部门组织评审。

土地使用权人应当于评审通过后 30 个工作日内将土壤污染状况初步调查报告上传至建设用地信息管理系统，并通过其网站等便于公众知晓的方式将土壤污染状况初步调查报告主要内容向社会公开。本办法第二条第（三）类地块的土壤污染状况初步调查报告应作为不动产登记资料送交地方人民政府不动产登记机构。

第十二条　市级生态环境主管部门应当于评审后 10 个工作日内将土壤污染状况初步调查报告评审信息上传至建设用地信息管理系统。

第十三条　土壤污染状况初步调查应当按照国家和省有关环境标准和技术规范开展，土壤污染状况初步调查报告应当包括地块基本信息、土壤是否受到污染、污染物含量是否超过土壤污染风险管控标准等内容。污染物含量超过土壤污染风险管控标准的，土壤污染状况初步调查报告还应当包括污染类型、污染来源以及地下水是否受到污染等内容，并附具采样信息和检测报告。

对尚未明确土地规划用途的地块，土壤污染状况初步调查报告应当按照建设用地规划用途第一类、第二类用地的风险筛选值分别进行评价，并明确污染物含量是否超过相应土壤污染风险管控标准，按照建设用地规划用途第一类用地风险筛选值评价结果上传至建设用地信息管理系统。

第十四条　市级生态环境主管部门会同自然资源主管部门根据土壤污染状况初步调查报告评审意见，建立污染地块名录，同时向社会公开。

第十五条　对纳入污染地块名录的，市级生态环境主管部门应当在 10 个工作日内书面通知土壤污染责任人、土地使用权人开展土壤污染状况详细调查和风险评估。

土壤污染责任人、土地使用权人应当在接到书面通知之日起 6 个月内，完成土壤污染状况详细调查和风险评估，编制土壤污染状况详细调查和风险评估报告，及时上传至建设用地信息管理系统并报省级生态环境主管部门，由省级生态环境主管部门会同自然资源主管部门对土壤污染状况详细调查和风险评估报告组织评审。

土壤污染责任人、土地使用权人应当于评审通过后 30 个工作日内将土壤污染状况详细调查和风险评估报告及时上传至建设用地信息管理系统，并通过其网站等便于公众知晓的方式将土壤污染状况详细调查和风险评估报告主要内容向社会公开。

第十六条　省级生态环境主管部门应当于评审后 10 个工作日内将土壤污染状况详细调查和风险评估报告评审信息上传至建设用地信息管理系统。

第十七条　土壤污染状况详细调查和风险评估应当按照国家、省有关环境标准和技术规范开展，土壤污染状况详细调查和风险评估报告应当包括地块基本信息、土壤及地下水污染物状况及其范围，以及对土壤、地表水、地下水、大气污染的影响情况、应当关注的污染物、暴露途径、公众健康风险水平、风险管控、修复目标及基本要求等主要内容，并附具采样信息和检测报告。

对于尚未明确土地规划用途的地块，土壤污染状况详细调查和风险评估报告应当按照建设用地规划用途第一类、第二类用地分别进行评估，并明确地块是否需要实施风险管控、修复，按照建设用地规划用途第一类用地风险评估结果上传至建设用地信息管理系统。

第十八条　省级生态环境主管部门会同自然资源主管部门根据土壤污染状况详细调查和风险评估报告评审意见，将需要实施风险管控、修复的地块纳入建设用地土壤污染风险管控和修复名录，并向社会公开。

第四章　风险管控和修复

第十九条　对列入建设用地土壤污染风险管控和修复名录的地块，土壤污染责任人应按照国家和省等有关环境标准和技术规范要求，结合土壤污染状况详细调查和风险评估报告及土地用途，编制风险管控方案或修复方案，报市级生态环境主管部门备案，并及时上传至建设用地信息管理系统。

土壤污染责任人在实施风险管控或修复期间，应当将风险管控或修复方案的主要内容通过其网站等便于公众知晓的方式向社会公开。

第二十条　土壤污染责任人应当根据土壤污染状况详细调查和风险评估结果，并结合污染地块相关开发利用计划，有针对性地实施风险管控或修复。

对拟开发利用为"一住两公"的污染地块，应当选用无须实施后期管理的风险管控、修复方案。

第二十一条　风险管控、修复方案应当包括项目背景、地块问题识别、风险管控或修复模式、技术筛选、技术工艺路线和工艺参数、技术方案设计、地下水污染防治、环境管理计划、工程设计、成本效益分析、二次污染防范措施等内容。

第二十二条　风险管控、修复期间，土壤污染责任人或其委托的专业机构参照《四川省建设用地土壤修复二次污染防控技术指南》要求采取措施，防止对地块及其周边环境造成二次污染。

施工单位应当设立公告牌，公告牌的设置应符合《建设用地土壤污染风险管控和修复名录及修复施工相关信息公开工作指南》的要求。

第二十三条 风险管控、修复原则上应当在原址进行。确需转运污染土壤的，施工单位应建立管理台账，记录日清挖量、堆存量、堆存位置及转运量等信息，并将运输时间、方式、线路和污染土壤量、去向、最终处置措施等信息，提前5个工作日向所在地和接收地市级生态环境主管部门报告。

转运的污染土壤属于危险废物的，施工单位应当依照相关法律法规和标准的要求进行转移、处置。

第二十四条 土壤污染责任人在风险管控、修复开工前，按照有关规定委托监理单位对工程实施情况进行监理。

监理单位可采取视频、照片、文字等多种记录形式，建立过程记录和档案管理体系，对工程实施过程中的各项环境保护技术要求的落实情况进行监理，对发现的问题应及时提出监理要求并督促整改。风险管控、修复工程完成后，监理单位可编制监理工作报告。监理工作报告包含风险管控、修复范围、工程量核定、实际过程工艺参数、过程污染防治措施落实和污染土壤处置等内容。

第二十五条 因实施风险管控、修复不当等原因，造成地块周边土壤、地表水、地下水或者大气污染等突发环境事件的，土壤污染责任人应当及时采取环境应急措施，并及时向市级生态环境主管部门和其他有关部门报告。

第二十六条 风险管控、修复完成后，土壤污染责任人应当另行委托其他具备相应专业能力的单位对风险管控效果、修复效果进行评估，编制风险管控效果评估报告、修复效果评估报告，及时上传至建设用地信息管理系统，并报省级生态环境主管部门，由省级生态环境主管部门会同自然资源主管部门对风险管控效果评估报告、修复效果评估报告组织评审。

土壤污染责任人、土地使用权人应当于评审通过后30个工作日内将风险管控效果评估报告、修复效果评估报告及时上传至建设用地信息管理系统，向省级生态环境主管部门申请移出建设用地土壤污染风险管控和修复名录。

第二十七条 省级生态环境主管部门应当于评审后10个工作日内将风险管控效果评估报告评审信息、修复效果评估报告评审信息上传至建设用地信息管理系统。

第二十八条 省级生态环境主管部门应当会同自然资源主管部门，依据风险管控效果评估报告、修复效果评估报告评审意见，及时将达到土壤污染状况详细调查和风险评估报告确定的风险管控、修复目标且可以安全利用的地块移出建设用地土壤污染风险管控和修复名录，按照规定向社会公开。

第二十九条 风险管控效果评估、修复效果评估应按照国家和省有关环境标准和技术规范开展。风险管控效果评估报告、修复效果评估报告应当包括地块概况、地块概念模型、效果评估布点方案、生态环境措施落实情况、是否达到土壤污染状况详细调查和风险评估报告确定的风险管控、修复目标且可以安全利用、后期环境监管建议等内容，并附具采样信息和检测报告。

第三十条 风险管控、修复完成后，需要实施后期管理的，土壤污染责任人应当按照要求实施后期管理，编制后期管理计划，并报送市级生态环境主管部门。后期管理计划应当包含实施主体、环境监测计划、运行与维护措施、制度控制措施、应急预案、资金保障计划等内容。

第五章 监督管理

第三十一条 各级生态环境主管部门会同自然资源等主管部门建立和完善建设用地信息共享和沟通协调机制，充分应用建设用地信息管理系统实施联动监管。

未达到土壤污染状况详细调查和风险评估报告确定的风险管控、修复目标的建设用地地块，禁止开工建设任何与风险管控、修复无关的项目。

第三十二条 生态环境、自然资源主管部门应按要求开展重点建设用地安全利用率核算工作，确保建设用地符合土壤环境质量要求，有效管控建设用地土壤污染风险，保障重点建设用地安全利用。

第三十三条 生态环境主管部门应按照国家《建设用地土壤污染状况初步调查监督检查工作指南（试行）》《建设用地土壤污染状况调查质量控制技术规定（试行）》和省有关要求，开展土壤污染状况初步调查监督检查。

第三十四条 生态环境、自然资源等负有建设用地土壤生态环境监督管理职责的主管部门，有权对本行政区域内的建设用地土壤污染防治情况进行现场检查。被检查单位应当予以配合，如实反映情况，提供必要的资料。实施现场检查的部门、机构及其工作人员应当为被检查单位保守商业秘密。

第三十五条 生态环境、自然资源等负有建设用地土壤生态环境监督管理职责的主管部门对土壤污染风险管控和修复工作进行监督检查时，有权采取下列措施：

（一）向被检查单位调查、了解建设用地的有关情况；

（二）进入被检查单位进行现场核查或者监测；

（三）查阅、复制相关文件、记录以及其他有关资料；

（四）要求被检查单位提交有关情况说明。

第三十六条 违反本办法规定，土壤污染责任人、土地使用权人未按要求开展土壤污染风险管控和修复工作的，由生态环境主管部门或者其他负有土壤污染防治监督管理职责的部门依照相关法律法规查处。

第三十七条 违反本办法规定，受委托的专业机构在开展土壤污染风险管控和修复工作时，弄虚作假或者造成环境污染、生态破坏的，应承担相应的法律责任。

第六章 附 则

第三十八条 本办法自 2024 年 2 月 1 日起施行，有效期 5 年。四川省生态环境厅 四川省经济和信息化厅 四川省自然资源厅 四川省住房和城乡建设厅《关于印发〈四川省污染地块土壤环境管理办法〉的通知》（川环发〔2018〕90 号）同时废止。

关于印发《四川省农用地土壤环境管理办法》的通知

（川环规〔2023〕6号）

各市（州）生态环境局、自然资源主管部门、农业（农牧）农村局、林业和草原主管部门：

为贯彻落实《中华人民共和国土壤污染防治法》《四川省土壤污染防治条例》，加强全省农用地土壤环境管理，保障农产品质量安全，结合我省实际，修订《四川省农用地土壤环境管理办法》，现印发给你们，请遵照执行。

四川省生态环境厅　　四川省自然资源厅
四川省农业农村厅　　四川省林业和草原局
2023年12月22日

四川省农用地土壤环境管理办法

第一条　为加强全省农用地土壤生态环境监督管理，保护农用地土壤环境，管控农用地土壤环境风险，根据《中华人民共和国土壤污染防治法》《四川省土壤污染防治条例》等法律法规规定，制定本办法。

第二条　在四川省行政区域内从事农用地土壤污染防治相关活动及其监督管理，适用本办法。

前款农用地土壤污染防治相关活动，是指对农用地开展的土壤污染预防、土壤污染状况调查、环境监测、环境质量类别划分、分类管理等活动。

农用地是指直接用于农业生产的土地，包括耕地、园地、林地、草地、农田水利用地、养殖水面等。

第三条　省、市级生态环境主管部门对本行政区域内农用地土壤污染防治工作实施统一监督管理。

县级以上自然资源、农业农村、林业和草原等主管部门，在各自职责范围内对农用地土壤污染防治工作实施监督管理。

第四条　从事农用地开发利用活动或者生产经营活动的组织和个人，应当采取有效措施，防止农用地土壤污染，对所造成的土壤污染依法承担责任。

第五条　省级生态环境主管部门应当会同农业农村、自然资源、林业和草原等主管部门建立全省农用地土壤环境基础数据库。各级生态环境、农业农村、林业和草原等主管部门应当按照国家有关规定，加强农用地土壤环境管理信息统计工作，健全农用地土壤环境管理信息档案，定期将农用地分类管理、农业投入品使用及回收、农业绿色防控、风险管控和修复等有关信息上传至四川省土壤环境信息管理平台（以下简称信息管理平台），实行部门信息共享。

省级生态环境主管部门负责统一发布全省农用地土壤环境信息,将涉及主要食用农产品、林产品生产区域的重大土壤环境信息,及时通报农业农村、林业和草原、卫生健康和食品安全主管部门。

第六条　排放重金属及有机污染物的企业事业单位应当采取有效措施,确保废水、废气排放和固体废物处理、处置符合国家有关规定要求,定期开展土壤污染隐患排查、自行监测,强化土壤环境污染治理及风险管控。

第七条　各级生态环境主管部门应当会同农业农村等主管部门,持续推进农用地周边涉镉等重金属行业企业、历史遗留固体废物堆场等重点区域排查,对发现问题及时开展整治,防止对周边农用地土壤造成污染。

第八条　农用地周边尾矿库、未纳入尾矿库管理的固体废物堆场、废弃矿井的运营或管理单位,应当按照规定开展土壤、地下水等污染状况调查评估、风险管控和修复。产生、贮存、运输、利用尾矿等固体废物的单位,应当采取措施,防止扬散、流失、渗漏对周边农用地土壤造成污染。

第九条　规模化畜禽养殖的单位和个人,应当按照相关规范要求,配套与养殖规模、处理工艺相适应的消纳用地,配备必要的粪污收集、贮存、处理和利用设施或者委托从事废弃物综合利用和无害化处理服务的单位代为处置,确保污染物稳定达标排放。规模以下畜禽养殖的单位和个人,应当履行畜禽养殖污染防治和废弃物资源化利用的主体责任,防止畜禽养殖活动对农用地土壤造成污染。

第十条　各级农业农村主管部门应当引导农业生产者合理使用农药、肥料、兽药、饲料、农膜等农业投入品,加强农药、化肥使用指导和使用总量控制,督促指导农膜使用者及时回收田间废旧农膜,不得随意弃置、掩埋或焚烧。

鼓励和支持农业生产者采取下列措施:

(一)使用低毒、低残留农药及先进喷施技术;

(二)使用绿色、高效肥料及先进施肥方式;

(三)采用测土配方施肥、有机肥替代部分化肥等科学施肥技术,生物防治等病虫害绿色防控技术;

(四)使用全生物降解农膜;

(五)移除安全利用类耕地产出的秸秆;

(六)按照规定对酸性土壤等进行改良。

第十一条　省级生态环境主管部门应当会同农业农村、自然资源、林业和草原等主管部门建立农用地土壤污染状况定期调查制度,按照国家农用地土壤污染状况调查工作部署,制定全省调查工作方案并组织实施。

第十二条　省级生态环境主管部门应当会同农业农村、林业和草原等主管部门建立全省农用地土壤环境质量监测网络,结合国家农用地土壤监测总体布局,统一规划全省农用地土壤环境质量监测点位,制定监测方案并组织实施。每一至三年完成一轮土壤环境风险监控点位监测,每五年完成一轮土壤环境背景点位和基础点位监测,掌握土壤环境质量状况与变化趋势,有关监测结果应当及时上传至信息管理平台。对监测数据发现异常的,应当开展加密监测及土壤污染风险源排查。

农用地土壤环境质量监测点位应当重点布设在粮食生产功能区、重要农产品生产保护区、特色农产品优势区、安全利用类和严格管控类耕地集中区以及污染风险较大的农用地等区域。其中污染风险较大的农用地包括：

（一）产出农产品、林产品污染物含量超标的；

（二）作为或者曾作为污水灌溉区的；

（三）用于或者曾用于规模化养殖，固体废物堆放、填埋的；

（四）曾作为工矿用地或者发生过重大、特大污染事故的；

（五）土壤污染重点监管单位及涉重工业园区、固体废物堆场等周边的；

（六）省级农业农村、林业和草原、生态环境、自然资源主管部门规定的其他情形。

市级生态环境主管部门应当会同农业农村、林业和草原等主管部门，根据工作需要，布设地方农用地土壤环境质量监测点位，增加特征污染物监测项目，提高监测频次。有关监测结果应当及时上传至信息管理平台。

第十三条　对土壤污染状况普查、详查、监测、现场检查表明有土壤污染风险的农用地地块，县级以上农业农村、林业和草原主管部门应当会同生态环境、自然资源等主管部门进行土壤污染状况调查。土壤污染状况调查报告应当主要包括地块基本信息、污染类型、污染来源、污染物含量是否超过农用地土壤污染风险管控标准等内容。调查报告应当上传至信息管理平台。

对土壤污染状况调查表明污染物含量超过农用地土壤污染风险管控标准的，县级以上农业农村、林业和草原主管部门应当会同生态环境、自然资源等主管部门开展土壤污染风险评估，按照评估结果实施农用地分类管理。土壤污染风险评估报告应当主要包括污染物状况、土壤和地下水污染范围、农产品质量安全风险、风险管控与修复的目标和基本要求等内容。风险评估报告应当上传至信息管理平台。

市级生态环境主管部门应当对超标农用地周边可能造成污染的相关工矿企业开展监测，分析农用地超标与工矿企业的关系，监测结果作为环境执法、风险预警和污染责任认定的依据。监测结果应当上传至信息管理平台。

第十四条　各级生态环境主管部门应当会同农业农村等主管部门开展灌溉水水质监测，定期开展粮食生产功能区、重要农产品生产保护区、特色农产品优势区等优先保护类耕地以及污染风险较大耕地的灌溉水水质监测。监测结果应当上传至信息管理平台。

第十五条　排放镉等重金属的企业，应当依法对周边大气镉等重金属沉降及耕地土壤重金属含量进行定期监测，评估大气重金属沉降造成耕地土壤中镉等重金属累积的风险。

第十六条　各级农业农村、林业和草原主管部门应当根据农产品、林产品的质量安全状况，组织实施农用地土壤与农产品、林产品协同监测和风险评估。根据监测和风险评估结果，优化调整安全利用措施。各类监测结果应当上传至信息管理平台。

第十七条　省级农业农村主管部门应当会同生态环境、自然资源等主管部门根据农用地土壤污染状况普查、详查等成果，按照相关标准、技术规范，组织开展全省耕地土壤环境质量类别划分工作并动态更新。

未利用地、复垦土地等拟开垦为耕地的，应当根据国家、省相关法律法规要求，开展土壤污染状况调查并进行分类管理。

鼓励有条件的地区逐步开展林地、草地等农用地土壤环境质量类别划分等工作。

第十八条 永久基本农田集中区域内禁止新建有可能造成土壤污染的企业和其他设施，已经建成的相关企业应当按照有关规定限期关闭拆除。

第十九条 县级以上农业农村、林业和草原主管部门应当根据农用地土壤安全利用相关技术规范要求，结合农用地污染状况，因地制宜组织制定并落实受污染农用地安全利用方案，降低农产品超标风险。

第二十条 县级以上农业农村、林业和草原主管部门应当对严格管控类农用地提出划定特定农产品禁止生产区域的建议，并报本级地方人民政府批准后实施。

有关部门应当对严格管控类农用地采取调整种植结构、轮作休耕、轮牧休牧、秸秆离田等风险管控措施，并给予相应的政策支持。

第二十一条 需要实施修复的农用地，土壤污染责任人应当编制修复方案，报县级农业农村、林业和草原等主管部门备案并实施；土壤污染责任人灭失的，县级农业农村、林业和草原主管部门应当会同自然资源、生态环境主管部门组织制定并落实土壤修复方案。修复方案应当包括地下水污染防治的内容，并上传至信息管理平台。

第二十二条 农用地土壤污染风险管控与修复完成后，土壤污染责任人应当按照要求对风险管控与修复效果进行评估，效果评估报告报县级农业农村、林业和草原主管部门备案。

第二十三条 各级农业农村、林业和草原主管部门应当会同自然资源、生态环境主管部门对安全利用类和严格管控类农用地安全利用措施落实情况进行监督检查。

第二十四条 本办法自 2024 年 2 月 1 日起施行，有效期 5 年。四川省生态环境厅 四川省自然资源厅 四川省农业农村厅 四川省林业和草原局《关于印发〈四川省农用地土壤环境管理办法〉的通知》（川环发〔2018〕89 号）同时废止。

关于印发《四川省工矿用地土壤环境管理办法》的通知

（川环规〔2023〕7 号）

各市（州）生态环境局、经济和信息化局、自然资源主管部门、住房城乡建设（城市管理）主管部门：

为贯彻落实《中华人民共和国土壤污染防治法》《四川省土壤污染防治条例》，加强全省工矿用地土壤环境管理，保障工矿企业用地土壤环境安全，结合我省实际，修订《四川省工矿用地土壤环境管理办法》，现印发给你们，请遵照执行。

四川省生态环境厅　　四川省经济和信息化厅

四川省自然资源厅　　四川省住房和城乡建设厅

2023 年 12 月 22 日

四川省工矿用地土壤环境管理办法

第一条　为加强全省工矿用地土壤和地下水生态环境监督管理，防治工矿用地土壤和地下水污染，根据《中华人民共和国土壤污染防治法》《四川省土壤污染防治条例》等法律法规规定，结合四川省实际，制定本办法。

第二条　本办法适用于四川省行政区域内从事工业、矿业生产经营活动的土壤污染重点监管单位用地土壤和地下水的环境现状调查、环境影响评价、污染防治设施的建设和运行管理、土壤污染隐患排查、环境监测和风险评估、污染应急、风险管控和修复等活动，以及相关生态环境监督管理。

矿产开采作业区域用地，固体废物集中贮存、填埋场所用地，不适用本办法。

第三条　土壤污染重点监管单位（以下简称重点监管单位）包括：

（一）有色金属矿采选、有色金属冶炼、黑色金属矿采选、黑色金属冶炼、石油开采、石油加工、化工、焦化、电镀、制革、化学制药、铅蓄电池、汽车制造、废弃电器电子产品处理、报废机动车回收拆解等行业企业；

（二）位于土壤污染潜在风险高的地块，且生产、使用、贮存、处置或者排放有毒有害物质的企业；

（三）位于耕地土壤重金属污染突出地区的涉镉排放企业；

（四）市级生态环境主管部门认定的其他企业。

重点监管单位以外的企事业单位和其他生产经营者生产经营活动涉及有毒有害物质的，其用地土壤和地下水生态环境保护相关活动及相关生态环境监督管理，可以参照本办法执行。

第四条　生态环境主管部门对工矿用地土壤和地下水污染防治工作实施统一监督管理。

发展改革、经济和信息化、自然资源、住房城乡建设、应急管理等主管部门，在各自职责范围内对工矿用地土壤和地下水污染防治相关活动实施监督管理。

第五条　工矿企业是工矿用地土壤和地下水生态环境保护的责任主体，应当按照本办法的规定开展相关活动。

造成工矿用地土壤和地下水污染的企业应当承担风险管控和修复的主体责任。

第六条　市级生态环境主管部门根据有毒有害物质排放等情况，制定本行政区域重点监管单位名录，上传至环境监管重点单位名录信息平台和建设用地信息管理系统，向社会公开并定期更新。

第七条　列入重点监管单位名录的企事业单位，在名录存续期间出现不符合本办法第三条规定情形的，市级生态环境主管部门在确定下一年度重点监管单位名录时应当予以调整。长期停产（1年内暂无恢复生产可能）的企业，市级生态环境主管部门可予以调整。

符合调整条件的重点监管单位，在名录调整前仍需履行重点监管单位土壤污染防治相关义务。

第八条　重点监管单位新、改、扩建项目用地应当符合国家、省有关建设用地土壤污染风险管控标准。

重点监管单位在新、改、扩建项目土壤和地下水环境现状调查中，发现项目用地污染物含量超过有关建设用地土壤污染风险管控标准的，参照《四川省建设用地土壤环境管理办法》开展土壤污染状况调查等活动。

第九条　重点监管单位应采取有效措施，严格控制生产、使用、贮存、运输、回收、处置等过程有毒有害物质排放，防止有毒有害物质渗漏、流失、扬散，避免土壤和地下水受到污染，并按年度向市级生态环境主管部门报告排放情况。

第十条　重点监管单位现有地下储罐储存有毒有害物质的，信息发生变化时应当将地下储罐的信息报送市级生态环境主管部门备案。重点监管单位新、改、扩建项目地下储罐储存有毒有害物质的，应当在项目投入生产或者使用之前，将地下储罐的信息报市级生态环境主管部门备案。

地下储罐的信息包括地下储罐的使用年限、类型、规格、位置和使用情况等。

第十一条　重点监管单位应当建立土壤污染隐患排查制度，每三年按照国家和省有关技术规范对重点场所、重点设施设备开展一次全面、系统的土壤污染隐患排查。新增重点监管单位应在纳入重点监管单位名录后一年内完成土壤污染隐患排查。发现污染隐患的，应当制定整改方案，及时采取技术、管理措施消除或者降低隐患。排查结束后，应当及时将土壤污染隐患排查报告报送市级生态环境主管部门和市级行业主管部门，并上传建设用地信息管理系统。土壤污染隐患排查、整改情况应当如实记录并建立档案。

重点监管单位应当开展土壤污染隐患排查情况"回头看"，确保土壤污染隐患排查工作质量，检查土壤污染隐患消除情况。

第十二条　重点监管单位应当按照国家和省有关技术规范要求，自行或委托相关机构制定、实施自行监测方案，定期开展土壤和地下水监测。重点监管单位将监测数据报市级生态环境主管部门，并上传建设用地信息管理系统。

重点监管单位应当对监测数据的真实性和准确性负责。市级生态环境主管部门发现重点监管单位监测数据异常，应当及时进行调查，并督促重点监管单位整改。

市级生态环境主管部门应当定期对重点监管单位周边土壤和地下水开展监督性监测，数据及时上传建设用地信息管理系统，监测结果作为环境执法和风险预警的重要依据。

第十三条　重点监管单位在土壤污染隐患排查、监测等活动中发现工矿用地土壤和地下水存在污染迹象的，应当立即排查污染源，查明污染原因，采取污染源整治、防止污染扩散等措施。

重点监管单位在土壤污染隐患排查、监测等活动中发现工矿用地土壤、地下水污染物含量超标的，参照《四川省在产企业土壤污染状况详细调查和风险管控工作指南》开展详细调查和风险管控，消除或管控土壤污染。风险管控工程完成后，参照《四川省在产企业土壤污染风险管控效果评估工作指南》，综合评估地块风险管控是否达到规定要求或地块风险是否达到可接受水平。

详细调查报告和效果评估报告报市级生态环境主管部门，并上传建设用地信息管理系统。

第十四条　重点监管单位拆除设施、设备或者建筑物、构筑物的，应当制定拆除活动土壤和地下水污染防治工作方案，并在拆除活动前15个工作日报市级生态环境、经济和信息化等主管部门备案，并上传建设用地信息管理系统。

企业拆除活动土壤和地下水污染防治工作方案应当包括被拆除设施、设备或者建筑物、构筑物的基本情况，拆除活动全过程土壤污染防治的技术要求，残留物料、污染物、污染设施和设备的安全处置以及应急措施，对周边环境的污染防治要求等内容。

重点监管单位拆除活动中应当严格按照有关规定实施残留物料和污染物、污染设备和设施的安全处理处置，并做好拆除活动相关记录，防范拆除活动污染土壤和地下水。拆除活动相关记录应当长期保存，并报市级生态环境、经济和信息化等主管部门备案，为后续土壤污染状况调查评估提供基础信息和依据。

第十五条　重点监管单位突发环境事件应急预案应当包括防止土壤和地下水污染相关内容。

重点监管单位突发环境事件造成或者可能造成土壤和地下水污染的，应当采取应急措施避免或者减少土壤和地下水污染；应急处置结束后，应当立即组织开展环境影响和损害评估工作，评估认为需要开展风险管控或修复的，应当制定并落实受污染土壤和地下水风险管控或修复方案。应急处置情况及相关方案应当及时报市级生态环境主管部门。

第十六条　重点监管单位(包含曾纳入重点监管单位名录的企业)终止生产经营活动前，应当参照《四川省建设用地土壤环境管理办法》开展土壤污染状况调查等活动。

第十七条　涉重金属重点监管单位应当遵守排污许可管理规定，落实重金属污染物排放总量控制制度，依法开展强制性清洁生产审核。

矿产资源开发活动集中区域、耕地安全利用和严格管控任务较重区域，应当执行《铅、锌工业污染物排放标准》《铜、镍、钴工业污染物排放标准》《无机化学工业污染物排放标准》中颗粒物和镉等重点重金属污染物特别排放限值。

第十八条　重点监管单位涉及尾矿库的，其运营、管理单位应当按照《尾矿污染环境防治管理办法》开展土壤污染防治相关工作。

第十九条　工业园区等产业集聚区应当建立大气、地表水、土壤和地下水污染协同预防预警机制，定期开展土壤污染隐患排查整改，有效管控园区土壤环境风险。

　　市级生态环境主管部门应当会同有关部门定期对产业集聚区周边土壤和地下水开展监督性监测,数据及时上传建设用地信息管理系统,监测结果作为环境执法和风险预警的重要依据。

　　第二十条　市级生态环境主管部门对重点监管单位、产业集聚区的监督性监测中,发现异常监测数据的,要求有关单位及时采取相应整改措施;发现土壤、地下水污染物已经扩散的,责令其采取污染源整治、污染物隔离、阻断等环境风险管控措施。有关信息及时报上级生态环境主管部门,并上传建设用地信息管理系统。

　　第二十一条　生态环境主管部门应当定期组织对重点监管单位主要负责人和土壤污染防治管理人员开展土壤污染防治业务培训。

　　第二十二条　生态环境等负有土壤污染防治监督管理职责的部门有权对本行政区域内的重点监管单位进行现场检查。被检查单位应当予以配合,如实反映情况,提供必要的资料。实施现场检查的部门、机构及其工作人员应当为被检查单位保守商业秘密。

　　第二十三条　生态环境等负有土壤污染防治监督管理职责的部门对重点监管单位进行监督检查时,有权采取下列措施:

　　(一)向被检查单位调查、了解工矿用地的有关情况;

　　(二)进入被检查单位进行现场核查或者监测;

　　(三)查阅、复制相关文件、记录以及其他有关资料;

　　(四)要求被检查单位提交有关情况说明。

　　第二十四条　生态环境主管部门应当加强重点监管单位监督管理,对土壤污染隐患排查和自行监测进行"回头看",对土壤污染隐患排查报告、自行监测报告、超标企业详细调查报告和效果评估报告进行抽查,对报告质量不符合要求的责令相关单位整改。

　　第二十五条　违反本办法规定,重点监管单位未按要求开展自行监测、土壤污染隐患排查、设施设备拆除等工作的,由生态环境主管部门或者其他负有土壤污染防治监督管理职责的部门依照相关法律法规查处。

　　第二十六条　本办法所称的下列用语的含义:

　　(一)矿产开采作业区域用地,指露天采矿区用地、排土场等与矿业开采作业直接相关的用地。

　　(二)有毒有害物质,是指下列物质:

　　1.列入《中华人民共和国水污染防治法》规定的有毒有害水污染物名录的污染物;

　　2.列入《中华人民共和国大气污染防治法》规定的有毒有害大气污染物名录的污染物;

　　3.《中华人民共和国固体废物污染环境防治法》规定的危险废物;

　　4.国家、省建设用地土壤污染风险管控标准管控的污染物;

　　5.列入优先控制化学品名录内的物质;

　　6.其他根据国家法律法规有关规定应当纳入有毒有害物质管理的物质。

　　(三)土壤和地下水环境现状调查,对重点监管单位新、改、扩建项目用地的土壤和地下水环境质量进行的调查评估,其主要调查内容包括土壤和地下水中主要污染物的含量等。

　　(四)土壤和地下水污染隐患,指相关设施设备因设计、建设、运行管理等不完善,而导致相关有毒有害物质泄漏、渗漏、溢出等污染土壤和地下水的隐患。

（五）土壤和地下水污染迹象，指通过现场检查和土壤污染隐患排查发现有毒有害物质泄漏或者疑似泄漏，或者通过土壤和地下水环境监测发现土壤或者地下水中污染物含量升高的现象。

第二十七条　本办法自 2024 年 2 月 1 日起施行，有效期 5 年。四川省生态环境厅 四川省经济和信息化厅 四川省自然资源厅《关于印发〈四川省工矿用地土壤环境管理办法〉的通知》（川环发〔2018〕88 号）同时废止。